Rechtliche Probleme der Stückaktien

Europäische Hochschulschriften
Publications Universitaires Européennes
European University Studies

**Reihe II**
**Rechtswissenschaft**

Série II Series II
Droit
Law

**Bd./Vol. 3897**

PETER LANG
Frankfurt am Main · Berlin · Bern · Bruxelles · New York · Oxford · Wien

Barbara Treeger-Huber

# Rechtliche Probleme der Stückaktien

PETER LANG
Europäischer Verlag der Wissenschaften

**Bibliografische Information Der Deutschen Bibliothek**
Die Deutsche Bibliothek verzeichnet diese Publikation in der Deutschen Nationalbibliografie; detaillierte bibliografische Daten sind im Internet über <http://dnb.ddb.de> abrufbar.

Zugl.: München, Univ., Diss., 2003

D 19
ISSN 0531-7312
ISBN 3-631-52079-4



www.peterlang.de

*Meinen Eltern*

# Vorwort

Die vorliegende Arbeit hat im Sommersemester 2003 der Juristischen Fakultät der Ludwig-Maximilians-Universität München als Dissertation vorgelegen.

Mein besonderer Dank gilt meinem Doktorvater, Herr Professor Dr. Lorenz Fastrich, der die Untersuchung angeregt hat und sie stets mit fachlichem Rat unterstützt und wohlwollend begleitet hat.

Weiterhin danke ich Herrn Professor Dr. Lorenz Fastrich sowie Herrn Professor Dr. Claus-Wilhelm Canaris für die rasche Begutachtung der Arbeit.

Mein Vater Ulrich Treeger sowie mein Mann Michael Huber nahmen die Mühsal des Korrekturlesens auf sich; auch ihnen sei herzlich gedankt.

München, im Oktober 2003 Barbara Treeger-Huber

Gliederung Seite

## Einleitung

Nach bislang geltendem Aktienrecht mussten Aktien auf einen Nennbetrag bzw. Nennwert lauten (§ 6 AktG a.F.). Damit wurde gleichzeitig die Ausgabe nennwertloser Aktien untersagt. Die Nennbetragsaktie ist jedoch nicht das einzige denkbare System. So sind in zahlreichen anderen, auch europäischen Staaten nennwertlose Aktien schon lange gebräuchlich. Auch in Deutschland wird die Einführung einer nennwertlosen Aktie bereits seit 70 Jahren diskutiert[1]. Sie war in den 20er Jahren Gegenstand des 33. und 34. Deutschen Juristentags; 1937 und 1965 wurde ihre Einführung im Rahmen der Aktienrechtsreformen erwogen. Die Befürworter der nennwertlosen Aktie konnten sich jedoch lange nicht durchsetzen. Die Diskussionen ebbten schließlich ab, und es sah so aus, als wäre eine Einführung nennwertloser Aktien in Deutschland in absehbarer Zeit nicht realisierbar.

Die Einführung der Euro-Währung und die damit einhergehende Umstellung des Gesellschaftsrechts auf Euro haben jedoch der nennwertlosen Aktie zu unverhoffter rechtspolitischer Durchsetzbarkeit verholfen, da mit ihrer Hilfe die erforderlichen Umstellungen wesentlich erleichtert werden. Nachdem das Bundesministerium der Justiz im Juli 1997 einen Diskussionsentwurf zur Einführung einer nennwertlosen Stückaktie vorgelegt hatte, wurde bereits am 25.3.1998 das „Gesetz zur Einführung der Stückaktie" vom Bundestag beschlossen. Es ist am 1.4.1998 in Kraft getreten[2]. Das Gesetz ermöglicht den Aktiengesellschaften, Stückaktien alternativ zu Nennwertaktien einzuführen.

In Literatur und Praxis wurde die Stückaktie sehr positiv aufgenommen. Sowohl die Regierungsbegründung als auch die bislang zum Thema „Stückaktie" veröffentlichte Literatur beurteilen den eingeführten Typus der unechten nennwertlosen Stückaktie als unproblematisch und sich lückenlos in das deutsche Aktienrechtssystem einfügend. Ziel dieser Arbeit ist es, die wesentlichen Unterschiede zwischen der eingeführten Stückaktie und der Nennwertaktie herauszuarbeiten und zu untersuchen, ob diese Unterschiede der Stückaktie nicht doch zu abweichenden Fragestellungen

---

[1]vgl. aus dem älteren Schrifttum: Solmssen, Probleme des Aktienrechts, 1926; Coing/ Kronstein, Die nennwertlose Aktie, 1962; Jahr/ Stützel, Aktie ohne Nennbetrag, 1963; Merten, Die nennwertlose Aktie, 1962; Plattner, Nennwertlose Aktie, 1964; Grussendorf, AG 1960, 257 ff.; Boesebeck, DB 1959, 309 ff.; ders. BB 1960, 71 ff.; Neuburger, BB 1961, 1356 ff.

[2]BGBl. 1998, Teil I, 590 ff.

und Problemen führen; dabei sollen insbesondere „kranke“ Fälle der Gründung und der Kapitalmaßnahmen erörtert werden.

Nach einem einführenden Kapitel, in dem unter anderem auch die Begrifflichkeiten geklärt werden, wird zunächst untersucht, welche Funktionen der Nennwert hat und ob diese auch durch eine nennwertlose Stückaktie erfüllt werden können. Anschließend wird herausgearbeitet, welches die wesentlichen Unterschiede zwischen der Stückaktie und der Nennbetragsaktie sind. Sodann werden in Kapitel 3 Probleme der Stückaktie im Zusammenhang mit Fragen der Transparenz, Publizität und des gutgläubigen Erwerbs untersucht. In Kapitel 4 wird der Frage nachgegangen, welche Probleme in Fällen nicht ordnungsgemäßer Gründung entstehen können. Schließlich folgt in Kapitel 5 eine entsprechende Behandlung von Kapitalmaßnahmen bei Gesellschaften mit Stückaktien. Auch hier werden insbesondere „kranke“ Fälle  auf abweichende Fragestellungen im Vergleich zur Nennbetragsaktie untersucht. Es folgt abschließend eine Zusammenfassung der Ergebnisse in Kapitel 6.

## 1. Kapitel: Einführung in die Problematik

Bevor im folgenden zu untersuchen sein wird, durch welche Wesensmerkmale die eingeführte Stückaktie definiert wird und wie sich diese Unterscheidungsmerkmale in Problemsituationen auswirken, sollen einführend einige grundlegende Aspekte im Zusammenhang mit der Einführung der Stückaktie, namentlich der Anlass der Einführung und die Begrifflichkeiten, behandelt werden.

### I. Anlass der Einführung der Stückaktie: Die Umstellung des Aktienkapitals auf Euro

Die Einführung einer nennwertlosen Aktie wird in Deutschland bereits seit den 20er Jahren diskutiert[3]. Während ihre Befürworter stets betonten, dass die nennwertlose Aktie das Wesen der Aktie als quotaler Anteil am Gesellschaftsvermögen deutlicher zum Ausdruck bringe und somit Irreführungen des Publikums durch den Nennwert vermeide[4]sowie Erleichterungen beim Aktiensplitting und bei rein buchungstechnischen Kapitalmaßnahmen bringe[5] wurde sie von der Mehrheit der Stimmen immer wieder mit dem Argument abgelehnt, sie beschwöre die Gefahr der Unterpariemission herauf und führe zu großen Umwälzungen im deutschen Aktienrecht[6]. Der Eintritt in die dritte Stufe der Europäischen Wirtschafts- und Währungsunion und die damit einhergehende Umstellung des Gesellschaftsrechts auf den Euro haben jedoch den Gesetzgeber veranlasst, diese Möglichkeit im Juli 1997 zur Diskussion zu stellen. In erstaunlicher Kürze und praktisch ohne kritische Gegenstimmen wurde das Stückaktiengesetz vom Bundestag beschlossen. Der Grund für diese überraschende Trendwende hin zur

---

[3]vgl. Verhandlungen des 33. Deutschen Juristentages, Berlin und Leipzig 1925, S. 402, 412 ff; Verhandlungen des 34. Deutschen Juristentages, Berlin und Leipzig 1926, Bd. 1, S. 258 ff., 278 ff; Geiler, Die wirtschaftlichen Strukturwandlungen des Aktienrechts, Berlin 1927, S. 18 f; Solmssen, Probleme des Aktienrechts, 1926, S. 21 ff.; Kalisch, JW 1927, 635; Jahnberg, DB 1958, 1266; Boesebeck, DB 1959, 309 ff.; Streng, Nennwertlose Aktien, S. 12 ff; Jahr/ Stützel, Aktie ohne Nennbetrag, S. 15 ff.; Wolf, Aktie.

[4]Kalisch, JW 1927, 635; Jahnberg, DB 1958, 1266; Boesebeck, DB 1959, 309 ff.; Streng, Nennwertlose Aktien, S. 12 ff; Jahr/ Stützel, Aktie ohne Nennbetrag, S. 15 ff; dagegen: Solmssen, Probleme des Aktienrechts, 1926, S. 21 ff.

[5]Kalisch, JW 1927, 635; Jahnberg, DB 1958, 1266; Boesebeck, DB 1959, 309 ff.

[6]Verhandlungen des 33. Deutschen Juristentages, Berlin und Leipzig 1925, S. 402, 412 ff; Verhandlungen des 34. Deutschen Juristentages, Berlin und Leipzig 1926, Bd. 1, S. 258 ff., 278 ff; Geiler, Die wirtschaftlichen Strukturwandlungen des Aktienrechts, Berlin 1927, S. 18 f; Solmssen, Probleme des Aktienrechts, 1926, S. 21 ff.

nennwertlosen Aktie lag darin, dass die im Zuge des historischen Ereignisses der Wirtschafts- und Währungsunion notwendig werdenden Umstellungen des Aktienkapitals auf Euro im Falle von Nennwertaktien erhebliche Schwierigkeiten aufwerfen, die mit nennwertlosen Aktien vermieden werden sollten[7]. Die nennwertlose Aktie sollte die Akzeptanz des Euro in den Kreisen der Wirtschaft erhöhen. Auch die Literatur schließt sich dieser unkritischen Zustimmung zur Stückaktie an[8]. Eine tiefergehende kritische Auseinandersetzung mit dem eingeführten Aktientypus erfolgte bislang nicht. Dies hat seinen Grund wohl darin, dass die in der Vergangenheit vorgebrachten Bedenken gegen die nennwertlose Aktie - sie weiche den Grundsatz der Kapitalaufbringung und -erhaltung auf und führe insbesondere zu Unterpariemissionen - bei dem eingeführten Typus offensichtlich nicht durchgreifen[9]. Dies überdeckt jedoch, dass es möglicherweise andere Abweichungen gibt, die auch bei dem hier eingeführten Aktientypus zu - wenn auch anders gelagerten - Problemen führen können.

Bevor dem jedoch nachgegangen werden kann, soll zunächst kurz dargestellt werden, warum die nennwertlose Aktie als vorteilhaft für die Umstellung des Aktienkapitals auf Euro angesehen wird. Anschließend werden die Begrifflichkeiten geklärt.

### 1. Umstellungsmodelle für Nennwertaktien

Seit Beginn der dritten Stufe der Wirtschafts- und Währungsunion am 1.1.1999 ist der Euro die Währung der teilnehmenden Mitgliedstaaten. Während der Übergangszeit bis Ende 2001 wurde der Euro jedoch auch noch durch die nationale Währungseinheit ausgedrückt[10]. Damit die notwendigen Maßnahmen zur Umstellung auf Euro getroffen werden können, hat die Regierung den „Entwurf eines Gesetzes zur Einführung des Euro" (EuroEG-E)[11] vorgelegt, das am 9.6.1998 beschlossen wurde und zum 1.1.1999 in Kraft getreten ist[12]. Das EuroEG hat die Neufestsetzung der gesetzlichen Betragsangaben in Euro sowie Übergangsvorschriften zur

---

[7]Regierungsbegründung StückAG, BT-Drs. 13/ 9573 vom 7.1.98, S. 1; Heider in: MüKo, AktG, § 8 Rn. 46; Hüffer, AktG, § 8 Rn. 3; Heider, AG 1998, 1ff.

[8]vgl. nur Heider in: MüKo, AktG, § 8 Rn. 42 ff.; Schröer, ZIP 1997, 221 ff.; Heider, AG 1998, 1 ff.; Funke, AG 1997, 385 ff.; Ekkenga, WM 1997, 1645 ff.

[9]vgl. Kap. 2 I 1.

[10]vgl. Art. 6 Abs. 2, 8 Abs. 2 EuroVO II vom 2.8.1997, Abl. EG C 236, S. 7.

[11]BR-Drucks. 725/97 vom 26.9.97 und BT-Drucks. 13/9347.

[12]BGBl. I, 1998 Nr. 34, 15.6.98, S. 1242 ff.

Umstellung und Anpassung der Nennbeträge von Kapital und Anteilen bei bestehenden Kapitalgesellschaften und für Neugründungen während der Übergangszeit zum Gegenstand. Der neue Mindestnennbetrag einer Aktie wurde gem. § 8 Abs. 1 AktG auf 1 Euro festgelegt (Art. 3 § 1 Nr. 3 EuroEG). Dies hat eine weitere Absenkung des Mindestnennbetrages im Interesse der Harmonisierung des Mindestnennbetrages im europäischen Währungsraum zur Folge[13]. Höhere Aktiennennwerte müssen auf volle Euro lauten, § 8 Abs. 2 AktG. Der gesetzliche Mindestnennbetrag des Grundkapitals (§ 7 AktG) beträgt nun 50.000 Euro (Art. 3 § 1 Nr. 2 EuroEG).

Ab dem 1.1.1999 konnten Aktiengesellschaften freiwillig ihr Kapital auf Euro umstellen (Art. 3 § 1 EuroEG). Börsennotierte Gesellschaften mussten ihr Kapital bis zum Ablauf des Übergangszeitraums zum 1.1.2002 umgestellt und geglättet haben, indem die Aktien auf den künftigen Mindestnennbetrag von 1 Euro oder ein Vielfaches davon gestellt werden (§ 3 Abs. 5 S. 1 EGAktG i.d.F. EuroEG). Eine bloße Umrechnung der DM-Nennbeträge in Euro würde nun „krumme" Beträge, d.h. solche mit etlichen Nachkommastellen ergeben, denn der Konversionskurs liegt bei etwas unter 2 DM. Mit Eintritt in die dritte Stufe der Europäischen Wirtschafts- und Währungsunion am 1.1.1999 wurde ein Umrechnungskurs von 1, 95583 DM für 1 Euro unwiderruflich festgelegt[14]. Damit liegt der Nennbetrag einer 5 DM-Aktie bei 2, 5564594 Euro[15].

Für die Umstellung des Kapitals von Gesellschaften mit Nennwertaktien werden verschiedene Umstellungsmodelle diskutiert[16], und auch das EuroEG sieht einige Verfahrenserleichterungen vor.

In Betracht kommt insbesondere eine Nennbetragsglättung durch Kapitalerhöhung aus Gesellschaftsmitteln (§ 207 Abs. 2 i.V.m. § 192 Abs. 1 S. 4 AktG) oder durch Kapitalherabsetzung (§ 222 Abs. 4 S. 1 AktG). Dafür

---

[13] Steffan/ Schmidt, DB 1998, 559 (561).

[14] vgl. VO (EG) Nr. 2866/98, Abl. EG L 359/1; vgl. zum Verfahren der Festsetzung der Umrechnungskurse: Schefold, WM 1996, Sonderbeilage Nr. 4, S. 12 f; Borries/ Repplinger-Hacht, NJW 1996, 3111 (3112 f.); Schneider/ Sünner, DB 1996, 817 (818 f.); Schneider, DB 1998, 1449.

[15] Auf 7 Stellen hinter dem Komma gerundeter Betrag.

[16] vgl. dazu eingehend: Schröer, ZIP 1997, 221 ff.; ders. ZIP 1998, 529 ff.; Schürmann, DB 1997, 1381 ff.; Steffan/ Schmidt, DB 1998, 559 ff.; Schneider/ Sünner, DB 1996, 817 ff; Ihrig/ Streit, NZG 1998, 201 (204 ff.); Kopp, BB 1998, 701 (702 ff.); Seibert, WM 1997, 1610f.

stellt § 4 Abs. 2 und 3 EGAktG[17] besondere Verfahrensregeln zur Verfügung. Namentlich genügt für eine Kapitalerhöhung aus Gesellschaftsmitteln oder eine Kapitalherabsetzung, die nur glättungshalber durchgeführt werden sollen, ein mit einfacher Mehrheit des vertretenen Kapitals gefasster Hauptversammlungsbeschluss. Eine Kapitalerhöhung aus Gesellschaftsmitteln setzt jedoch angesichts der unter Umständen erheblichen Erhöhungsvolumina große freie Rücklagen des Unternehmens voraus. Zudem wird dadurch das dividendenberechtigte Kapital erhöht, was bei Beibehaltung der Nominaldividende eine entsprechend höhere Ausschüttungssumme bedingt[18]. Eine Kapitalherabsetzung wird dagegen in der Regel zu Sanierungszwecken durchgeführt und daher in der Öffentlichkeit vielfach als Makel empfunden[19]. Auch wird die Kapitalherabsetzung von Gläubigerseite nicht gerne gesehen, da sie stets zu einer Absenkung der Bindungswirkung des Grundkapitals führt. Es werden Ausschüttungen bis zu diesem niedrigeren Grundkapitalbetrag möglich, was die Haftungsgrundlage der Aktiengesellschaft verringert[20].

Auch die durch § 4 Abs. 3 EGAktG vorgesehene Methode der Nennbetragsglättung durch Kapitalerhöhung oder -herabsetzung des Grundkapitals auf einen runden Eurobetrag unter gleichzeitiger Neustückelung des Grundkapitals in auf volle Euro lautende Aktien stößt in der Praxis auf Schwierigkeiten. Denn gem. § 4 Abs. 3 EGAktG ist hierfür die Zustimmung sämtlicher Aktionäre notwendig, die mit einem Spitzenbetrag ihres Anteils, der den Nennbetrag einer weiteren neuen Aktie nicht vollständig erreicht, ausfallen würden oder bei denen sich durch die Neueinteilung die Zahl der in ihrem Besitz befindlichen Aktien verringern würde[21]. Diese Glättungsmethode ist daher für Publikumsgesellschaften nicht geeignet.

## 2. Nennwertlose Stückaktien

Da sämtliche Umstellungsmodelle Nachteile aufweisen, hat der Gesetzgeber als weitere Alternative für die Umstellung des Gesellschaftskapitals

---

[17]eingefügt durch Art. 3 § 2 Nr. 4 EuroEG vom 9.6.1998, BGBl I S. 1242.
[18]vgl. Schröer, ZIP 1997, 221 (222).
[19]Schürmann, DB 1997, 1381 (1384); Steffan/ Schmidt, DB 1998, 559 (562).
[20]Hüffer, AktG, § 222 Rn. 3; Hefermehl in: Geßler/ Hefermehl, AktG, Vorb § 222, Rn. 5; Lutter in: Kölner Komm., AktG, Vorb. § 222 Rnrn. 1, 3; Krieger in: MünchHdb. AG, § 60 Rn. 2.
[21]Schürmann, DB 1997, 1381 (1384 f.); Steffan/ Schimdt, DB 1998, 559 (563).

auf Euro die Einführung einer nennwertlosen Stückaktie vorgesehen. Der Gedanke ist bestechend einfach: Trägt die Aktie keinen Nennbetrag mehr, so muss dieser auch nicht auf Euro umgestellt werden[22]. Lediglich die Grundkapitalziffer ist in Euro umzurechnen. Diese kann aber auch auf einen ungeraden Betrag lauten. Die Stückaktie wird daher als ein für börsennotierte Gesellschaften besonders eleganter Weg bezeichnet, die Währungsumstellung der Aktien ganz zu vermeiden[23]. So haben sich im Rahmen der Umfrage des Bundesverbandes deutscher Banken bei den DAX-100-Unternehmen auch 43% der Befragten für die Einführung der Stückaktie als bevorzugte Umstellungsmethode entschieden[24]. Tatsächlich haben in der Folgezeit auch viele Unternehmen von dieser Möglichkeit Gebrauch gemacht. Der Stückaktie gelang ein wahrer Siegeszug schon in der Hauptversammlungssaison 1999. Die meisten börsennotierten Unternehmen haben im Zuge der Einführung des Euro mittlerweile auf Stückaktien umgestellt.

## II. Begriffsbestimmung

Für den weiteren Fortgang der Untersuchung ist es zunächst notwendig, die Begrifflichkeiten zu klären, um damit das Thema auf den mit dem Stückaktiengesetz eingeführten Typus nennwertloser Aktien eingrenzen zu können. Die im Zusammenhang nennwertloser Aktien verwandten Begriffe weichen teilweise voneinander ab. Abzugrenzen sind die Begriffe echte/ unechte nennwertlose Aktie und Stückaktie/ Quotenaktie[25]. Dabei wird die echte nennwertlose Aktie oft mit der Stückaktie gleichgesetzt, während die unechte nennwertlose Aktie auch als Quotenaktie bezeichnet wird[26], teilweise wird der Begriff Quotenaktie auch als Synonym für nennwertlose Aktie benutzt[27].

---

[22]Seibert, ZGR 1998, 1 (15).
[23]Seibert, ZGR 1998, 1 (15).
[24]Der Bankenverband informiert, Januar 1997, S. 7 ff.; vgl. Schröer, ZIP 1997, 221 (222).
[25]Die Unterscheidung sprechende/ nicht sprechende Aktie, vgl. v.Rosen, Chancengemeinschaft, 1997, S. 194, deckt sich mit derjenigen zwischen Quoten- und Stückaktien und kann daher vernachlässigt werden, vgl. Funke, AG 1997, 385 (386); Heider, AG 1998, 1 (2).
[26]so Kübler, Aktie, 1988, S. 10; ders. WM 1990, 1853; Geiger, Versicherungswirtschaft 1997, 1768; Hüffer, AktG, 2. Aufl. 1995, § 6 Rn.4.
[27]Siebel, ZKW 1954, 92; Schupp, AG 1958, 81.

Richtigerweise ist zu differenzieren zwischen dem Begriffspaar echte/ unechte nennwertlose Aktie einerseits, welches über die Art der nennwertlosen Aktie Auskunft gibt, und dem Begriffspaar Quotenaktie/ Stückaktie andererseits, das die Form der nennwertlosen Aktie kennzeichnet[28].

1. Der Kux als historisches Vorbild?

Der Kux der bergrechtlichen Gewerkschaft stellt die älteste nennwertlose Beteiligung im deutschen Recht dar. Der Kux geht auf das Preußische Allgemeine Berggesetz - AGB - vom 24.6.1865 zurück[29]. Mit dem Bundesberggesetz vom 13.8 1980[30] wurde die Organisationsform der Gewerkschaft einschließlich der zu ihr gehörenden Kuxe abgeschafft. Die Kuxe werden bei der Gewerkschaft ohne einen Kapitalbetrag ausgegeben, und zwar zu einem von der Gewerkschaft bestimmten Preis[31]. Eine Gewerkschaft hat eine feststehende Zahl von Kuxen. Sie beträgt gem. § 101 ABG 100, kann aber durch das Statut auf 1000 oder ein Vielfaches von 1000, höchstens jedoch 10000, bestimmt werden. Die Kuxe stellen ideelle Anteile am Bergwerksvermögen dar und lauten auf einen Bruchteil des Vermögens (je 1/100 oder 1/1000) [32]. Die Gewerken nehmen nach dem Verhältnis ihrer Kuxe an Gewinn oder Verlust teil[33]. Die Kuxe lauten daher ebenso wie die nennwertlose Aktie nicht auf einen Nominalwert, sondern stellen lediglich eine Quote am Vermögen der Gewerkschaft dar. Der Kux ist daher ein klassischer Quotentitel.

Es bestehen jedoch grundlegende Unterschiede zur Aktie bzw. zum Aktienrecht. Eine Erhöhung der Kuxzahl beispielsweise von 100 auf 1000 hat nicht etwa zur Folge, dass 900 neue Kuxe entstehen, sondern die Wirkung, dass die bisherigen 100-teiligen Kuxe sich in je 10 Kuxe teilen[34]. Dies hat

---

[28]so auch Claussen, AG 1963, 237 (239); Streng, Nennwertlose Aktien, S. 12 ff., Jahr/ Stützel, Aktien ohne Nennbetrag, S. 15, 63; Schröer, ZIP 1997, 221 (223); Ekkenga, WM 1997, 1645 (1647); Heider, AG 1998, 1 (2); vgl. auch Heider in: MüKo, AktG, § 8 Rn. 17 ff.

[29]GS S. 705; vgl. §§ 105, 108 PrAllgBergG 1865.

[30]BGBl. I S. 1310.

[31]Oppermann/ Degner, Wertpapiere, S. 210; Veelken, Bergrechtliche Gewerkschaft, S. 40 ff.

[32]Oppermann/ Degner, Wertpapiere, S. 210; Veelken, Bergrechtliche Gewerkschaft, S. 60; Nitter, Bergrechtliche Gesellschaft, S. 26 f.

[33]Oppermann/Degner, Wertpapiere, S. 210; Veelken, Bergrechtliche Gewerkschaft, S. 60; Nitter, Bergrechtliche Gesellschaft, S. 27.

[34]Nitter, Bergrechtliche Gesellschaft, S. 22.

seinen Grund darin, dass bei der Gewerkschaft eine Erhöhung der Kuxzahlen lediglich der stärkeren Unterteilung ihres Vermögens dient und nicht der Verschaffung neuer Mittel; für die Verschaffung neuer Mittel stehen andere Instrumente, wie etwa die Zubuße, zur Verfügung[35]. Die Gewerkschaft ist zudem ihrem Wesen nach auf den Abbau einer bestimmten Substanz und Erlöschen des Unternehmens nach Zweckerfüllung gerichtet[36]. Daraus folgt, dass einerseits das Anfangskapital nicht zu erhalten werden braucht, sondern allmählich an die Mitglieder zurückgezahlt werden kann, andererseits aber auch aufgrund der großen Risiken jederzeit Nachschüsse, sog. Zubußen, verlangt werden können[37].

Aus diesem Grunde ist eine Heranziehung des Kuxes etwa zur Lösung von parallelen Fragestellungen der nennwertlosen Aktie nicht geeignet. Dennoch ist bemerkenswert, dass der Kux zum Vorbild bei den Empfehlungen zur Einführung der nennwertlosen Aktien in den USA wurde[38].

2. Arten nennwertloser Aktien

Zu unterscheiden sind zwei Arten nennwertloser Aktien: die echten nennwertlosen Aktien und die unechten nennwertlosen Aktien. Ob die eine oder andere Art vorliegt, hängt von der unterschiedlichen Verknüpfung mit dem Grundkapital einer Gesellschaft ab.

a) Die echte nennwertlose Aktie

Im Falle echter nennwertloser Aktien, wie sie z.B. in den U.S.A. verwendet werden, verfügt die Gesellschaft entweder über kein Grundkapital oder hat zwar ein solches, dieses ist jedoch anders als nach § 1 Abs. 2 AktG nicht in Aktien zerlegt; die Aktien verkörpern mithin keinen Teilbetrag des Grundkapitals[39]. Sie repräsentieren lediglich einen Anteil am gesamten Vermögen der Gesellschaft[40], sind also in keiner Weise auf ein Grundka-

---

[35]Nitter, Bergrechtliche Gesellschaft, S. 22; Veelken, Bergrechtliche Gewerkschaft, S. 98 ff.
[36]vgl. Hausladen, Nennwertlose Aktien, S. 23.
[37]vgl. Veelken, Bergrechtliche Gewerkschaft, S. 69 ff.; Nitter, Bergrechtliche Gesellschaft, S. 46 ff.
[38]vgl. Hausladen, Nennwertlose Aktien, S. 24 m.w.N. aus der amerikanischen Literartur.
[39]Regierungsbegründung StückAG, BT-Drs. 13/ 9573 vom 7.1.98, S. 10; Funke, AG 1997, 385 (386).
[40]Schröer, ZIP 1997, 221 (223).

pital bezogen. Zwischen der Aktienzahl und einem etwa existierenden Grundkapital besteht keine unmittelbare Beziehung, weshalb Aktienzahl und Grundkapital unabhängig voneinander verändert werden können[41]. Dies hat zur Folge, dass die Aktien zu jedem beliebigen Preis ausgegeben werden können; eine Unterpariemission ist schon begrifflich nicht möglich[42]. Die Ausgabe neuer Aktien setzt auch nicht zwingend eine Kapitalerhöhung voraus, sondern nur dann und insoweit, als der Emissionserlös aufgrund einer Entscheidung der Gesellschaftsorgane in das Grundkapital gebucht wird[43]. Zudem ist die echte nennwertlose Aktie häufig mit dem System eines sog. Vorratskapitals verbunden, bei dem eine vollständige Übernahme der Aktien vor Eintragung nicht erforderlich ist und der Finanzierungsvorgang in das Stadium nach der Gründung verlegt wird[44]. Das Grundkapital dient bei der echten nennwertlosen Aktie somit nicht mehr als Bezugsgröße zur Bestimmung des Umfangs der in den Aktien verkörperten Anteilsscheine, sondern ist nur noch in seiner gläubigerschützenden Funktion von Bedeutung[45]

b) Die unechte nennwertlose Aktie

Im Falle einer unechten nennwertlosen Aktie ist das nennbetragsmäßig festgesetzte Grundkapital (§§ 6, 7 AktG) wie bei Nennwertaktien gem. § 1 Abs. 2 AktG in Aktien zerlegt, welche jeweils einen Teilbetrag des Grundkapitals verkörpern[46]. Die Aktien lauten zwar auf keinen Nennwert, es lässt sich jedoch ihr gewissermaßen „fiktiver Nennwert" errechnen, indem man das Grundkapital durch die Zahl der Aktien dividiert[47]; aus diesem Grunde werden sie als „unechte" nennwertlose Aktien bezeichnet.

---

[41]vgl. Regierungsbegründung StückAG, BT-Drs. 13/ 9573 vom 7.1.98, S. 10; Heider, AG 1998, 1 (2); Heider in: MüKo, AktG, § 8 Rn. 21.

[42]vgl. zum US-am. Recht: Merkt, US-am. GesR, Rn. 376 ff., S. 245; Segesser, Die nennwertlose Aktie, S. 103.

[43]Jahr/ Stützel, Aktien ohne Nennbetrag, S. 61; Regierungsbegründung StückAG, BT-Drs. 13/ 9573 vom 7.1.98, S. 10.

[44]vgl. Wolf, Aktie, S. 63.

[45]vgl. Heider in: MüKo, AktG, § 8 Rn. 21.

[46]vgl. Regierungsbegründung StückAG , BT-Drs. 13/9573 vom 7.1.98, S. 10.

[47]vgl. Regierungsbegründung StückAG, BT-Drs. 13/ 9573 vom 7.1.98, S. 10 f.; Funke, AG 1997, 385 (386); Heider, AG 1998, 1 (2).

### 3. Formen nennwertloser Aktien

Weiterhin können beide Arten von nennwertlosen Aktien in unterschiedlicher Form in Erscheinung treten. Diese Differenzierung bezieht sich auf die verschiedene äußere Ausgestaltung der Aktien[48], also die Form, in der das Beteiligungsverhältnis ausgedrückt wird[49]: die nennwertlose Aktie kann entweder als Quotenaktie oder als Stückaktie ausgestaltet sein.

#### a) Die Quotenaktie

Bei einer Quotenaktie lässt sich die Beteiligungsquote unmittelbar der Aktienurkunde entnehmen. Der Bruchteil des Grundkapitals bzw. Gesellschaftsvermögens, den die Aktie verkörpert, ist in der Satzung und in der Aktienurkunde ausdrücklich genannt[50]. Dies hat zwar den Vorteil einer erhöhten Transparenz des Umfangs der Beteiligung an der Gesellschaft. Gravierender Nachteil ist jedoch, dass jede Änderung der Gesamtaktienzahl im Rahmen einer Kapitalmaßnahme oder eines Aktiensplitts die ausgegebenen Urkunden unrichtig werden lässt[51].

#### b) Die Stückaktie

Die Stückaktie gibt dagegen weder eine Beteiligungsziffer noch einen nominellen Bruchteil vom Grundkapital, sondern lediglich eine absolute Stückziffer an[52]. Dies bedingt, dass alle Aktien gleich groß sind, vgl. § 8 Abs. 3 AktG. Es wird lediglich die Gesamtzahl aller ausgegebenen Aktien in der Satzung angegeben, vgl. § 23 Abs. 2 Nr. 2, Abs. 3 Nr. 4 AktG. Möchte ein Aktionär seine Beteiligungsquote ermitteln, so muss er die Satzung einsehen[53]. Die Quote ergibt sich aus dem Quotienten aus eigener Stückzahl und Gesamtaktienzahl. Hat die Gesellschaft z.B. 100.000 Stück-

---

[48] Heider, AG 1998, 1 (2).
[49] Funke, AG 1997, 385 (386).
[50] vgl. Funke, AG 1997, 385 (386); Ekkenga, WM 1997, 1645 (1647); Heider, AG 1998, 1 (2).
[51] Regierungsbegründung StückAG, BT-Drs. 13/ 9573 vom 7.1.98, S. 11; vgl. Kübler, WM 1990, 1853 (1854); Claussen, AG 1963, 237 (239); Heider, AG 1998, 1 (2); Heider in: MüKo, AktG, § 8 Rn. 23.
[52] z.B. „ 1 Aktie der X-AG", vgl. Regierungsbegründung StückAG, BT-Drs. 13/ 9573 vom 7.1.98, S. 11 f.; Ekkenga, WM 1997, 1645 (1647); Heider, AG 1998, 1 (2).
[53] vgl. Heider, AG 1998, 1 (3); Menold/ Schröder in: Dörner/ Menold/ Pfitzer, S. 27 (30).

aktien ausgegeben und hat der Aktionär eine Stückaktie, so beträgt seine Beteiligungsquote 1/100.000. Der große Vorteil der Stückaktie liegt jedoch darin, dass die Aktienurkunden bei einer Änderung der Gesamtaktienzahl nicht unrichtig werden[54].

Insgesamt ist die nennwertlose Aktie also in vier Varianten denkbar. Der deutsche Gesetzgeber hat sich für die unechte nennwertlose Stückaktie entschieden. Die Einführung einer echten nennwertlosen Aktie wäre schon daran gescheitert, dass die zweite gesellschaftsrechtliche Richtlinie des Europäischen Rates vom 13. Dezember 1976 („Kapitalrichtlinie") zwar nennwertlose Aktien grundsätzlich zulässt (vgl. Art. 3 B c, h ), jedoch für die Aktiengesellschaft ein gezeichnetes Kapital vorschreibt und an verschiedenen Stellen Bezugnahmen auf den auf die einzelne Aktie entfallenden Teilbetrag des Grundkapitals enthält[55]. Daraus wird allgemein geschlossen, dass die Einführung der echten nennwertlosen Aktien mit dem höherrangigen Europarecht nicht vereinbar ist[56]. Wird im Folgenden zur sprachlichen Vereinfachung von „Stückaktie" gesprochen, so ist stets der in Deutschland eingeführte Typus der „unechten nennwertlosen Stückaktie" gemeint.

---

[54]vgl. Regierungsbegründung StückAG, BT-Drs. 13/ 9573 vom 7.1.98, S. 12.

[55]vgl. Art. 2 c, Art. 3 b, 3 c, 3 g, 3 h, Art. 6 Abs.1, Art. 7 - 10, Art. 15 Abs.1, Art. 18 - 20 und Art. 29 RL 77/91/EWG vom 31.1.1977; Abl. EG L 26/1.

[56]vgl. Regierungsbegründung StückAG, BT-Drs. 13/ 9573 vom 7.1.98, S. 11; Kübler, Aktien, S. 61 f.; Schröer, ZIP 1997, 221 (223); Ekkenga, WM 1997, 1645 (1647 f.); Heider in: MüKo, AktG, § 8 Rn. 51.

## 2. Kapitel: Funktionen des Aktiennennwertes

Ausgangspunkt für eine Untersuchung möglicher Probleme der Stückaktie ist zunächst eine Beschäftigung mit der Funktion des Aktiennennwertes und den Konsequenzen eines Fehlens desselben für unser Aktienrecht.

### I. Die rechtlichen Funktionen des Nennwertes und deren Erfüllung durch die nennwertlose Aktie

Ansatzpunkt der älteren Kritik an der nennwertlosen Aktie war, dass diese wichtige Funktionen des Nennwertes, wie etwa das Verbot der Unterpariemission, nicht erfülle[1]. Es soll daher zunächst untersucht werden, ob dies bei der in Deutschland eingeführten unechten nennwertlosen Stückaktie tatsächlich der Fall ist, oder ob diese die Funktionen des Nennwertes grundsätzlich ebenso erfüllt.

Das Aktiengesetz in seiner bisherigen Fassung verwendete an unterschiedlichen Stellen den Begriff „Nennbetrag“. Nach entsprechender Systematisierung können folgende Funktionen unterschieden werden[2]:

#### 1. Mindestausgabebetrag

Durch die Bestimmung der §§ 6 und 9 Abs. 1 AktG ist die Unterpariemission von Aktien verboten, d.h. die Aktie darf zu einem geringeren als den angegebenen Nennbetrag nicht ausgegeben werden. Die Aktie musste gem. § 8 Abs.1 S. 1 AktG a.F. auf einen Mindestnennbetrag von 5 DM lauten, gem. § 8 Abs. 2 S. 1 AktG n.F. mittlerweile auf einen Mindestnennbetrag von einem Euro. Der Nennbetrag grenzt somit den Emissionserlös nach unten ab[3]. Dies ergibt sich zwangsläufig aus dem Prinzip der Volldeckung des Grundkapitals und der notwendigen Übereinstimmung dieser Ziffer mit dem Gesamtnennbetrag aller begebenen Nennwertaktien, vgl. § 1 Abs. 2 AktG. Würden nämlich Nennwertaktien unter pari begeben, so müsste

---

[1]vgl. Verhandlungen des 33. Deutschen Juristentages, Berlin und Leipzig 1925, S. 402, 412 ff.; Verhandlungen des 34. Deutschen Juristentages, Berlin und Leipzig 1927, S. 18 f.; Geiler, Die wirtschaftlichen Strukturwandlungen des Aktienrechts, S. 18 f; Solmssen, Probleme des Aktienrechts, S. 21 ff.

[2]vgl. a. Schreiber/ v. Hofmannsthal, Das Aktiennominale, 1917.

[3]Heider in: MüKo, AktG, § 8 Rn. 66; Kraft in: Kölner Komm., AktG, § 8 Rn. 8; Brändel in: GroßKomm., AktG, § 8 Rn. 9; Hüffer, AktG, § 8 Rn. 5; vgl. auch Goedecke, Die Quotenaktie, S. 6.

das Grundkapital um den entsprechenden Wert ermäßigt werden, damit das Prinzip der Volldeckung erhalten bliebe. In diesem Falle träte jedoch eine Diskrepanz zwischen Grundkapital und Gesamtnennbetrag auf, womit das System des geltenden Rechts durchbrochen würde[4]. Eine obere Grenze dagegen ist nicht gegeben, d.h. eine sog. Überpariemission ist zulässig. Gleichzeitig stellt der Nennwert auch den Mindestbetrag der Einlagepflicht des Aktionärs je Aktie dar, vgl. § 9 Abs. 1 AktG.

Zu prüfen ist nun, ob diese Funktion des Nennwertes, den Mindestausgabebetrag zum Schutze der Gläubiger festzusetzen, durch die unechte nennwertlose Aktie übernommen wird. Wie oben bereits erläutert[5], lässt sich bei der unechten nennwertlosen Aktie der „Nennwert" errechnen, indem das im voraus festgesetzte Grundkapital durch die Anzahl der ausgegebenen Aktien geteilt wird, vgl. § 8 Abs. 4 AktG n.F. Der so erhaltene anteilige Betrag darf gem. § 8 Abs. 3 AktG n.F. - genauso wie bei der Nennwertaktie - 1 Euro nicht unterschreiten. Gem. § 9 Abs. 1 AktG n.F. darf nun die Aktie auch für einen geringeren Betrag als den auf die einzelne Stückaktie entfallenden anteiligen Betrag nicht ausgegeben werden.

Dieser Betrag stellt daher in gleicher Weise wie bei der Nennwertaktie den geringsten Ausgabebetrag dar. Der einzige Unterschied liegt darin, dass der geringste Ausgabebetrag bei der unechten nennwertlosen Stückaktie nicht mehr auf der Urkunde angegeben ist, sondern mit Hilfe der Höhe der Grundkapitalziffer und der Anzahl der ausgegebenen Aktien errechnet werden muss. Eine Unterpariemission ist daher auch bei unechten nennwertlosen Stückaktien nicht zulässig.

### 2. Mindesteinzahlungsbetrag

Nach geltendem Recht besteht grundsätzlich die Möglichkeit, wahlweise Inhaber- oder Namensaktien auszugeben, vgl. § 10 Abs. 1 AktG. Nennwertaktien mussten nach altem Recht jedoch dann auf den Namen lauten, wenn sie vor der vollen Leistung des „Nennbetrags oder des höheren Ausgabebetrags" begeben wurden, vgl. § 10 Abs. 2, S. 1, 1. Hs. AktG a.F. Diese zwingende Vorschrift soll sicherstellen, dass die Gesellschaft jederzeit Zugriff auf den Aktionär wegen der noch ausstehenden Einlage nehmen

---

[4]Heider in: MüKo, AktG, § 8 Rn. 65; Streng, Nennwertlose Aktien, S. 48.
[5]vgl. Kap. 1 II 2 b).

kann[6]. Allerdings durfte gem. § 36a Abs. 1 i.V.m. § 36 Abs. 2 AktG a.F. die Anmeldung der Gesellschaft bei Bargründung erst erfolgen, wenn die Mindesteinlagepflicht von ¼ des „Nennbetrags" plus ein evtl. höherer Ausgabebetrag (Agio) erfüllt ist.

Diese Bestimmungen, die dem Nennwert die Funktion eines Mindesteinzahlungsbetrags zuweisen, können ebenfalls für die unechte nennwertlose Aktie in ihrem materiellen Gehalt beibehalten werden. Die Pflicht, bei bloßer Teileinzahlung Namensaktien auszugeben, wird auch für nennwertlose Stückaktien aufrechterhalten, indem § 10 Abs. 2 S. 1 AktG n.F. bestimmt, dass stets vor Leistung des Ausgabebetrags - sei es der Nennwert oder ein höherer - statt Inhaber- Namensaktien ausgegeben werden müssen. Auch die Mindesteinlagepflicht des § 36 a Abs. 1 AktG a.F. kann beibehalten werden. Hierfür stellt § 36 a Abs. 1 AktG n.F. nun nicht mehr auf den Nennbetrag, sondern statt dessen auf den „geringsten Ausgabebetrag" ab, also den Betrag, der sich durch eine Teilung der Anzahl der ausgegebenen Aktien durch das Gesamtgrundkapital ergibt. Von diesem muss mindestens ein Viertel zuzüglich eines eventuellen Agios eingezahlt sein.

3. Maßstab zur Bestimmung der Höhe des Grundkapitals

Teilweise wird in diesem Zusammenhang betont, der Nennwert bilde ferner den Maßstab für die Bestimmung der Höhe des Grundkapitals, denn durch die Addition der Nennbeträge sämtlicher begebenen Aktien erhalte man die Höhe der Grundkapitalziffer einer Aktiengesellschaft, und zwar ohne Rücksicht auf die geleistete Einzahlung[7]. Auf diese Weise seien Nennwert und Grundkapital miteinander verbunden[8].

Dagegen ist jedoch anzuführen, dass die Angabe der Höhe der Grundkapitalziffer einen notwendigen Satzungsbestandteil gem. § 23 Abs. 3 Nr. 3 AktG bildet und im Jahresabschluss als Passivposten ausgewiesen ist (vgl. § 266 Abs. 3 A I HGB). Die Höhe des Grundkapitals ist also unabhängig von der Nennwertangabe für jeden Aktionär unmittelbar aus der Satzung zu entnehmen. Von einer notwendigen Funktion des Nennbetrags kann daher nicht gesprochen werden.

---

[6]Kraft in: Kölner Komm., AktG, § 10 Rn. 20; Brändel in: GroßKomm., AktG, § 10 Rn. 2, 13; Eckardt in: Geßler/ Hefermehl, AktG, § 10 Rn. 6; Werner, AG 1990, 1 (6).
[7]Streng, Nennwertlose Aktien, S. 51; Hausladen, Nennwertlose Aktien, S. 44; Goedecke, Die Quotenaktie, S. 7.
[8]Hausladen, Nennwertlose Aktien, S. 44.

Was das Verhältnis von Nennwert als Mindestausgabepreis und Grundkapital angeht, so wird dieses auch bei der unechten nennwertlosen Aktien beibehalten. Wie oben bereits gezeigt[9], kann dieser Mindestausgabebetrag mittels einer Teilung der festgesetzten Grundkapitalziffer durch die Anzahl der ausgegebenen Aktien ermittelt werden. Umgekehrt ergibt sich daher die Grundkapitalziffer aus einer Multiplikation des Mindestausgabepreises mit der Stückzahl der Aktien. Anders als bei Nennbetragsaktien ist dieser „anteilige Betrag des Grundkapitals", der dem Mindestausgabebetrag entspricht, jedoch als Verhältniszahl veränderlich; allerdings ist die Summe dieser „anteiligen Grundkapitalbeträge" bereits begriffsnotwendig stets gleich der Grundkapitalziffer[10].

4. Maßstab für das Stimmrecht

Gem. § 134 Abs. 1 AktG bestimmt sich die Stimmkraft im Falle von Nennwertaktien bei vollständiger Leistung der Einlage grundsätzlich nach Aktiennennwerten. Danach gewährt jede Aktie eine Stimme, wenn das Grundkapital ausschließlich mit gleichen Nennwerten eingeteilt ist[11]. Bei verschiedenen Nennwerten richtet sich das Stimmenverhältnis nach dem Verhältnis der Nennwerte; beispielsweise muss eine Aktie des Nennwerts von 1000 Euro daher zehnmal soviel Stimmen gewähren wie eine Aktie mit dem Nennwert 100 Euro[12]. Das Stimmrecht wird also, dem Wesen der AG als einer Kapitalgesellschaft entsprechend, nicht nach Köpfen, sondern nach Kapitalbeträgen ausgeübt, um einen Ausgleich zwischen dem Maß der finanziellen Beteiligung und dem Maß der gesellschaftlichen Einflussnahme herzustellen[13].

Daraus folgt aber nicht, dass ein wesensnotwendiger Zusammenhang zwischen Stimmrecht und „Nennwert" besteht. Bei der unechten nennwertlosen Stückaktie wird das Stimmrecht nach der Zahl der Aktien ausgeübt, § 134 Abs.1 S. 1 AktG n.F. Da die Stückaktien einer Gesellschaft gem. § 8

---

[9]vgl. Kap. 2 I.
[10] vgl. unten II 3.
[11]Hüffer, AktG, § 134 Rn. 2; Zöllner in: Kölner Komm., AktG § 134 Rn. 22; Barz in: GroßKomm., AktG, § 134 Anm. 12; Eckardt in: Geßler/ Hefermehl, AktG, § 134 Rn. 7; Baumbach/ Hueck, AktG, § 134 Rn. 6; Godin/ Wilhelmi, AktG, § 134 Anm. 1.
[12]Raiser, Kapitalgesellschaftsrecht, § 16 Rn. 62; Zöllner in: Kölner Komm., AktG, § 134 Rn. 22; Eckardt in: Geßler/ Hefermehl, AktG, § 134 Rn. 7; Barz in: GroßKomm., AktG, § 134 Anm. 12; Baumbach/ Hueck, AktG, § 134 Rn. 6.
[13] Schreiber/ Hofmannsthal, Das Aktiennominale, S. 7.

Abs. 3 S. 1 AktG n.F. gleich groß sind, entfällt grundsätzlich auf jede Aktie eine Stimme[14]. Diese Zählung der Stimmen nach Aktienstücken bringt das Maß der finanziellen Beteiligung ebenso genau zum Ausdruck.

5. Ermittlung der Beteilungsquote

Der Nennwert dient ferner zur Ermittlung der Beteiligungsquote. Für einige Regelungen war nach der alten Fassung des Aktiengesetzes die Beteiligungsquote maßgeblich, die sich aus dem „Verhältnis der Nennbeträge" ergibt, so insbesondere bei der Verteilung von Gewinn und Liquidationserlös.

a) Gewinnverteilung

Der Nennwert wurde bei der Bestimmung der Dividende (= Anteil eines Gesellschafters am festgestellten Reingewinn) zugrunde gelegt. Die Anteile der Aktionäre am Gewinn bestimmten sich gem. § 60 Abs. 1 AktG a.F. nach dem „Verhältnis der Aktiennennbeträge". Die Aktionäre sind also nach ihrer quotalen Beteiligung am Gesellschaftskapital zu bedienen[15].

Die Feststellung der hier maßgeblichen Beteiligungsquote bereitet im Falle von unechten nennwertlosen Stückaktien gegenüber der Situation bei Nennwertaktien keine zusätzlichen Schwierigkeiten. Gem. § 60 Abs.1 S. 1 AktG n.F. kann der Nennbetragsbegriff hier durch den in § 8 Abs. 4 AktG n.F. neu definierten Begriff des „Anteils am Grundkapital" ersetzt werden, und zwar sowohl für Nennbetrags- als auch für Stückaktien. Dieser bestimmt sich bei Stückaktien nach der Zahl der Aktien (vgl. § 8 Abs. 4 AktG). Die quotale Beteiligung ergibt sich also bei unechten nennwertlosen Stückaktien, indem man die Anzahl der Aktien eines Aktionärs durch die Anzahl der ausgegebenen Aktien teilt (bzw. die Quote für eine Aktie, indem man diese durch die Anzahl der ausgegebenen Aktien dividiert). Der Gewinn wird dann entsprechend dieser Quote an die Aktionäre verteilt.

Eine andere Frage ist dagegen, ob weiterhin an einer Dividendenangabe in Prozenten vom Nennbetrag festgehalten wird oder ob die Einführung der

---

[14]Regierungsbegründung StückAG, BT-Drs. 13/ 9573 vom 7.1.98, S. 16.
[15]Hüffer, AktG, § 60 Rn. 2; Hoffmann-Becking in: MünchHdb. AG, § 46 Rn. 20; Hefermehl/ Bungeroth in: Geßler/ Hefermehl, AktG, § 60 Rn. 4.

Stückaktie zum Anlass genommen wird, die Dividende in Euro pro Aktie anzugeben. Letzteres wird häufig als ein wichtiges Argument für die nennwertlose Aktie angeführt[16]. Die Angabe in DM bzw. Euro pro Stück ist aber keineswegs zwangsläufig mit der Stückaktie verbunden. Es ist genauso möglich, die Dividende weiterhin in Prozenten des Nennbetrags bzw. bei der Stückaktie in Prozenten des „geringsten Ausgabebetrags" darzustellen. Auch könnte genauso bei der Nennwertaktie die Dividende in Euro pro (Mindest- X Euro) Nennwertaktie angegeben werden.

b) Verteilung des Liquidationserlöses

Eine entsprechende Aufgabe wie bei der Gewinnverteilung übte der Aktiennennbetrag bei der Liquidation einer Aktiengesellschaft aus. Das nach der Berichtigung der Verbindlichkeiten verbleibende Vermögen der Gesellschaft war gem. § 271 AktG a.F. nach dem „Verhältnis der Aktiennennbeträge" unter die Gesellschafter zu verteilen. Der Nennbetrag war bei der Liquidation der Aktiengesellschaft also nicht identisch mit der Liquidationsquote, sondern diente nur zur Bestimmung des Verhältnisses bei der Verteilung des Liquidationserlöses[17]. Der Aktiennennwert ersetzte somit bei der Liquidierung nur die Bruchteilsberechtigung des einzelnen Gesellschafters am gesamten Abwicklungsüberschuss, wobei sich die dem jeweiligen Nennbetrag entsprechende Beteiligungsquote aus dem Verhältnis Nennwert/ Grundkapital errechnet[18].

Mit Einführung der unechten nennwertlosen Stückaktie richtet sich gemäß § 271 Abs. 1 und 2 AktG n.F. die Vermögensverteilung im Rahmen der Liquidation genauso wie die Gewinnverteilung nach den „Anteilen am Grundkapital", ebenfalls sowohl für Nennbetrags- als auch für Stückaktien. Der Anteil am Grundkapital bestimmt sich nun bei Stückaktien nach der Zahl der Aktien, § 8 Abs.4 AktG n.F.[19].

---

[16]Jahr/ Stützel, Aktien ohne Nennbetrag, S. 32; Coing/ Kronstein, Nennwertlose Aktie, S. 12; Popp, Aktie ohne Nennwert, S. 58; Hausladen, Nennwertlose Aktien, S. 110.
[17]Hausladen, Nennwertlose Aktien, S. 46; Goedecke, Die Quotenaktie, S. 10; Streng, Nennwertlose Aktien, S. 55.
[18]Streng, Nennwertlose Aktien, S. 55.
[19]s.o. schon bei der Gewinnverteilung, Kap. 2 I 5 a).

6. Maßstab für die Gewinn- und Liquidationserlösverteilung auf verschiedene, nicht paritätische Aktiengattungen

Nach geltendem Recht ist es möglich, das Grundkapital in Aktien verschiedener Gattungen mit unterschiedlichen Rechten aufzuteilen. Insbesondere können gemäß § 139 AktG stimmrechtslose Vorzugsaktien ausgegeben werden. Vorzug bedeutet dabei Priorität der Vorzugsaktionäre gegenüber den Stammaktionären bei der Ausschüttung des Bilanzgewinns[20]. Überdies ist etwa auch eine vorrangige Berücksichtigung bei der Abwicklung, d.h. bei der Verteilung des Liquidationserlöses, möglich[21].

Bei verschiedenen Aktiengattungen, wie also etwa bei Vorzugs- und Stammaktien, hat der Nennwert die Aufgabe, als Rechenmaßstab für die Gewinn- bzw. Liquidationserlösverteilung zu dienen. Die Höhe des Vorzugs muss objektiv bestimmbar sein. Üblich ist bei Nennbetragsaktien die Angabe eines festen Prozentsatzes (in Höhe von 4 - 6 %) des Aktiennennbetrags[22]. Dies bedeutet dann, dass die in der Satzung bestimmte Dividende in der angegebenen Höhe (x % des Nennwerts) zunächst an die Vorzugsaktionäre auszuschütten ist, bevor eine Ausschüttung an die übrigen Aktionäre erfolgen darf[23]. Ferner bestimmt § 139 Abs. 2 AktG eine Höchstgrenze für Vorzugsaktien: Danach darf der Gesamtnennbetrag der Vorzugsaktien ohne Stimmrecht nicht höher sein als derjenige der anderen Aktien.

Es fragt sich nun, wie bei unechten nennwertlosen Aktien der Maßstab für die Verteilung von Gewinn und evtl. Liquidationserlös zwischen verschiedenen Aktiengattungen angegeben werden kann. Teilweise wird vorgebracht, die nennwertlose Aktie bringe zwangsläufig eine Angabe der Vor-

[20] Hüffer, AktG, § 139 Rn. 6; Zöllner in: Kölner Komm., AktG § 139 Rn. 9; Hefermehl in: Geßler/ Hefermehl, AktG, § 139 Rn. 5; Baumbach/ Hueck, AktG, § 139 Rn. 2; Semler in: MünchHdb. AG, § 38 Rn. 16.
[21] Hüffer, AktG, §139 Rn. 5; Zöllner in: Kölner Komm., AktG, § 139 Rn. 8; Baumbach/ Hueck, AktG, § 139 Rn. 2; Semler in: MünchHdb. AG, § 38 Rn. 16.
[22] Hüffer, AktG, § 139 Rn.7; Zöllner in: Kölner Komm., AktG, § 139 Rn. 11; Hefermehl in: Geßler/ Hefermehl, AktG, § 139 Rn. 6; Semler in: MünchHdb. AG, § 38 Rn. 16.
[23] Hüffer, AktG, § 139 Rn. 6; Zöllner in: Kölner Komm., AktG, § 139 Rn. 11; Semler in: MünchHdb. AG, § 38 Rn. 16.

zugsdividende bzw. einer vorzugsweisen Berücksichtigung bei der Liquidation in x Euro pro Aktie mit sich[24].

Dem ist jedoch entgegenzuhalten, dass zum einen auch bei Nennwertaktien die Satzung entweder einen Prozentsatz der Aktiennennbeträge als Vorzug nennt oder aber einen bestimmten Geldbetrag pro x-Euro Nennwert bestimmen kann[25]. Zum anderen ist es auch bei unechten nennwertlosen Aktien möglich, den Vorzug in Prozenten des „unechten Nennwerts“, also des „geringsten Ausgabebetrages“ im Sinne von § 9 Abs. 1 AktG n.F., anzugeben.

Die Höchstgrenze für Vorzugsaktien kann ohne Abstellen auf den Nennwert sogar einfacher und daher zukünftig auch für Nennwertaktien in dieser Weise ausgedrückt werden: Gem. § 139 Abs. 2 AktG n.F. dürfen Vorzugsaktien ohne Stimmrecht nur bis „zur Hälfte des Grundkapitals“ ausgegeben werden anstatt vorher „zu einem Gesamtnennbetrag in Höhe des Gesamtnennbetrags der anderen Aktien“. Dies bedeutet inhaltlich keine Veränderung der Höchstgrenze; sie wird lediglich sprachlich durch den neutralen Begriff „Hälfte des Grundkapitals“ ausgedrückt.

7. Angabe eines Quorums für die Geltendmachung von Minderheitenrechten

Eine weitere Funktion kam dem Nennwert bislang im Zusammenhang mit der Geltendmachung von Minderheitenrechten zu. Die §§ 103 Abs.3 S. 3, 120 Abs.1 S.2, 122 Abs. 2, 142 Abs. 2 S. 1, Abs. 4 S. 1, 147 Abs.2 S. 3, 254 Abs.2 S. 3, 258 Abs.2 S.3, 260 Abs.2 S.1, Abs.3 S.4, 265 Abs.3 S.1 AktG enthalten Quoren für die Ausübung von Minderheitenrechten. Die Anteile mussten nach der alten Fassung jeweils zusammen einen „Nennbetrag“ von 2 Mio. DM erreichen.

Auch für diese Aufgabe ist der Nennwert nicht notwendig. Statt dessen kann genauso gut auf den „anteiligen Betrag des Grundkapitals“ abgesellt werden, wie es gemäß der neuen Fassung der Fall ist. Dieser wird für eine Stückaktie durch den Quotienten „Grundkapitalziffer/ Gesamtzahl ausgegebener Stückaktien“ errechnet. Alle Aktien (der Minderheitsaktionäre)

---

[24]Streng, Nennwertlose Aktien, S. 54; Goedecke, Die Quotenaktie, S. 14; Hausladen, Nennwertlose Aktien, S. 46.
[25] Bezzenberger, Vorzugsaktien ohne Stimmrecht, S. 44.

zusammen müssen dann einen anteiligen Betrag von 2 Mio. DM bzw. 1 Mio. Euro erreichen (d.h. der anteilige Betrag einer Aktie wird mit der Zahl der Aktien der sich auf das Minderheitenrecht berufenden Aktionäre multipliziert.)

8. Sonstige Vorschriften

Im übrigen wurde in sämtlichen Vorschriften des Aktiengesetzes der Begriff „Nennbetrag" entweder für Stückaktien durch den Begriff „anteiliger Betrag des Grundkapitals" oder eine ähnliche Formulierung ergänzt oder durch einen für beide Aktienarten geltenden Ausdruck ersetzt[26]. Inhaltlich hat sich damit grundsätzlich nichts geändert.

9. Ergebnis

Die Gegenüberstellung der rechtlichen Funktionen des Nennwerts, die das Aktiengesetz diesem zuweist bzw. bislang zuwies, und die Lösung dieser Aufgaben durch die unechte nennwertlose Stückaktie haben gezeigt, dass grundsätzlich von dieser Seite her keine einschneidenden Eingriffe in das geltende Aktienrecht für die Einführung der Stückaktie nötig waren, sondern im Gegenteil teilweise undeutliche Formulierungen - auch für die Nennwertaktien - durch eine dem quotalen Charakter der Aktie besser gerecht werdenden Ausdruck ersetzt werden konnten. Insbesondere die in der älteren Literatur befürchtete Gefahr von Unterpariemissionen[27] besteht bei der Stückaktie genauso wenig wie bei der Nennbetragsaktie. Daher ist der Regierungsbegründung und auch der bisherigen Literatur insoweit Recht zu geben, dass in dieser Hinsicht die eingeführte unechte nennwertlose Stückaktie tatsächlich keine Probleme aufwirft. Sie lässt weder Unterpariemissionen noch sonstige Verstöße gegen den Grundsatz der Kapitalaufbringung und –erhaltung zu, da sie an dem Grundsatz eines festen - in Aktien zerlegten - Grundkapitals festhält. Dies sagt jedoch noch nichts darüber aus, ob die Stückaktie nicht anderweitige Probleme mit sich bringt.

II. Folgen des Fehlens eines Nennwertes

Um erkennen zu können, in welchen Bereichen die unechte nennwertlose Stückaktie möglicherweise von der Nennwertaktie abweichende rechtliche

---

[26]vgl. dazu eingehend Schröer, ZIP 1997, 221 ff.
[27]vgl. o. Kap. 1 I.

Fragen aufwirft, ist es notwendig, zunächst die signifikanten Unterschiede zwischen der Nennwertaktie und der unechten nennwertlosen Stückaktie herauszuarbeiten.

1. Keine Angabe des Nennbetrags

Der Nennbetrag und damit der Mindesteinzahlungsbetrag ist bei der Stückaktie der Aktienurkunde nicht zu entnehmen (vgl. § 8 Abs. 3 AktG). Auch in der Übernahmeerklärung ist lediglich die Zahl der Aktien anzugeben. Der Erwerber einer Aktie weiß daher unter Umständen nicht, wie hoch der Mindesteinzahlungsbetrag der Aktie ist und welchen Anteil die Aktie verkörpert. Dies könnte eventuell Auswirkungen auf den gutgläubigen Erwerb von Aktien haben[28]. Auch könnten mit dem Fehlen der Nennwertangabe Publizitätsfragen auftreten[29].

2. Fehlen der Angabe des Paribetrags

Mit der Angabe des Nennwertes zeigt die Nennwertaktie gleichzeitig an, zu welchem Preis diese Aktie mindestens ausgegeben werden muss, vgl. § 9 Abs. 1 AktG. Bei börsennotierten Aktien kommt der Angabe des Nennbetrags und damit des Paribetrags gleichzeitig eine Warnfunktion für die Anleger zu. Sinkt der Börsenkurs einer Aktie unter den Nennbetrag, so ist dies ein Indiz für eine wirtschaftlich schwache Situation des Unternehmens[30]. Denn das Absinken des Kurses beruht häufig auf einem bilanzmäßigen Verlust[31]. Diese Warnfunktion fehlt bei Stückaktien. Der Paribetrag ist für den Anleger aus der Aktienurkunde nicht erkennbar[32].

3. Automatische Angleichung des „unechten Nennwertes“

Die unechte nennwertlose Stückaktie unterscheidet sich von der Nennbetragsaktie jedoch nicht allein dadurch, dass sie nicht ausdrücklich auf einen Nennwert lautet, wie vielfach behauptet wird[33]. Ein viel weitreichen-

---

[28] vgl. Kap. 3 II 1 und 2.

[29] vgl. Kap. 3 I.

[30] vgl. Eckardt in: Geßler/ Hefermehl, AktG, § 9 Rn. 2; Kraft in: Kölner Komm., AktG, § 9 Rn. 14.

[31] Kraft in: Kölner Komm., AktG, § 9 Rn. 14; Eckardt in: Geßler/ Hefermehl, AktG, § 9 Rn. 2.

[32] vgl. Kap. 3 I.

[33] vgl. Heider in: MüKo, AktG, § 8 Rn. 99.

derer Unterschied der Stückaktie ist die automatische Angleichung des „anteiligen Betrags des Grundkapitals" gemäß dem gerade aktuellen Verhältnis von Aktienzahl und Grundkapital. Diese These lässt sich mit folgenden Erwägungen untermauern:

Es wird bei der Stückaktie der Nennwert (also einer feststehenden Zahl) durch eine Verhältnisbeziehung von Stückanzahl zu Grundkapitalziffer ersetzt. Nach der gesetzlichen Konzeption zeichnet die unechte nennwertlose Stückaktie zum einen die Beteiligung stets gleichen Umfangs (§ 8 Abs. 3 S. 2 AktG) und zum anderen die Existenz eines anteiligen Betrags am Grundkapital (§ 8 Abs. 3 S. 3, Abs. 4 AktG) aus. Stückaktien sind danach Anteile am Grundkapital, die den gleichen Umfang haben. Weil sie Anteile am Grundkapital sind, entfällt auf sie auch ein anteiliger Betrag. Dieser wird aber nicht zur Kennzeichnung der Aktie oder zur Ermittlung der Beteiligungsquote herangezogen, sondern bildet in seiner Bezugnahme auf ein festes Grundkapital nur den Anknüpfungspunkt für den gesetzlichen Kapitalschutz, der nach denselben Regeln stattfindet wie bei Nennbetragsaktien[34]. Der „anteilige Betrag des Grundkapitals", der auf die einzelnen Stückaktien entfällt, wird nicht in der Satzung festgesetzt (vgl. § 23 Abs. 3 Nr. 4 AktG), sondern lässt sich nur im Wege der Division der Grundkapitalziffer durch die Gesamtaktienzahl bestimmen. Dieser „anteilige Betrag des Grundkapitals", auch „unechter Nennwert" genannt[35], ist nun aber im Gegensatz zum Nennbetrag gerade keine feststehende Größe. Der auf die einzelne Stückaktie entfallende „anteilige Betrag des Grundkapitals" erfährt immer dann eine Änderung, wenn entweder die Zahl der Aktien oder der Nennbetrag des Grundkapitals geändert wird. Werden Aktienzahl und Grundkapital in gleichem Verhältnis geändert, wie grundsätzlich durch § 182 Abs. 1 S. 5 AktG vorgesehen, bleibt er hingegen gleich. Kennzeichnend ist für die Stückaktie daher die automatische Angleichung des „anteiligen Betrags des Grundkapitals", der sich als Verhältniszahl stets aus dem gerade aktuellen Verhältnis von Aktienzahl und Grundkapital ergibt.

Diese automatische Angleichung des anteiligen Grundkapitalbetrags folgt nicht nur aus der Zerlegung des Grundkapitals in notwendig gleich große Stücke (§ 8 Abs. 3 AktG), sondern gerade auch aus der Tatsache, dass bewusst auf ein quantitatives Unterscheidungsmerkmal, also eine Betrags-

---

[34] vgl. Hüffer, AktG, § 8 Rn. 20.

[35] vgl. Regierungsbegründung StückAG, BT-Drs. 13/ 9573 vom 7.1.98, S. 10 f.

oder Quotenangabe, verzichtet wurde. Ein weiteres Indiz für die Konzeption der automatischen Angleichung ist auch die Regelung, welche die Stückaktie für die Kapitalerhöhung aus Gesellschaftsmitteln und die Kapitalherabsetzung erfahren hat. Gesellschaften mit Stückaktien können abweichend von § 184 Abs. 1 S. 4 AktG ihr Grundkapital auch ohne Ausgabe neuer Aktien erhöhen (§ 207 Abs. 2 S. 2 AktG). Macht eine Aktiengesellschaft von dieser Möglichkeit Gebrauch, erhöht sich auch nach der Regierungsbegründung der auf jede Stückaktie entfallende rechnerische Nennbetrag automatisch, ohne dass es weiterer Maßnahmen bedürfe[36]. Dies macht deutlich, dass es sich hier im Gegensatz zum Nennbetrag um eine veränderliche Zahl handelt; durch die Erhöhung des Grundkapitalnennbetrags bestimmt sich das Verhältnis von Gesamtaktienzahl zu Grundkapitalziffer entsprechend neu. Ebenso ist bei Gesellschaften mit Stückaktien im Falle der Herabsetzung des Grundkapitals kein ausdrücklicher Beschluss erforderlich, wonach der auf die einzelne Stückaktie entfallende „anteilige Betrag des Grundkapitals" ebenfalls herabgesetzt wird (vgl. § 222 Abs. 4 S. 1 AktG zur Nennbetragsaktie). Durch den Kapitalherabsetzungsbeschluss ermäßigt sich vielmehr der auf die einzelne Stückaktie entfallende rechnerische Betrag automatisch, ohne dass es hierzu einer besonderen Beschlussfassung bedarf[37]. Auch diese Regelung bekräftigt die oben aufgestellte These, dass sich bei der Stückaktie der „anteilige Betrag des Grundkapitals" automatisch dem aktuellen Verhältnis von Grundkapitalziffer und Aktienzahl anpasst.

In diesem Zusammenhang stellt sich die Frage, was unter der „Zahl der Aktien" für die Bestimmung des „anteiligen Betrags des Grundkapitals" bei Stückaktien zu verstehen ist. Da bei Stückaktien gemäß § 23 Abs. 3 Nr. 4 AktG die Zahl der Aktien in der Satzung anzugeben ist, könnte angenommen werden, dass es diese in der Satzung angegebene Zahl ist, die für die Bestimmung des „anteiligen Betrags des Grundkapitals" der Stückaktie maßgeblich ist. Andererseits käme aber auch die Zahl der tatsächlich ausgegebenen und wirksam übernommenen Aktien für die Berechnung des „anteiligen Grundkapitalbetrags" in Frage.

---

[36]vgl. Regierungsbegründung StückAG, BT-Drs. 13/ 9573 vom 7.1.98, S.17; Heider in: MüKo, AktG, § 8 Rn. 102; Hüffer, AktG, § 207 Rn. 11a.
[37]vgl. Regierungsbegründung StückAG, BT-Drs. 13/ 9573 vom 7.1.98, S. 18; Heider in: MüKo, AktG, § 8 Rn. 103; Hüffer, AktG, § 222 Rn. 21 a.

Das Gesetz hält keine ausdrückliche Lösung des Problems bereit. Der Wortlaut des § 8 Abs. 4 AktG besagt: „Der Anteil am Grundkapital bestimmt sich [...] bei Stückaktien nach der Zahl der Aktien." Auch in der bislang zur Stückaktien veröffentlichten Literatur wird diese Frage nicht behandelt.

Eine Auslegung des Wortlauts der Vorschrift spricht eher für die Variante, dass mit „Zahl der Aktien" die Zahl der tatsächlich existierenden, d.h. ausgegebenen und wirksam übernommenen Aktien und nicht die in der Satzung festgelegte Zahl gemeint ist. Der natürliche Wortsinn der Beschreibung „Zahl der Aktien" spricht ungezwungen für die Zahl der tatsächlich existierenden Aktien. Eine Einschränkung auf die möglicherweise von dieser Zahl abweichende Zahlangabe in der Satzung hätte daher im Gesetz ausdrücklich bezeichnet werden müssen. Diese Auslegung wird durch einen Blick auf den österreichischen Gesetzestext zur Stückaktie untermauert. Die österreichische Stückaktie folgt dem deutschen Modell[38]. § 8 Abs. 3 öAktG bestimmt: „Der Anteil der Stückaktie am Grundkapital bestimmt sich nach der Zahl der ausgegebenen Aktien". Die Aufnahme des konkretisierenden Merkmals „ausgegeben" spricht deutlich gegen die Annahme, die in der Satzung angegebene Zahl der Aktien könne vorliegend maßgeblich sein.

Ein weiteres Argument dafür, dass nur die Zahl der tatsächlich existierenden Aktien für die Bestimmung der Grundkapitalziffer maßgeblich sein kann, ergibt sich aus folgender Überlegung: Sind tatsächlich mehr oder weniger Aktien wirksam übernommen worden als in der Satzung angegeben, so ist die Satzung unrichtig. Dies führt dazu, dass die unrichtige Satzung grundsätzlich angepasst werden muss[39]. Eine derart unrichtige Satzungsbestimmung soll nach dem Gesetz keinen Bestand haben und ist auf Berichtigung ausgelegt; sie kann daher nicht als Maßstab für die Beteiligung herangezogen werden.

Schließlich setzt sich auch bei Nennbetragsaktien die „Macht des Faktischen", d.h. die Zahl der tatsächlich übernommenen Aktien gegenüber der Satzung durch[40].

---

[38] vgl. Doralt in: MüKo, AktG, Fn. 181 zu § 8.
[39] vgl. a. Brändel in: GroßKomm., AktG, § 6 Rn. 15 zum Parallelproblem bei Nennwertaktien.
[40] vgl. Brändel in: GroßKomm., AktG, § 6 Rn. 15.

Es bleibt daher festzuhalten, dass sich der „anteilige Betrag des Grundkapitals" der einzelnen Stückaktie im Sinne des § 8 Abs. 4 AktG nach der Zahl der tatsächlich entstandenen Aktien richtet.

Die „automatische Angleichung" des „anteiligen Betrags des Grundkapitals" bedeutet, dass für die eigentliche Änderung des anteiligen Grundkapitalbetrags kein Beschluss der Gesellschafter notwendig ist. Der anteilige Grundkapitalbetrag der Stückaktien ändert sich vielmehr von selbst, ohne dass es irgendwelcher Maßnahmen seitens der Gesellschafter oder der Gesellschaft bedürfe. Lediglich die Änderung der Grundkapitalziffer als einer der beiden Parameter bedarf etwa gem. §§ 182 ff., 207 oder 222 AktG eines entsprechenden Beschlusses bzw. im Falle der Gründung einer entsprechenden Satzungsbestimmung. Ebenso muss die Aktienzahl in der Satzung festgesetzt werden und kann grundsätzlich nur gem. §§ 182 ff. AktG durch Ausgabe neuer Aktien erhöht werden. Dagegen ist der Nennbetrag stets unveränderlich und kann nur durch entsprechenden Beschluss gemäß § 222 Abs. 1 und 4 AktG herabgesetzt und nur in ganz engen Grenzen (vgl. § 215 Abs. 2 S. 2 und 3 AktG) heraufgesetzt werden.

Der Gesetzgeber hat durch die Bestimmung, dass eine Veränderung von Aktienzahl und Grundkapital, abgesehen von den genannten Ausnahmen, nur in gleichem Verhältnis geschehen darf (vgl. § 182 Abs. 1 S. 5 AktG) und die Notwendigkeit der Festsetzung von Grundkapitalziffer und Stückzahl in Übernahmeerklärung und Satzung (vgl. § 23 Abs. 2 Nr. 2, Abs. 3 Nr. 4 AktG) zwar im ordnungsgemäßen Regelfall dafür gesorgt, dass sich die Stückaktie parallel zur Nennbetragsaktie entwickelt. Wird dies jedoch nicht eingehalten, so könnte die Stückaktie mit ihrer automatischen Angleichung des anteiligen Grundkapitalbetrags durchaus zu abweichenden Ergebnissen führen[41].

Aus der Konzeption der Stückaktie mit ihrem „anteiligen Betrag des Grundkapitals" als Verhältniszahl ergibt sich ein weiterer Unterschied zur Nennbetragsaktie. Während bei der Nennbetragsaktie stets darauf zu achten ist, dass die Summe der Nennbeträge (§ 8 Abs. 2 S. 1 AktG) der Grundkapitalziffer entspricht (§§ 1 Abs. 2, 6 AktG) und es im Falle fehlerhafter Maßnahmen zu einer Nichtübereinstimmung kommen kann[42], existiert dieses Problem bei der Stückaktie nicht. Durch die Zerlegung des

---

[41] vgl. unten Kap. 4 und 5.

[42] vgl. unten Kap. 3 II 3.

Grundkapitals in gleich große Stücke (§ 8 Abs. 3 AktG) und die Konzeption des „anteiligen Betrags des Grundkapitals“ als Verhältniszahl von Grundkapital und Gesamtaktienzahl entspricht die Summe dieser „anteiligen Grundkapitalbeträge“ stets und notwendigerweise der Grundkapitalziffer. Eine Abweichung ist systematisch nicht denkbar. Auch dies könnte in besonderen Fällen zu unterschiedlichen Ergebnissen führen[43].

Im Rahmen dieser Arbeit soll nun überprüft werden, inwieweit sich diese Unterschiede zwischen der Nennwertaktie und der Stückaktie in der Aktienrechtspraxis auswirken. Dabei soll insbesondere auch auf „kranke“ Fälle bzw. Missbrauchsfälle eingegangen werden.

[43] vgl. unten Kap. 3 II 3.

## 3. Kapitel: Transparenz, gutgläubiger Erwerb und Verbriefung

Die fehlende Angabe des Nenn- bzw. Paribetrags könnte sich auf die Transparenz der Aktien für den Anleger auswirken und Konsequenzen für den gutgläubigen Erwerb von Stückaktien haben. Weiterhin könnten dadurch und aufgrund der Tatsache, dass alle Stückaktien gleich groß sein müssen, Probleme bei der Verbriefung entstehen.

### I. Transparenz

Zunächst stellt sich die Frage, ob das Fehlen des Nennwertes auf der Aktienurkunde nicht zu einem Defizit an Transparenz der Aktie führt.

#### 1. Fehlende Vergleichsmöglichkeiten

##### a) Frühere Auffassung

Die Gegner der nennwertlosen Aktie haben bereits in den Diskussionen der 30er und 60er Jahren vorgebracht, dass die nennwertlose Aktie dem Geldanleger schlechtere Vergleichsmöglichkeiten hinsichtlich des Kaufpreises und der Rendite der Aktien mit anderen Kapitalanlagen und anderen Aktien eröffne[1]. Denn der Anleger könne den Kurs zweier Aktien mit gleichem Nennwert vergleichen und sich daran orientieren. Hat die Aktie keinen Nennwert mehr, so falle diese Vergleichsmöglichkeit weg. Außerdem sei der Nennbetrag wegen der Kursnotierung in Prozenten des Aktiennennwertes erforderlich[2].

##### b) Neuere Meinung

Letzteres Argument ist seit der Einführung der Stücknotiz durch die VO über die Feststellung des Börsenpreises von Wertpapieren vom 17.4.1967[3], nach der die Festlegung des Börsenpreises der Aktien nicht mehr nach dem Nennbetrag, sondern je Stück erfolgt, hinfällig[4]. Die heute herrschende Ansicht wendet zudem ein, dass Nennbeträge keine geeignete Grundlage für einen Vergleich des Wertes oder der Rendite von Gesellschaftsbeteili-

---

[1]Begründung Regierungsentwurf zum AktG 1965, abgedruckt in: Kropff, Textausgabe, S. 21; Grussendorf, AG 1960, 257 (260); vgl. a. Claussen, AG 1963, 237.
[2]Begründung Regierungsentwurf zum AktG 1965, Kropff, S. 21.
[3]BGBl. I S. 479.
[4]vgl. Regierungsbegründung StückAG, BT-Drs. 13/ 9573 vom 7.1.98, S. 11.

gungen seien[5], da die Aktie eine Beteiligung an einem wirtschaftenden, ständigen Veränderungen unterliegenden Unternehmen verkörpere. Die Verkehrswerte von Anteilsrechten an Unternehmen entwickelten sich in Abhängigkeit von einer Vielzahl von Faktoren ungleichartig, weshalb sie nicht auf der Grundlage gleicher Nennbeträge miteinander verglichen werden könnten[6]. Für eine sachgerechtere Anlageentscheidung des Aktienerwerbers seien die Ertragskraft des Unternehmens, die strategische Ausrichtung und Planung, die Dividendenpolitik sowie das Kurs-Gewinn-Verhältnis von ausschlaggebender Bedeutung, nicht aber mehr oder weniger willkürlich gewählte Nennbeträge[7]. Im Gegenteil wird der Nennbetragsaktie sogar eine Irreführung der Anleger vorgeworfen: Der Nennwert verleite das Publikum zu der Annahme, der Aktionär sei genau in der Höhe des in der Aktienurkunde genannten Betrages an der Gesellschaft beteiligt, der Nennwert entspreche also dem inneren Wert der Aktie[8]. Die nennwertlose Aktie zwinge dagegen den Anleger, sich von der irreführenden Nennbetragsoptik zu lösen und sich an sachgerechteren Anlagekriterien zu orientieren[9].

c) Stellungnahme

Dieser heute einhellig vertretenen Auffassung ist zwar insofern recht zu geben, als dass der Nennwert nicht dem „wahren Wert“ der Beteiligung entspricht und daher auch nicht in der Weise zum Vergleich herangezogen werden kann, dass eine Anlageentscheidung allein nach dem Kurs im Vergleich zum Nennwert zweier Aktien getroffen wird. Dennoch wird in der neuesten Diskussion vernachlässigt, dass der Nennwert trotz seines einge-

---

[5]Regierungsbegründung StückAG, BT-Drs. 13/ 9573 vom 7.1.98, S. 11; Jahr/ Stützel, Aktie ohne Nennbetrag, S. 8 ff.; Claussen, AG 1963, 237; Neuburger, BB 1961, 1356 (1357); Heider, AG 1998, 1 (3); Menold / Schröder in: Dörner/ Menold/ Pfitzer, S. 27 (39).

[6]Regierungsbegründung StückAG, BT-Drs. 13/ 9573 vom 7.1.98, S. 11; Jahr/ Stützel, Aktie ohne Nennbetrag, S. 8 ff; Claussen, AG 1963, 237; Heider in: MüKo, AktG, § 8 Rn. 40; Heider, AG 1998, 1 (3); Menold/ Schröder in: Dörner/ Menold/ Pfitzer, S. 27 (39); vgl. Schupp, AG 1958, 81 (82); Boesebeck, DB 1959, 309; Neuburger, BB 1961, 1356 (1357).

[7]Heider, AG 1998, 1 (3); Heider in: MüKo, AktG, § 8 Rn. 40.

[8]Coing/ Kronstein, S. 12; Jahr/ Stützel, Aktie ohne Nennbetrag, S. 8 ff.; Neuburger, BB 1961, 1356 (1357); Boesebeck, BB 1960, 71 (72); Claussen, AG 1963, 237.

[9]Regierungsbegründung StückAG, BT-Drs. 13/ 9573 vom 7.1.98, S. 11; Funke, AG 1997, 385 (387f.); Heider, AG 1998, 1 (3); Heider in: MüKo, AktG, § 8 Rn. 40.

schränkten Aussagewertes ein wichtiger Indikator für den Anleger sein kann.

Insbesondere bei börsennotierten Aktiengesellschaften erfüllt der Nennwert eine wichtige Warnfunktion. Der Nennwert stellt zugleich den Pariwert dar, zu dem neue Aktien mindestens begeben werden müssen. Fällt nun der Börsenwert unter den Pariwert, so ist dies für den Anleger ein wichtiger Indikator für einen wirtschaftlichen Engpass des Unternehmens.

Zwar ist der Kurs im Vergleich zum Nennwert nicht als alleiniges Anlagekriterium geeignet. Doch steigt der Kurs bei wirtschaftlich florierenden Unternehmen in der Regel, während er im Falle von wirtschaftlichen Schwierigkeiten tendenziell sinkt. Für den wirtschaftlich nicht versierten Anleger bietet der Kursvergleich zumindest einen groben Orientierungspunkt, vorausgesetzt man kennt den Ausgangskurs zweier Unternehmen. Dieser ist im Falle von Nennwertaktien stets der Nennbetrag als Paribetrag, es sei denn es werden die Aktien mit einem großen Agio ausgegeben. Jedenfalls lässt sich pauschal sagen, dass im Falle eines Kurses unter dem Nennbetrag Vorsicht geboten ist.

Im Falle von Stückaktien fehlt nun der Nennwert als Indikator, ob der Kurs unter den Pariwert gesunken ist oder nur wenig oberhalb dieses Wertes liegt. Damit eröffnen sich Manipulationsmöglichkeiten. Haben sich am europäischen Markt bei der Mehrzahl der Unternehmen, wie anzunehmen ist, Stückaktien mit einem anteiligen Betrag des Grundkapitals von einem Euro durchgesetzt, so kann ein Unternehmen, das kurz vor dem Konkurs steht, den Kurs so manipulieren, dass dies für den unerfahrenen Anleger, der nicht Einblick in die Satzung nimmt und den „unechten Nennwert" errechnet, nicht auffällt. Hat etwa ein bekanntes, wirtschaftlich florierendes Unternehmen einer bestimmten Branche Aktien mit einem rechnerischen Wert von einem Euro und steht der Kurs z.B. bei 50 Euro, so kann ein Unternehmen der gleichen Branche, auch wenn es kurz vor der Insolvenz steht, den gleichen Kurs durch Manipulation erreichen, ohne dass der unerfahrenen Anleger dies bemerkt. Es kann nämlich Aktien zu einem rechnerischen Wert von beispielsweise 100 Euro ausgegeben haben, die dann infolge wirtschaftlicher Fehlschläge auf einen Kurs von ebenfalls 50 Euro sinken. Diese Aktien liegen dann zwar die Hälfte unter dem Pariwert. Dies kann der Anleger jedoch dem Kurs und der Aktienurkunde nicht entnehmen. Für ihn stellen sich zwei Unternehmen der gleichen Branche mit Stückaktien des gleichen Kurses dar. Dass das eine Unternehmen wirtschaftlich floriert und das andere kurz vor der Insolvenz steht, wird auf diese Weise verschleiert. Im Falle von Nennwertaktien würde der Anleger spätestens beim Kauf merken, dass er Aktien mit einem Nennwert von 100 Euro erwirbt.

Die Stückaktien bergen für den unerfahrenen Anleger damit doch gewisse Gefahren. Denn er kann den „anteiligen Betrag des Grundkapitals", also den fiktiven Nennwert, an dem er ein Absinken unter den Pariwert erkennt, nicht einmal der Satzung direkt entnehmen, sondern muss zudem wissen, dass sich dieser aus der Grundkapitalziffer geteilt durch die Gesamtzahl der Aktien errechnet. Insofern haftet der Stückaktie in der Tat ein Mangel an Transparenz an. Der Nennwert mit seiner Warnfunktion als Pariwert lässt sich im Falle von Stückaktien weder aus der Aktienurkunde noch aus der Satzung direkt entnehmen. Dies läuft der gewollten Öffnung des Kapitalmarktes auch für den Kleinanleger entgegen.

Auch im Falle von nicht börsennotierten Aktiengesellschaften können sich aufgrund des Fehlens der Nennwertangabe auf der Aktienurkunde Transparenzprobleme ergeben. Denn mit dem Nennwert kennt der Erwerber eines Anteiles zumindest deren Mindestwert, denn diese Mindesteinlage musste bei Gründung gezahlt werden. Selbst wenn auch anhand des Nennwertes ein etwaiger höherer Wert der Beteiligung nicht erkennbar ist, hat der Erwerber mit dem Nennwert zumindest einen groben Anhaltspunkt. Im Falle von Stückaktien dagegen hängt der Erwerber völlig in der Luft; eine Stückaktie, die er für 100 Euro kauft, könnte einen „anteiligen Betrag des Grundkapitals" und damit eine Mindesteinlage von 10.000 Euro genauso haben wie von 10 Euro. Insgesamt lassen sich daher gewisse Transparenzdefizite der Stückaktien nicht von der Hand weisen.

### 2. Informationsdefizit im Falle von teileingezahlten Aktien

Ein Sonderproblem der fehlenden Information „Nennwert" kann nun möglicherweise im Fall von teileingezahlten Stückaktien entstehen. Gem. § 10 Abs. 2 S. 2 AktG ist bei der Ausgabe teileingezahlter Aktien der Betrag der Teilleistungen in der Aktienurkunde anzugeben. Das ist notwendig, um bei Weiterveräußerung den guten Glauben des Erwerbers an die Volleinzahlung auszuschließen; denn der gutgläubige Erwerber haftet nicht für die noch ausstehende Einlage[10].

a) Meinung in der Literatur

In der Literatur wird vorgebracht, bei teileingezahlten Aktien sei eine Transparenz des noch ausstehenden Betrags notwendig, denn der Erwerber einer teileingezahlten Aktie müsse wissen, in welcher Höhe noch Einlageleistungen ausstehen, d. h. in welcher Höhe er selbst der Gesellschaft noch haftet[11]. Der nennwertlosen Stückaktie werden nun in dieser Hinsicht Informationsdefizite im Vergleich zur Nennwertaktie bescheinigt. So wird argumentiert, der Erwerber einer Nennwertaktie vermag den Betrag der ausstehenden Leistungen unmittelbar der zu übertragenden Aktienurkunde zu entnehmen; er brauche nur den vermerkten Betrag der gezahlten Teilleistungen vom Nennbetrag der Aktie abzuziehen[12]. Beim Erwerb einer Stückaktie bestehe diese Möglichkeit mangels Nennbetragsangabe nicht[13]. Als Lösung zur Beseitigung dieses „Informationsdefizits" wird nun für die Stückaktie in der Literatur vorgeschlagen, zusätzlich zu oder an Stelle der Höhe der erfolgten Teilleistungen auch die Höhe der „ausstehenden Leistungen" auf der Urkunde anzugeben[14].

Dem wird von anderer Seite in der Literatur entgegengehalten, dass diese Zusatzangabe bei einer Änderung des auf die einzelne Stückaktie entfallenden anteiligen Betrags des Grundkapitals - wie z.B. bei einer Kapitalerhöhung aus Gesellschaftsmitteln ohne Ausgabe neuer Aktien (vgl. § 207 Abs. 2 S. 2 AktG) - unrichtig würde[15].

---

[10]RGZ 144, 138 (145); Meyer-Landrut in: GroßKomm., AktG, § 10 Anm. 7; Kraft in: Kölner Komm., AktG, § 10 Rn. 20; Eckart in: Geßler/ Hefermehl, AktG, § 10 Rn. 17/18; Brändel in: GroßKomm, AktG, § 10 Rn. 33; Baumbach/ Hueck, AktG, § 10 Rn. 5; Heider in: MüKo, AktG, § 10 Rn. 54; Hüffer, AktG, § 10 Rn. 6.

[11]vgl. Heider, AG 1998, 1 (6); DAV-Handelsrechtsausschuß zum Gesetz über die Zulassung von Stückaktien, abgedruckt in: NZG 1998, 173 (174).

[12]Heider, AG 1998, 1 (6); DAV-Handelsrechtsausschuß zum Gesetz über die Zulassung von Stückaktien, abgedruckt in: NZG 1998, 173 (174); Jahr/ Stützel, Aktie ohne Nennbetrag, S. 85.

[13]Heider, AG 1998, 1 (6); DAV-Handelsrechtsausschuß zum Gesetz über die Zulassung von Stückaktien, abgedruckt in: NZG 1998, 173 (174).

[14]Jahr/ Stützel, Aktien ohne Nennbetrag, S. 85 ( § 10 Saarbrückener Vorschlag).

[15]Heider, AG 1998, 1 (6).

b) Stellungnahme

In der Tat kann im Falle der Stückaktie der ausstehende Betrag, ohne weitere Zusatzinformationen einzuholen, nicht ermittelt werden. Es wäre zwar möglich, die Zahl der ausgegebenen Aktien auf der Urkunde zu vermerken. So könnte dann der „unechte Nennwert“ errechnet werden und die Situation gliche ansonsten der der Nennwertaktie. Dies hätte aber den Nachteil, dass diese Information bei jeder Kapitalveränderung unrichtig würde; der Vorteil der Stück- gegenüber der Quotenaktie wäre damit zunichte gemacht.

Die Ansicht, die der Stückaktie deshalb ein Informationsdefizit bescheinigt, verkennt jedoch, dass auch bei der Nennwertaktie der ausstehende Betrag nicht mit Sicherheit der Urkunde entnommen werden kann. Denn in der Urkunde ist lediglich der Nennbetrag anzugeben, nicht jedoch ein eventuell höherer Ausgabebetrag[16]. Andererseits wird jede Teilleistung auf der Urkunde vermerkt, unabhängig davon, ob sie auf den Nennbetrag erfolgt oder ein Agio darstellt. Damit kann nicht ermittelt werden, ob und in welcher Höhe ein Agio gefordert wurde. Gleichzeitig kann der Erwerber der Urkunde auch nicht entnehmen, welcher Teil des Nennbetrags noch aussteht. Wurden auf eine 150 Euro Nennwertaktie 100 Euro eingezahlt, so stünden bei einer Ausgabe zu pari für den Erwerber nur noch 50 Euro aus. Es könnte die Aktie aber auch mit einem Agio von 50 Euro, also zu 200 Euro, ausgegeben worden sein. Dann wären, da das Agio gem. § 36a AktG vollständig zu leisten ist, 50 Euro als höherer Ausgabepreis gezahlt worden und nur 50 Euro auf den Nennbetrag. Es stünde für den Erwerber noch eine Einlage von 100 Euro aus. Will der Erwerber also mit Sicherheit wissen, wie viel er noch zu leisten hat, so muss er auch bei der Nennbetragsaktie zusätzliche Informationen einholen. Der Aktienurkunde kann der Erwerber den Betrag der ausstehenden Leistung unmittelbar nur im Falle einer Pari-Emission entnehmen.

Dem Einwand, eine zusätzliche Angabe der ausstehenden Leistungen auf der Aktienurkunde würde bei Änderung des „anteiligen Betrags des Grundkapitals“ durch etwaige Kapitalmaßnahmen unrichtig, ist jedoch zu widersprechen. Zwar verändert sich bei einer derartigen Maßnahme der auf

---

[16] Kraft in: Kölner Komm., AktG, § 13 Rn. 4; Brändel in: GroßKomm., AktG, § 13 Rn. 9; Wiesner in: MünchHdb. AG, § 12 Rn. 8; Baumbach/ Hueck, AktG, § 13 Rn. 4.

die einzelne Aktie rechnerisch entfallende Teilbetrag des Grundkapitals[17]. Die bisherige Resteinlageschuld der Aktionäre bleibt aber gleich[18]. Für teileingezahlte Aktien verbleibt es bei der Sonderregelung der §§ 215 Abs. 2, 216 Abs. 2 AktG; der Erhöhungsbetrag des Nennbetrags bzw. anteiligen Grundkapitalbetrags wird den Gesellschaftsmitteln entnommen. Der Aktionär schuldet insoweit keine Einlage; die Pflicht zur Zahlung der Resteinlage bleibt jedoch bestehen[19]. Damit bestünde durchaus eine Möglichkeit, das „Informationsdefizit" zu beheben, indem der noch ausstehende Betrag entweder zusätzlich zum Betrag der eingezahlten Teilleistungen oder anstelle davon auf der Urkunde vermerkt wird.

Ob ein derartiger Vermerk sinnvoll ist, ist jedoch keine Frage, die in spezifischem Zusammenhang mit der Stückaktie steht. Sie stellt sich für Nennbetrags- und Stückaktien gleichermaßen.

Als Ergebnis bleibt festzuhalten, dass bei der Stückaktie zwar ein „Informationsdefizit" insoweit besteht als der Erwerber die Höhe der ausstehenden Leistungen nicht der Urkunde entnehmen kann. Aber auch bei der Nennwertaktie ist dies bei einer Überpariemission nicht möglich. Möchte man die Transparenz der Aktientitel erhöhen, so kann auch der Betrag der „ausstehenden Leistungen" auf der Urkunde angegeben werden.

### 3. Publizität bei bedingter Kapitalerhöhung

Ein weiteres Publizitätsproblem der Stückaktien entsteht in Rahmen des bedingten Kapitals zur Gewährung von Umtausch- oder Bezugsaktien an Gläubiger von Wandelschuldverschreibungen gem. § 192 Abs. 2 Nr. 1 AktG[20]. Unter Wandelschuldverschreibungen versteht man echte Schuldverschreibungen, d.h. verbriefte Zahlungsversprechen der Aktiengesellschaft gem. §§ 793 ff. BGB, die verbunden sind entweder mit der Berechtigung des Gläubigers, das Forderungsrecht in Aktien umzutauschen

---

[17]Regierungsbegründung StückAG, BT-Drs. 13/ 9573 vom 7.1.98, S. 17 f.
[18]Bungeroth in: Geßler/Hefermehl, AktG, § 211 Rn. 13 für die parallele Situation bei Nennwertaktien im Falle der Nennbetragserhöhung, so auch: Hüffer, AktG, § 211 Rn. 6; Lutter in: Kölner Komm., AktG, § 211 Rn. 9; Baumbach/ Hueck, AktG, § 211 Rn. 3; Godin/ Wilhelmi, AktG, § 211 Anm. 3.
[19]Hüffer, AktG, § 211 Rn. 6; § 216 Rn. 4; Baumbach/ Hueck, AktG, § 211 Rn. 3; Lutter in: Kölner Komm., AktG, § 211 Rn. 9; Bungeroth in: Geßler/ Hefermehl, AktG, § 211 Rn. 13; Geßler, BB 1960, 6 (8).
[20]vgl. zur bedingten Kapitalerhöhung auch Kap. 5 II 3.

(Wandelschuldverschreibungen i.e.S. oder sog. Wandelanleihen) oder mit der Einräumung eines zusätzlichen, von der Schuldverschreibung unabhängigen Bezugsrechts auf junge Aktien (sog. Optionsanleihen)[21].

Mit jeder Kapitalerhöhung gegen Einlagen ändert sich nicht nur die Grundkapitalziffer, sondern gleichzeitig auch die Anzahl der emittierten Aktien[22]. Daraus ergibt sich, dass sich auch die quotale Beteiligung am Unternehmen der einzelnen Aktie verändert. Das in § 40 Abs. 1 Ziff. 1 AktG verankerte Publizitätsprinzip kann jedoch dadurch gewahrt werden, dass gem. § 181 Abs. 2 S. 2 AktG die im Änderungsbeschluss enthaltenen Angaben über die aktuelle Stückzahl bekannt gemacht werden müssen. Aus dem Verhältnis der einzelnen Aktie zur Gesamtzahl der emittierten Aktien ergibt sich bei der Stückaktie die Beteiligungsquote, vgl. § 8 Abs. 4 AktG.

Sind nun Wandel- und Optionsanleihen emittiert, die jederzeit in Aktien umgetauscht werden können, dann ist es in der Praxis für den einzelnen Aktionär oder Dritte unmöglich, zu jedem Zeitpunkt festzustellen, wie hoch das Grundkapital der Gesellschaft ist und welche Quote die einzelne Aktienurkunde repräsentiert[23]. Denn das Grundkapital ist hier ausnahmsweise gem. § 200 AktG mit Ausgabe jeder einzelnen Aktie um deren „Nennbetrag" bzw. „unechten Nennwert" erhöht und nicht erst mit Eintragung der gesamten Durchführung im Handelsregister. Verstärkt wird dieses Problem dadurch, dass es im Rahmen des bedingten Kapitals - im Gegensatz zur regulären Kapitalerhöhung - zu einer Veränderung der Beteiligungsstruktur ohne satzungsändernden Beschluss kommt, der gem. § 181 AktG im Handelregister für seine Wirksamkeit einzutragen wäre. Zwar ist der Beschluss gem. §§ 195, 196 AktG einzutragen und bekannt zu machen; inwieweit die Optionen später ausgeübt und gegen junge Aktien eingetauscht werden, erfährt der Außenstehende zunächst jedoch weder aus dem Beschluss noch aus dem veröffentlichten Satzungsinhalt[24]. Die Hauptversammlung kann zwar den Satzungstext von Zeit zu Zeit an den aktuellen

[21]Hüffer, AktG, § 192 Rn. 3; § 221 Rn. 4, 6; Lutter in: Kölner Komm., AktG, § 192 Rn. 4; Bungeroth in: Geßler/ Hefermehl, AktG, § 192 Rn. 19; § 221 Rn. 7, 8; Baumbach/ Hueck, AktG, Vorb. § 221 Rn. 4; Godin/ Wilhelmi, AktG, § 221 Anm. 3; Krieger in: MünchHdb. AG, § 63 Rn. 4.
[22]vgl. zur Kapitalerhöhung unten Kapitel 5 II und III.
[23]Schröer, ZIP 1997, 221 (225).
[24]Ekkenga, WM 1997, 1645 (1649).

Mitgliederbestand anpassen[25]. Doch kann auch dies das Problem nicht vollständig beseitigen, da die Optionen in aller Regel nicht zeitgleich ausgeübt werden, sondern sich der Anteilszuwachs über einen langen Zeitraum (oft über 10 Jahre) erstreckt und somit trotzdem in der Regel nicht alle neu ausgegebenen Aktien davon erfasst sind. Zudem kann die Eintragung der Änderung des Satzungstextes auch nicht mit registerrechtlichen Mitteln erzwungen werden[26]. Erst bei Ablauf der Bezugsfristen kann die Gesellschaft zur Anpassung ihrer Satzung entsprechend §§ 181 Abs. 1 S. 2, 407 Abs. 1 AktG angehalten werden, da die Anpassung keine materielle Änderung der Satzung mehr zum Inhalt hat[27].

Nachteilig könnte in diesem Zusammenhang bei der Stückaktie sein, dass sie weder einen Nennbetrag noch eine Quotenangabe enthält.

a) Ansicht in der Literatur

Teilweise wird in der Literatur auch hier das Fehlen eines Nennbetrags als problematisch empfunden. Denn so müsse der Aktionär nicht nur die Grundkapitalziffer kennen, die er ohnehin zur richtigen Einschätzung etwa seiner Renditeaussichten (Dividenden) benötige[28], sondern zusätzlich die Gesamtzahl der ausgegebenen Aktien, um seine Beteiligungsquote aus dem Verhältnis eigene Stückzahl/ Gesamtstückzahl zu berechnen. Das Problem mangelnder Publizität und Information werde dadurch noch verstärkt[29]. Als Lösung wird vorgeschlagen, in den Umtauschbedingungen für Options- und Wandelrechte den Umtausch nur zu wenigen bestimmten Terminen im Jahr zuzulassen und dies auch nur mit einer bestimmten Frist, so dass sämtliche zu einem Termin umgetauschten Options- und Wandelrechte gesammelt und zeitnah mit der Fassungsänderung der Satzung, die durch den Aufsichtsrat zu erfolgen hätte, zu Aktien würden[30].

---

[25] vgl. Ekkenga, WM 1997, 1645 (1649).

[26] Bungeroth in: Geßler/ Hefermehl, AktG, § 200 Rn.10; Lutter in: Kölner Komm., AktG, § 201 Rn.. 5; Hüffer, AktG, § 201 Rn. 5; Krieger in: MünchHdb. AG, § 58 Rn. 51.

[27] Lutter in: Kölner Komm., AktG, § 201 Rn.5; Schilling in: GroßKomm., AktG, § 201 Rn.5; Hüffer, AktG, § 201 Rn.5; Krieger in: MünchHdb. AG, § 58 Rn. 51; aA: Bungeroth in: Geßler/ Hefermehl, AktG, § 201 Rn.12.

[28] vgl. Ekkenga, WM 1997, 1645 (1650); Schröer, ZIP 1997, 221 (225).

[29] vgl. Ekkenga, WM 1997, 1645 (1650).

[30] Schröer, ZIP 1997, 221 (225).

Auch wird teilweise bezweifelt, dass § 200 Abs. 1 AktG entnommen werden könne, dass im Falle von Stückaktien nach Beendigung eines jeden Geschäftsjahres Unterlagen über die Stückzahl zu den Registerunterlagen gereicht werden müssten[31]. Als Argument wird angeführt, dass § 201 Abs. 1 AktG mit der Anmeldung der neuen Bezugsaktien die Bekanntmachung der neuen Grundkapitalziffer bezwecke und nicht der Gesamtstückzahl zur Berechnung der Beteiligungsquote[32]. Damit werde das Problem noch verschärft.

b) Stellungnahme

Eine Beschränkung des Umtauschs auf wenige Termine ist abzulehnen. Denn dies hätte zur Folge, dass die Attraktivität von Wandel- und Optionsrechten für den Anleger erheblich abnehmen würde. Diese sind an einer möglichst häufigen, wenn nicht jederzeitigen Umtauschmöglichkeit interessiert. Um einen größtmöglichen Spekulationsgewinn zu erzielen, müssen sie in der Lage sein, zur Zeit des höchsten Aktienstandes ihre Anteile entweder zu veräußern oder die entsprechenden Aktien für einen sofortigen Weiterverkauf zu beziehen[33]. Bei einer Beschränkung auf einige wenige Termine würden daher gleichzeitig auch die Gewinnchancen beschränkt. Zudem ließe sich eine derartige Regelung allenfalls für neu zu emittierende Wandel- und Optionsrechte vorsehen[34].

Dieses Problem eines Informations- und Publizitätsdefizits besteht im Falle eines bedingten Kapitals darüber hinaus in gleicher Weise bei Nennbetragsaktien. Denn mit jeder Ausgabe von Bezugsaktien ändert sich nicht nur die Gesamtzahl der ausgegebenen Aktien, sondern gerade auch die Grundkapitalziffer (§ 200 AktG). Bei Nennwertaktien errechnet sich die Beteiligungsquote aus dem Verhältnis Nennbetrag/ Grundkapitalziffer, so dass diese aus der Satzung ebenso wenig zu ermitteln ist wie bei Stückaktien.

Bei Nennwertaktien steht aber zumindest der Nennwert als geringster Ausgabebetrag und gleichzeitig anteiliger Betrag des Grundkapitals fest und ist für jedermann ersichtlich, während sich dieser bei Stückaktien aus der

---

[31]vgl. Ekkenga, WM 1997, 1645 (1650).
[32]Ekkenga, WM 1997, 1645 (1650).
[33]Schumann, Optionsanleihen, S. 48 ff.; Henseler, Die bedingte Kapitalerhöhung, S. 52.
[34]vgl. a. Schröer, ZIP 1997, 221 (225).

Grundkapitalziffer geteilt durch die Gesamtzahl der ausgegebenen Aktien errechnet - was im Falle eines bedingten Kapitals ebenfalls Schwierigkeiten bereitet. Gem. § 182 Abs. 1 S. 5, § 192 Abs. 3 S. 2 AktG bleibt dieser anteilige Betrag des Grundkapitals einer Stückaktie jedoch grundsätzlich gleich, und auch bei einer (ordnungsgemäßen) Kapitalerhöhung gegen Einlagen verändert sich dieser - im Gegensatz zur Beteiligungsquote - nicht. Daher kann der Betrag auch nach Einsicht einer nicht mehr dem aktuellen Stand entsprechenden Satzung errechnet werden. Es besteht zwar bei Stückaktien das grundsätzliche Transparenzdefizit, dass eine Angabe, die bei Nennbetragsaktien aus der Urkunde ersichtlich ist, im Falle der Stückaktie erst nach Einsicht in die Satzung errechnet werden kann. Durch die Ausgabe von Wandel- und Optionsanleihen wird aber das Informationsdefizit bei Stückaktien gegenüber Nennwertaktien nicht weiter verstärkt.

Es bleibt also festzuhalten, dass sowohl bei Stück- als auch bei Nennwertaktien die Grundkapitalziffer und die Beteiligungsquote im Falle eines bedingten Kapitals für Außenstehende nicht zweifelsfrei ermittelt werden können.

Schließlich wird die Problematik noch dadurch abgemildert, dass gemäß § 201 Abs. 1 AktG nach Beendigung eines Geschäftsjahres der Umfang der im abgelaufenen Geschäftsjahr ausgegebenen Bezugsaktien zur Eintragung in das Handelsregister anzumelden ist. Dabei ist auch die Zahl der ausgegebenen Aktien mitzuteilen[35]. Der Vorstand ist in diesem Fall zur Anmeldung öffentlich rechtlich verpflichtet. Sie ist nach Ablauf einer Monatsfrist gem. § 14 HGB erzwingbar. § 407 Abs. 2 AktG, der insbesondere Satzungsänderungen grundsätzlich vom allgemeinen Registerzwang gem. § 14 HGB ausnimmt, damit das Registergericht nicht in die Gestaltungshoheit der Aktiengesellschaft eingreift, steht dem hier nicht entgegen, da die Kapitalerhöhung gem. § 200 AktG bereits vollzogen ist, die Eintragung also nur deklaratorische Bedeutung hat und daher eine Gestaltungshoheit der Aktiengesellschaft nicht mehr besteht[36].

---

[35]Hüffer, AktG, § 201 Rn.3; Lutter in: Kölner Komm., AktG, § 201 Rn. 10; Baumbach/ Hueck, AktG, § 201 Rn. 2; Bungeroth in: Geßler/ Hefermehl, AktG, § 201 Rn. 4.

[36]vgl. Hüffer, AktG, § 201 Rn. 2; Lutter, Kölner Komm., AktG, § 201 Rn. 3, 9; Bungeroth in: Geßler/ Hefermehl, AktG, § 201 Rn. 11; Krieger in: MünchHdb. AG, § 57 Rn. 50.

Die von der Ansicht in der Literatur gegen eine Anwendbarkeit des § 201 Abs. 1 AktG bei Stückaktien vorgetragenen Argumente vermögen nicht zu überzeugen. Warum der vorgetragene Zweck der Anmeldung, die neue Grundkapitalziffer bekannt zu machen und nicht die Gesamtstückzahl zur Berechnung der Beteiligungsquote, gegen eine gleichzeitige Anmeldung der Aktienzahl spricht, wird nicht klar. Im Handelsregister einzutragen sind jedenfalls gem. § 201 AktG der neue Grundkapitalbetrag sowie der Umfang der ausgegebenen Bezugsaktien, das ist bei Nennwertaktien die Summe des Betrages der ausgegebenen Bezugsaktien[37]. Es lässt sich jedoch bei Stückaktien aus der neuen Grundkapitalziffer, wenn man sie durch den gleichbleibenden geringsten Ausgabebetrag der Stückaktie teilt, die Gesamtzahl der emittierten Stückaktien entnehmen und damit die Beteiligungsquote errechnen.

Zum anderen spricht auch nichts dagegen, im Falle von Stückaktien statt oder neben der Summe der ausgegebenen Bezugsaktien auch die Anzahl der neu ausgegebenen Aktien einzutragen und bekannt zu machen. Denn aus dem Wortlaut des § 201 Abs. 1 AktG lässt sich entnehmen, dass jedenfalls der Umfang der ausgegebenen Bezugsaktien einzutragen ist. Der Umfang der ausgegebenen Bezugsaktien lässt sich im Falle der Stückaktie aber am besten durch die Anzahl der (stets gleich großen) Aktien ausdrücken und sollte daher neben dem Erhöhungsbetrag und der Grundkapitalziffer angegeben werden.

So wird auch im Falle von Stückaktien eine - wenn auch zeitverzögerte - Information und Publizität im Rahmen des bedingten Kapitals gesichert. Im Rahmen des bedingten Kapitals ergibt sich damit kein zusätzliches Transparenzdefizit der Stückaktie gegenüber der Nennwertaktie.

Ob grundsätzlich eine Verbesserung der Publizität im Rahmen des bedingten Kapitals rechtspolitisch wünschenswert wäre, ist eine allgemeine, von der Stückaktie unabhängige Frage, deren Beantwortung den Rahmen dieser Arbeit sprengen würde.

## II. Gutgläubiger Erwerb bei Stückaktien

Die mangelnde Transparenz der Stückaktie könnte weiterhin Auswirkungen auf den gutgläubigen Erwerb haben.

---

[37]str., vgl. Hüffer, AktG, § 201 Rn. 8 m.w.N.

1. Gutgläubiger Erwerb bei Unkenntnis des wahren „anteiligen Betrags des Grundkapitals"

Da bei Stückaktien eine Nennbetragsangabe auf der Urkunde fehlt, könnte zunächst der Fall auftreten, dass der Dritterwerber einer Aktie eine falsche Vorstellung von deren „fiktiven Nennwert", also deren „anteiligen Betrag des Grundkapitals", vgl. § 8 Abs. 4 AktG, hat. Beispielsweise wäre der Fall denkbar, dass ihm vom Veräußerer gesagt wird, die Aktie habe einen „rechnerischen Wert" von 100 Euro, während sie in Wahrheit nur einen „anteiligen Betrag des Grundkapitals" von 10 Euro hat. Es stellt sich nun die Frage, ob der Erwerber, der ohne grobe Fahrlässigkeit den wahren „fiktiven Nennbetrag" nicht kennt, eventuell die Aktie gutgläubig mit dem angegebenen „anteiligen Betrag des Grundkapitals" (und damit einer höheren Beteiligungsquote) erwerben kann, d.h. die Einwendung des wahren „rechnerischen Wertes" nach wertpapierrechtlichen Grundsätzen nicht geltend gemacht werden kann. Der „gutgläubige Erwerb" bezieht sich bei dieser Ausgangsfrage nur auf den Umfang, d.h. den „rechnerischen Wert" der Aktie.

Der gutgläubige Erwerb richtet sich bei der Inhaberaktie nach §§ 932 ff BGB und bei der Namensaktie nach § 68 Abs. 1 AktG und Art. 16 Abs. 2 WG. Eine Regelung des Einwendungsausschlusses enthält das Gesetz nicht. Insbesondere verweist § 68 Abs. 1 AktG nicht auf Art. 17 WG. Gleichwohl herrscht im Grundsatz Einigkeit darüber, dass die Aktie als Umlaufpapier und Papier des öffentlichen Glaubens den Regeln über den Einwendungsausschluss unterliegt[38]. Dabei gelten jedoch gewisse Besonderheiten. Es ist nämlich zu beachten, dass die Aktie „typusbezogen", d.h. auf einen bestimmten Vertragstyp (Satzung) bezogen ist[39] und dass sie ein deklaratorisches Wertpapier ist, da sie nicht ein neues Mitgliedschaftsrecht schafft, sondern lediglich das Mitgliedschaftsrecht aus dem Gesellschaftsvertrag verbrieft[40]. Die Aktie ist daher von vornherein nicht dazu bestimmt, das verbriefte Recht seinem vollen Inhalt nach zu verlautbaren.

---

[38]Canaris, WertpapierR, § 25 III 2, S. 218; Meyer-Cording/Drygala, WertpapierR, G IV 2, S. 108 f; Zöllner, WertpapierR, § 29 III, S. 183.
[39]Canaris, WertpapierR, § 2 VI, S. 26 f.
[40]So die st. Rspr., zB RGZ 31, 22; 41, 13; 52, 423; BGH WM 1991, 1880 so wie die ganz hL, zB Kraft in: Kölner Komm., AktG, § 10 Rn. 10; Brändel in: GroßKomm., AktG, § 10 Rn. 10; Krieger in: MünchHdb. AG, § 60 Rn. 29; Zöllner, WertpapierR, § 29 III, S. 184; Canaris, WertpapierR, § 25 II 1, S. 217.

Ihr ist anzusehen, dass sich die Rechtsstellung der Mitglieder weitgehend nach der Satzung und den Beschlüssen der Gesellschaftsorgane richtet, über die das Handelsregister Auskunft gibt[41]. Insoweit setzt das Papier überhaupt keinen Rechtsschein, so dass in dieser Hinsicht ein Einwendungsausschluss nicht in Betracht kommt[42]. Teilweise wird das Ergebnis auch damit begründet, dass die aus dem Handelsregister hervorgehenden Einwendungen deshalb als „urkundliche" Einwendungen anzusehen seien, die nicht ausgeschlossen werden können[43]. Die Aktie kann nur mit dem Inhalt erworben werden, der aus der Satzung ersichtlich ist. Die Einwendung des wahren „rechnerischen Wertes" muss der Erwerber damit stets gegen sich gelten lassen.

Dem Ergebnis ist auch für den Fall der Stückaktie zuzustimmen. Unterlässt es der Erwerber, Einsicht in das Handelsregister zu nehmen, so ist er zumindest nicht in dem Maße schutzwürdig, das es erlauben würde, von den allgemeinen wertpapierrechtlichen Regelungen eine Ausnahme zu machen. Ein gutgläubiger Erwerb der Aktie mit einem anderen als dem tatsächlichen „anteiligen Betrag des Grundkapitals" ist daher nicht möglich. Daran kann auch die Tatsache, dass der Umfang der Beteiligung sich anders als bei der Nennbetragsaktie im Falle der Stückaktie nicht unmittelbar aus der Aktienurkunde ergibt, nichts ändern. Die Stückaktie kann zwar wirksam erworben werden, aber nur mit dem tatsächlichen „anteiligen Betrag des Grundkapitals".

Es stellt sich nun die Frage, ob der Erwerber einer Stückaktie überhaupt noch schutzwürdig ist, wenn er ohnehin nicht darauf vertrauen kann, dass das Erworbene auch einen bestimmten Wert verkörpert und ob es nicht konsequenter wäre, einen gutgläubigen Erwerb der Stückaktie nicht nur bezüglich des Umfangs, sondern insgesamt abzulehnen. Dies ginge jedoch zu weit. Die schwächere Stellung des Redlichen, die durch ein Defizit an Transparenz der Stückaktien entsteht, darf nicht Anlass für eine weitere Schwächung des gutgläubigen Erwerbers sein. Es ist auch kein Grund ersichtlich, warum ein Redlicher nicht eine z. B. dem Berechtigten abhanden gekommene Stückaktie gutgläubig erwerben können sollte, nur weil er

---

[41]Meyer-Cording/Drygala, WertpapierR, G IV 2, S. 108 f.; Canaris, WertpapierR, § 25 I III a, S. 218.

[42]Canaris, WertpapierR, § 25 III 1 a, S. 218; vgl. a. Baumbach/ Hueck, AktG, § 68 Rn. 6; Richardi, WertpapierR, § 34 III 2; S. 245; Würdinger, AktienR, § 12 II 2b, S. 56, die aus diesem Grund einen Einwendungsausschluß bei Erwerb der Aktie generell ablehnen.

[43]Meyer-Cording/ Drygala, WertpapierR, G IV 2, S. 108 f.

mangels Angabe auf der Urkunde nicht von einem bestimmten „anteiligen Betrag des Grundkapitals" der Aktie ausgehen kann. Immerhin weiß er, dass er „ein Stück" der Aktien der Gesellschaft erwirbt. Eine Verneinung des gutgläubigen Erwerbs ließe sich zudem mit den grundlegenden wertpapierrechtlichen Grundsätzen nicht vereinbaren. Die Aktie -Nennbetragsgleichsam wie Stückaktie- zählt zu den Wertpapieren des öffentlichen Glaubens, d.h. sie genießt Verkehrsschutz[44]. Bei der Stückaktie besteht nun in gleichem Maße der Rechtsschein einer wirksamen Aktienurkunde, die das auf ihr angegebene Recht verbrieft. Letztlich ergibt sich auch der Umfang des Rechts aus der Urkunde: die Urkunde verbrieft eben gerade „ein Stück". Lediglich welche Bedeutung die Angabe „ein Stück" für den Erwerber hat, welcher „anteilige Betrag des Grundkapitals" auf diese eine Aktie entfällt, ergibt sich nicht aus der Urkunde; nur diesbezüglich erzeugt die Urkunde keinen Rechtsschein. Die Stückaktie als solche muss daher gutgläubig erworben werden können. Lediglich der Umfang der Stückaktie richtet sich allein nach dem tatsächlichen „rechnerischen Wert".

Der Erwerber einer Stückaktie muss sich deshalb in verstärktem Maße selbst über den „rechnerischen Wert" seiner Aktien und die Beteiligungsquote informieren. Dies macht jedoch andererseits deutlich, dass die Stückaktie aufgrund des Fehlens an Information (Nennwert) auf der Urkunde eine Erhöhung der Obliegenheit des Anlegers zur eigenständigen Informationseinholung zur Folge hat. Positiv ausgedrückt führt dies zu mehr Eigenverantwortung des Anlegers. Negativer Ausfluss ist jedoch, dass eine Gewinnung breiter Bevölkerungsschichten für das Aktiensparen durch eine Ausweitung der Obliegenheit zur Informationseinholung eher erschwert wird. Zur Problematik bei Globalaktien vgl. unten III 1 und 2.

2. Gutgläubiger Erwerb bei teileingezahlten Stückaktien

Weiterhin ist bei Stückaktien, wie oben gesehen[45], aufgrund des Fehlens des Nennwertes auch der Ausgabebetrag der Aktie der Urkunde nicht zu entnehmen. Ist die Aktie nur teileingezahlt worden, so ist für den Erwerber nicht erkennbar, welcher Betrag noch offen steht und daher von ihm entrichtet werden muss. Wird dem Erwerber nun ein geringerer offenstehender Betrag genannt als tatsächlich noch einzuzahlen ist, so könnte auch

[44] vgl. Zöllner, WertpapierR, § 29 III, S. 183; Canaris, WertpapierR, § 25 III 2, S. 218; Meyer-Cording/ Drygala, WertpapierR, G IV 2; S. 108 f.
[45] Kap. 2 II 1.

insofern ein gutgläubiger Erwerb bzw. ein teilweiser Ausschluss der Einwendung der noch offenen Zahlungspflicht ihm gegenüber in Betracht kommen.

Dies ist jedoch abzulehnen. Gibt die Aktiengesellschaft vor der vollen Leistung des Ausgabebetrags entgegen § 10 Abs. 2 S. 1 AktG Inhaberaktien aus oder trägt sie entgegen § 10 Abs. 2 S. 2 AktG den Betrag der Teilleistung nicht oder falsch in die Urkunde ein, so kann dies einem gutgläubigen Erwerber im Falle von Nennwertaktien genauso wie im Falle von Stückaktien nicht entgegengehalten werden[46]. Durch die Verbriefung ist der unrichtige Rechtsschein entstanden, dass die auf die Aktie zu leistende Einlage bereits vollständig erbracht wurde[47]. Denn in der Aktienurkunde fehlen Angaben über gewisse Umstände, deren Erwähnung erwartet werden durfte bzw. sogar gesetzlich vorgeschrieben ist, vgl. § 10 Abs. 2 S. 2 AktG. Dann kann ein gutgläubiger Erwerber darauf vertrauen, dass diese Umstände nicht gegeben sind und die aus ihnen folgenden Einwendungen sind ihm gegenüber ausgeschlossen[48]. Der Erwerber ist in diesem Fall nicht zur Zahlung der restlichen Einlage verpflichtet[49]; die Gesellschaft kann sich nur an den Veräußerer halten.

Etwas anderes gilt jedoch für den Fall, dass der Erwerber aufgrund der fehlenden Angabe des Nennbetrags und damit des Mindestausgabebetrags den wahren Ausgabebetrag nicht kennt und etwa von einer geringeren noch fehlenden Einlage ausgeht als tatsächlich geschuldet ist. In diesem Fall ist der Erwerber nicht schutzwürdig, denn er weiß immerhin, dass die

---

[46]RGZ 144, 138 (145); Kraft in: Kölner Komm., AktG, § 10 Rn. 20; Eckardt in: Geßler/ Hefermehl, AktG, § 10 Rn. 17 f.; Brändel in: GroßKomm., AktG, § 10 Rn. 33; Heider in: MüKo, AktG, § 10 Rn. 54; Hüffer, AktG, § 10 Rn. 6; Baumbach/ Hueck, AktG, § 10 Rn. 5; Geßler/ Hefermehl in: Geßler/ Hefermehl, AktG, § 63 Rn. 13; Lutter in: Kölner Komm., AktG, § 54 Rn. 7; § 63 Rn. 10.

[47]Meyer-Cording/Drygala, WertpapierR, G IV 2, S. 108 f; Heider in: MüKo, AktG, § 10 Rn. 54; Baumbach/ Hueck, AktG, § 10 Rn. 5.

[48]vgl. a. Canaris, WertpapierR, § 25 III 2 a, S: 218; Meyer-Cording/ Drygala, WertpapierR, G IV 2, S. 108 f.

[49]RGZ 144, 138 (145); Meyer-Landrut in: GroßKomm., AktG, § 10 Anm. 7; Kraft in: Kölner Komm., AktG, § 10 Rn. 20; Eckart in: Geßler/ Hefermehl, AktG, § 10 Rn. 17/18; Brändel in: GroßKomm, AktG, § 10 Rn. 33; Baumbach/ Hueck, AktG, § 10 Rn. 5; Heider in: MüKo, AktG, § 10 Rn. 54; Hüffer, AktG, § 10 Rn. 6.

Aktie nicht voll einbezahlt ist. Damit ist er nicht gutgläubig[50]. Es kann hier für Stückaktien nichts anderes gelten als für Nennbetragsaktien. Denn auch bei Nennbetragsaktien kennt der Erwerber dann den noch ausstehenden Betrag nicht, wenn die Aktie mit einem Agio ausgegeben wurde[51]. Weiß der Erwerber daher, dass die Aktie erst teileingezahlt ist, dann trägt er die Obliegenheit, sich nach dem genauen noch ausstehenden Betrag zu erkundigen. Der Ausgabebetrag der Aktie ist gem. § 40 Abs. 1 Nr. 2 AktG dem Handelsregister zu entnehmen.

Allenfalls wenn dieser Ausgabebetrag fälschlicherweise nicht im Handelsregister eingetragen wurde, kommt ein gutgläubiger Erwerb in Betracht. Wird dem Erwerber in diesem Fall ein falscher ausstehender Betrag mitgeteilt, dann ist für ihn der wahre Betrag nicht aus allgemein zugänglichen Quellen zu ermitteln. Eine über die Einsicht des Handelsregisters hinausgehende Obliegenheit ist ihm nicht aufzuerlegen. Es ergeben sich dann insofern Unterschiede, als im Falle von Nennbetragsaktien der gute Glaube nicht über die Differenz von eingezahltem Betrag und Nennbetrag hinaus geschützt ist. Denn mit diesem auf der Urkunde aufgedruckten Betrag musste er in jedem Fall rechnen. Aber auch bei Stückaktien kann der Erwerber gem. §§ 40 Abs. 1 Nr. 2, 23 Abs. 3 Nr. 3, 4 AktG dem Handelsregister die Grundkapitalziffer und die Gesamtaktienzahl entnehmen, so dass er den Mindestausgabebetrag ebenfalls errechnen kann. Nur wenn etwa auch die Gesamtstückzahl der Aktien fälschlicherweise nicht oder falsch im Handelsregister eingetragen ist und der Erwerber durch Einsicht des Handelsregisters den Mindestausgabebetrag gar nicht ermitteln kann, dann darf er auch auf einen geringeren mitgeteilten Betrag vertrauen und muss nur die Differenz zu diesem nachzahlen.

### 3. Gutgläubiger Erwerb von nicht mit einem Mitgliedschaftsrecht verbundenen Aktien

Schließlich ist noch der Fall denkbar, dass der Vorstand zu viele Aktien druckt und in den Verkehr bringt oder dass Aktien auf Grund einer nichtigen Kapitalerhöhung ausgegeben werden oder dass die Urkunden vor einer Verbindung mit einem bestimmten Mitgliedschaftsrecht der Gesellschaft abhanden kommen. Es handelt sich jeweils um nicht mit einem Mitglied-

---

[50]vgl. RGZ 144, 138 (145); Brändel in: GroßKomm., AktG, § 10 Rn. 33; Eckardt in: Geßler/ Hefermehl, AktG, § 10 Rn. 18; Kraft in: Kölner Komm., AktG, § 10 Rn. 20; Hüffer, AktG, § 10 Rn. 6.

[51]vgl. o. Kap. 3 I 2 b).

schaftsrecht verbundene Aktien. Ob in diesen Fällen ein gutgläubiger Erwerb möglich ist, ist für den Fall der Nennwertaktie umstritten.

a) Herrschende Meinung

Die herrschende Lehre verneint einen Gutglaubensschutz bei nicht mit einem Mitgliedschaftsrecht verbundenen Aktien[52]. Zur Begründung wird angeführt, dass die Aktie kein konstitutives, sondern ein lediglich deklaratorisches Wertpapier sei und daher die Regelung des § 794 BGB keine Anwendung finde[53]. Weiterhin wird vorgebracht, dass nicht feststellbar sei, zu wessen Lasten der gutgläubige Erwerber geschützt werde, denn bei einer gleichmäßigen Kürzung zu Lasten aller Aktionäre würde der von der Aktiengesellschaft ausgelöste Rechtsschein unbeteiligten Aktionären angelastet und ein einzelner betroffener Aktionär sei entweder nicht zu finden (Diebstahl bei der AG) oder habe den Rechtsschein nicht zu verantworten (§§ 104 ff. BGB)[54]. Zentrales Argument gegen einen gutgläubigen Erwerb ist ferner, dass in diesem Fall die Summe der Nennbeträge aller gültigen Aktien höher wäre als die Grundkapitalziffer; dies sei jedoch ausgeschlossen; denn aus § 1 Abs. 2 AktG ergebe sich, dass in der AG nicht mehr Mitgliedschaften bestehen können, als der Ziffer des Grundkapitals entspricht[55].

b) Gegenansicht

Nach einer Gegenansicht ist im Falle von Nennwertaktien ein gutgläubiger Erwerb von nicht mit einem Mitgliedschaftsrecht verbundenen Aktien möglich[56]. Gegen den Hinweis der herrschenden Ansicht auf den rein deklaratorischen Charakter der Aktie wird eingewandt, dass bei anderen deklaratorischen und kausalen Wertpapieren, wie z.B. dem Orderlagerschein und der Orderversicherungspolice, es völlig unbestritten sei, dass der gut-

[52]vgl. Ulmer, Recht der Wertpapiere, S. 68 f.; Zöllner, WertpapierR § 29 III, S. 181; Würdinger, AktienR, § 12, 1 a; Baumbach/ Hueck, AktG, § 68 Rn. 18; Lutter in: Kölner Komm., AktG, Anh. nach § 68 Rn. 10 a.E.; Brändel in: GroßKomm., AktG, § 10 Rn. 21; Heider in: MüKo, AktG, § 10 Rn. 31.

[53]Zöllner, WertpapierR, § 29 III, S. 184; Würdinger, AktienR, § 12, 1 a.

[54]vgl. Lutter in: Kölner Komm., AktG, Anh. § 68 Rn. 10; Heider in: MüKo, AktG, § 10 Rn. 31.

[55]vgl. Lutter in: Kölner Komm., AktG, Anh. § 68 Rn. 10.

[56]Canaris, WertpapierR, § 25 III 1 b, S. 218; Jacobi in: Ehrenbergs Handbuch, IV 1, S. 324 ff.; vgl. a. Marburger in: Staudinger, BGB, § 794 Rn. 7.

gläubige Erwerber gegenüber der Einwendung geschützt wird, das Papier sei vor der Begebung abhanden gekommen oder das verbriefte Recht existiere nicht[57]. Rechtsfolge des gutgläubigen Erwerbs sei dann, dass der gutgläubige Erwerber zusätzlich in den Kreis der Aktionäre eintrete und daher nicht einen bestimmten Aktionär verdränge, sondern im praktischen Ergebnis zu Lasten aller bisherigen Aktionäre erwerbe[58]. Einen gutgläubigen Erwerb zu Lasten einer Personengesamtheit zuzulassen, stehe methodisch und dogmatisch nichts im Wege, wenn der Rechtsverlust sich nicht einem einzelnen zuordnen lasse[59]. Auch müssen sich die Aktionäre die Schaffung des Rechtsscheinträgers zurechnen lassen, denn der Vorstand habe zweifellos die Kompetenz zur Ausstellung von Aktienurkunden[60]. Die Tatsache, dass in diesem Falle die Summe der Nennbeträge aller gültiger Aktien nicht gleich der Grundkapitalziffer ist, sei ein rein formaler Mangel, der nicht schwer genug sei, um das fundamentale Prinzip des gutgläubigen Erwerbs von Umlaufpapieren hintanzusetzen[61].

c) Stellungnahme

Die Frage eines gutgläubigen Erwerbs von nicht mit einem Mitgliedschaftsrecht verbundenen Aktien ist für Nennbetrags- und für Stückaktien unterschiedlich zu beantworten.

Im Falle von Nennbetragsaktien stehen einem gutgläubigen Erwerb unüberwindbare rechtliche Hindernisse entgegen. Zwar spricht grundsätzlich die heute herrschende Rechtsscheintheorie für die Zulässigkeit eines gutgläubigen Erwerbs abhanden gekommener Aktien. Im Recht der Umlaufpapiere kommt es sowohl nach der Wertung des § 794 BGB als auch des § 935 Abs. 2 BGB und Art. 16 Abs. 2 WG gerade nicht auf die Zurechenbarkeit an. Im übrigen kann aber auch eine zurechenbare Veranlassung durch die Aktionäre in den meisten Fällen des Abhandenkommens von

---

[57]Canaris, WertpapierR, § 25 III 1 b, S. 218; Jacobi in: Ehrenbergs Handbuch, IV 1, S. 324 ff.

[58]vgl. Jacobi in: Ehrenbergs Handbuch IV 1, S. 324 ff.; Canaris, WertpapierR, § 29 III b, S. 218.

[59]Canaris, WertpapierR, § 25 III 1 b, S. 218; Jacobi in: Ehrenbergs Handbuch, IV 1, S. 324 ff.

[60]Canaris, WertpapierR, § 25 III 1 b, S. 218; Jacobi in: Ehrenbergs Handbuch, IV 1, S. 324 ff.

[61]Canaris, WertpapierR, § 25 III 1 b, S. 218; Jacobi in: Ehrenbergs Handbuch, IV 1, S. 324 ff.

Aktien angenommen werden. Werden von der Aktiengesellschaft ausgestellte Aktien vor der Ausgabe gestohlen und an einen Dritten weiter übertragen, so hat letztlich die Aktiengesellschaft, d.h. die Organisation der Aktionäre, die gefährliche Handlung vorgenommen, und dies sind wirtschaftlich die Aktionäre[62]. Auch spricht nichts gegen eine analoge Heranziehung des § 794 BGB auf die Inhaberaktie. Welches Element des Mitgliedschaftsverhältnisses gegen eine derartige entsprechende Heranziehung sprechen sollte, ist nicht nachzuvollziehen. Dem System des festen Grundkapitals ist bei Nennbetragsaktien jedoch immanent, dass die Summe der Nennbeträge der Aktien gleich der Grundkapitalziffer ist; dies ergibt sich bereits aus § 1 Abs. 2 AktG. Daraus folgt, dass es keine derartige Rechtsfolge geben kann, dass ein zusätzlicher Aktionär beitritt und damit der Anteil der Beteiligung der übrigen Aktionäre verhältnismäßig sinkt. Denn dies liefe auf eine Herabsetzung des Nennbetrags der Beteiligung hinaus, die im Aktiengesetz nur unter den Voraussetzungen des § 222 Abs. 4 AktG als ordentliche Kapitalherabsetzung zulässig ist. Das zwingende Aktienrecht geht daher den Regelungen über den gutgläubigen Erwerb von Aktien vor. Auch eine Erhöhung der Grundkapitalziffer, wie etwa für den Fall der Ausgabe zu vieler Aktien bei Nennbetragsaktien vertreten[63], kann zumindest im Falle des Abhandenkommens (im übrigen vgl. unten, Kap.4) nicht weiter führen. Denn im Gegensatz zur Ausgabe zu vieler Aktien wird bei Abhandenkommen von Aktien in der Regel für die überzähligen Aktien keine Einlage erbracht worden sein. Von dem gutgläubigen Zweiterwerber der abhanden gekommenen Aktie kann die Leistung der ausstehenden Einlage nicht verlangt werden[64]. Damit ist aber regelmäßig gar kein Kapital vorhanden, um einer erhöhten Grundkapitalziffer zu entsprechen. Aber selbst wenn durch eine entsprechende Erhöhung der Grundkapitalziffer die Summengleichheit nach § 1 Abs. 2 AktG wieder hergestellt werden könnte, so setzt dies eine förmliche Kapitalerhöhung voraus, und diese ist im Falle von Nennbetragsaktien gem. § 182 Abs. 1 und § 207 Abs. 2 S. 1 AktG nur gegen Ausgabe von Aktien möglich. Damit wäre die Summengleichheit niemals erreichbar. Deshalb sprechen bei der Nennbetragsaktie zwingende Gründe, die sich aus der Systematik des Nennwertsystems mit festem Grundkapital ergeben, gegen die Zulassung eines gutgläubigen Erwerbs nicht mit einem Mitgliedschaftsrecht verbundener Aktien.

---

[62]vgl. Jacobi in: Ehrenbergs Handbuch, S. 324.
[63]Brändel in: GroßKomm., AktG, § 6 Rn. 15; vgl. auch unten Kap. 4 II 3 b).
[64]vgl. genauer unten Kap. 4 II 5 b) aa).

Anders ist die Situation im Falle von Stückaktien. Hier gibt es keine derartige Regelung, dass die Nennbeträge gleich der Grundkapitalziffer sein *müssen*. Hier entspricht es gerade dem Wesen der Stückaktie, dass der „anteilige Betrag des Grundkapitals" nicht feststeht, sondern sich nach der Zahl der Aktien richtet. Daraus folgt, dass die Summe dieser „anteiligen Beträge des Grundkapitals" notwendigerweise immer gleich der Grundkapitalziffer *ist*. Als Verhältniszahl ist dieser Betrag stets veränderlich. Auch ist das in der Satzung festgesetzte Grundkapital immer gedeckt, da die Summe der „anteiligen Beträge des Grundkapitals" der einzelnen Aktien zwingend gleich der Grundkapitalziffer ist. Einer förmlichen Herabsetzung dieses „unechten Nennwertes" bedarf es bei der Stückaktie gerade nicht. Es gibt also keine zwingenden aktienrechtlichen Vorschriften, die einem gutgläubigen Erwerb entgegenstehen. Demgemäß müssen hier die wertpapierrechtlichen Vorschriften Anwendung finden, so dass die Stückaktie als Inhaberpapier gem. § 794 BGB und als Namensaktie gem. Art. 16 Abs. 2 WG zur vollgültigen Aktie wird. Die Quoten der ausgegebenen Stückaktien verringern sich entsprechend.

Das Absinken des „anteiligen Betrags des Grundkapitals" der einzelnen Aktien kann zumindest im Falle des Abhandenkommens der Aktien und anschließendem gutgläubigen Erwerb auch nicht immer durch eine entsprechende Kapitalerhöhung aus Gesellschaftsmitteln ohne Aktienausgabe gem. § 207 AktG ausgeglichen werden[65]. Denn anders als im Falle der Ausgabe von zu vielen Aktien ist der gutgläubige Zweiterwerber nicht zur Einlageleistung verpflichtet. Er erwirbt eine Aktie von einem Dritten, auf der regelmäßig keine bloße Teilleistung der Einlage vermerkt ist (vgl. § 10 Abs. 2 S. 2 AktG). Damit entsteht aber der Rechtsschein einer bereits eingezahlten Aktie. Der gutgläubige Erwerber darf dann annehmen, dass die Einzahlungsverpflichtung vollständig erfüllt ist[66]; ihn trifft keine Mithaftung[67]. Als Schuldner der Einlageverpflichtung bleibt nur der für das Abhandenkommen Verantwortliche, so z.B. der Dieb. Gegen diesen wird die Einlageverpflichtung jedoch in den seltensten Fällen durchsetzbar sein.

---

[65]vgl. für die übrigen Fälle unten Kap. 4 II 5 b).

[66]vgl. Brändel in: GroßKomm., AktG, § 10 Rn. 49; Heider in: MüKo, AktG, § 10 Rn. 54; Baumbach/ Hueck, AktG, § 10 Rn. 5; Meyer-Cording/ Drygala, WertpapierR, G IV 2, S. 108 f.

[67]vgl. RGZ 144, 138 (145); Kraft in: Kölner Komm., AktG, § 10 Rn. 20; Eckardt in: Geßler/ Hefermehl, AktG, § 10 Rn. 17 f; Brändel in: GroßKomm., AktG, § 10 Rn. 33; Heider in: MüKo, AktG, § 10 Rn. 54; Hüffer, AktG, § 10 Rn. 6; Baumbach/ Hueck, AktG, § 10 Rn. 5.

Damit sind aber möglicherweise keine weiteren Kapitalrücklagen vorhanden, die für eine Erhöhung des Grundkapitals verwendet werden können. Im übrigen würde auch eine Anhebung des „anteiligen Betrags des Grundkapitals“ auf den ursprünglichen Stand im Wege der Kapitalerhöhung aus Gesellschaftsmitteln nichts an der Tatsache ändern, dass die Beteiligungsquote des einzelnen Aktionärs durch das Hinzutreten der weiteren Aktionäre absinkt. Auch eine Liquidation kann in diesem Fall keinen vollen Ausgleich schaffen, da der Liquidationserlös ebenfalls unter der nunmehr größeren Zahl von Aktionären verteilt werden müsste. Es bleiben daher lediglich Schadensersatzansprüche gegen den Verantwortlichen, falls es einen solchen gibt und dieser auffindbar ist[68].

Ist die Mitgliedschaft noch nicht durch gutgläubigen Dritterwerb entstanden, so muss der Vorstand nach §§ 985 bzw. 812 BGB die Urkunden vom Empfänger (oder bösgläubigen Nachmann) zurückverlangen[69].

Zu erwägen ist außerdem, zum Schutze der Alt-Aktionäre vor einem gutgläubigen Erwerb eine Kraftloserklärung der Aktien im Aufgebotsverfahren analog § 72 AktG zuzulassen. Gemäß § 72 Abs. 1 AktG kann die Urkunde im Aufgebotsverfahren nach der Zivilprozessordnung für kraftlos erklärt werden, wenn eine Aktie abhanden gekommen ist. § 72 AktG setzt zwar nach herrschender Meinung existierende Mitgliedschaften voraus[70] und bewirkt, dass mit Rechtskraft des Ausschlussurteils die betreffende Urkunde kein Mitgliedschaftsrecht mehr verkörpert[71]. Vor wirksamer Ausgabe durch die Gesellschaft und damit vor Verkörperung einer Mitgliedschaft könnten Aktien nicht für kraftlos erklärt werden und müssten es auch nicht, da ein gutgläubiger Erwerb der Mitgliedschaft hier nicht möglich sei[72]. Wie oben gezeigt, ist jedoch bei der unechten nennwertlosen

---

[68] vgl. i.ü. Kap. 4 II 5 b).

[69] vgl. Hüffer, AktG, § 200 Rn. 4; Bungeroth in: Geßler/ Hefermehl, AktG, § 200 Rn. 27; Barz in: GroßKomm., AktG, § 72 Anm. 5; Lutter in: Kölner Komm., AktG, § 72 Rn. 9 (krit. zu § 985); Zöllner, WertpapierR, § 7 II 1 d, S. 43; Canaris, WertpapierR, § 16 III 2 a; S. 162.

[70] vgl. Lutter in: Kölner Komm., AktG, § 72 Rn. 3, 6; Barz in: GroßKomm., AktG, § 72 Anm. 2; Hefermehl/ Bungeroth in: Geßler/ Hefermehl, AktG, § 72 Rn. 9; aA: Baumbach/ Hueck, AktG, § 72 Rn. 2.

[71] Lutter in: Kölner Komm., AktG, § 72 Rn. 6; Hüffer, AktG, § 72 Rn. 5; Barz in: GroßKomm., AktG, § 72 Anm. 3.

[72] vgl. Lutter in: Kölner Komm., AktG, § 72 Rn. 3; Barz in: GroßKomm., AktG, § 72 Anm. 2; Hefermehl/ Bungeroth in: Geßler/ Hefermehl, AktG, § 72 Rn. 9; aA: Baumbach/ Hueck, AktG, § 72 Rn. 2.

Stückaktie sehr wohl ein gutgläubiger Erwerb der nicht mit einer Mitgliedschaft verbundenen Aktie möglich. In diesem Falle haben die Aktionäre und die Gesellschaft aber durchaus ein Interesse daran, einen gutgläubigen Erwerb der Aktien zu verhindern. Dem Wortlaut des § 72 Abs. 1 AktG lässt sich eine derartige Einschränkung auf nur eine Mitgliedschaft verkörpernde Aktien nicht entnehmen. Daher ist auch in diesem Fall die Möglichkeit einer Kraftloserklärung im Aufgebotsverfahren gegeben. Wirkung der Kraftloserklärung kann dann zwar nicht sein, dass die Urkunde das Aktienrecht nicht mehr verkörpert, denn dies hat sie bereits vorher nicht getan. Es wird jedoch insgesamt durch die Kraftloserklärung im Ausschlussurteil die Wertpapiereigenschaft der vorhandenen Aktienurkunden beseitigt[73]. Die für kraftlos erklärte Urkunde kann nicht mehr als Mittel zur Rechtsübertragung dienen; sie legitimiert ihren Besitzer weder gegenüber der Aktiengesellschaft noch gegenüber Dritten als Inhaber des Mitgliedschaftsrechts. Im übrigen beseitigt bereits die nach § 1009 Abs. 1 ZPO zu erfolgende Bekanntmachung des Aufgebots und gem. § 1017 Abs. 2 ZPO des späteren Ausschlussurteils die Gutgläubigkeit eines möglichen Erwerbers.

§ 72 Abs. 1 AktG erfasst sämtliche Fälle des Abhandenkommens von Aktienurkunden. Dies ist nach ganz herrschender Meinung nicht nur, wie nach §§ 858, 935 BGB, bei einem unfreiwilligen Verlust des unmittelbaren Besitzes der Fall; vielmehr ist die Urkunde schon dann abhandengekommen, wenn ein Aktionär den Besitz derart verloren hat, dass er aus tatsächlichen Gründen nicht mehr auf sie zugreifen kann[74], etwa wenn der besitzende Nichtinhaber den Besitz vom Inhaber ohne rechtsgeschäftlich gültigen Willen erlangt hat[75]. Damit kann eine derartige Kraftloserklärung im Falle des Diebstahls oder sonstigen Abhandenkommens der Aktienurkunden vor Ausgabe an die Aktionäre erfolgen.

Antragsberechtigt ist nach § 1004 Abs. 1 ZPO bei Inhaberaktien und blankoindossierten Namensaktien der letzte Inhaber der Urkunde. Das ist derjenige, dem zuletzt die Legitimation aus der Urkunde zukam, der unmittel-

---

[73]vgl. Hefermehl/ Bungeroth in: Geßler/ Hefermehl, AktG, § 72 Rn. 22.
[74]hM s. OLG Stuttgart, NJW 1995, 1154 (1155); Hüffer, AktG, § 72 Rn. 3; Lutter in: Kölner Komm., AktG, § 72 Rn. 3; Hefermehl/ Bungeroth in: Geßler/ Hefermehl, AktG, § 72 Rn. 11; aA: Baumbach/ Hueck, AktG, § 72 Rn. 4; Godin/ Wilhelmi, AktG, § 72 Anm. 3.
[75]Lutter in: Kölner Komm., AktG, § 72 Rn. 3.

bare Besitzer zur Zeit des Verlustes[76]. Dies ist im Normalfall der Aktionär, dem die Aktienurkunde abhanden kam. Im Sonderfall des Abhandenkommens von Aktien der Gesellschaft vor Ausgabe an die Aktionäre muss dementsprechend die Aktiengesellschaft selbst als unmittelbare Besitzerin zum Zeitpunkt des Verlustes antragsberechtigt sein[77]. Dieses Antragsrecht wird durch den Vorstand ausgeübt, § 78 Abs. 1 AktG.

Der Ausschluss eines gutgläubigen Erwerbs lässt sich im übrigen für die praktisch wichtigen Fälle des Bankgeschäfts auch über eine Bekanntmachung des Verlustes des Papiers im Bundesanzeiger gemäß § 367 Abs. 1 HGB erreichen.

Insgesamt hat sich gezeigt, dass die Stückaktie in der Form, in der sie in Deutschland eingeführt wurde, durchaus Nachteile für die Aktionäre haben kann. Eine teilweise abweichende rechtliche Beurteilung ergibt sich aus dem fehlenden festen Nennwert der Stückaktie. Die veränderliche Verhältniszahl des „anteiligen Betrags des Grundkapitals" vermag eine Ablehnung des gutgläubigen Erwerbs vor Verknüpfung der Aktie mit dem Mitgliedschaftsrecht nicht zu begründen. Als Konsequenz ist nicht nur der Anteil des einzelnen Aktionärs am Grundkapital entsprechend niedriger. Im Falle des Abhandenkommens von Aktien wird auch regelmäßig für diese Aktien keine Einlage eingezahlt. Damit ist auch der Anteil des einzelnen am gesamten Vermögen geringer.

### III. Die Verbriefung der Stückaktie

Schließlich könnte auch die Verbriefung von Stückaktien Probleme aufwerfen, insbesondere da alle Stückaktien gem. § 8 Abs. 3 S. 2 AktG gleich groß sein müssen.

Die nennwertlose Aktie soll entsprechend dem Regierungsentwurf auf keine Quote lauten[78], d.h. weder ein Nennwert noch die auf die einzelne Aktie entfallende Beteiligungsquote werden in der Aktienurkunde ausdrücklich genannt. Dies verleiht der nennwertlosen Aktie die Form der Stückaktie. Sie verhindert, dass jede Änderung der Gesamtaktienzahl im Rahmen einer

---

[76]Lutter in: Kölner Komm., AktG, § 72 Rn. 4; Baumbach/ Hueck, AktG, § 72 Rn. 4; Hefermehl/ Bungeroth in: Geßler/ Hefermehl, AktG, § 72 Rn. 15; Barz in: GroßKomm., AktG, § 72 Anm. 2; Hüffer, AktG, § 72 Rn. 4.
[77]vgl. a. Baumbach/ Hueck, AktG, § 72 Rn. 4.
[78]vgl. Kap. 1 II 3.

Kapitalmaßnahme oder eines Aktiensplitts die ausgegebenen Aktienurkunden unrichtig werden lässt, so wie dies bei der Quotenaktie der Fall wäre[79]. Nach dem Stückaktiengesetz genügt es dagegen, dass die Gesamtzahl der Aktien in der Gesellschaftssatzung angegeben wird.

1. Sammelurkunden

Aus dem Verzicht auf eine Quotenangabe folgt zudem, dass alle nennwertlosen Aktien einer Gesellschaft gleich groß, d.h. in gleichem Umfang am Grundkapital beteiligt sind, denn die Stücke sind dadurch untereinander in ihrer Größe nicht mehr unterscheidbar[80], vgl. § 8 Abs. 3 S. 2 AktG. Sollte sich in der Praxis eine Notwendigkeit für Aktien verschiedener Größe ergeben[81], so stellt sich bei der Stückaktie ein erstes Beurkundungsproblem. Das Nennwertsystem begründet solche Aktien durch Festsetzung unterschiedlicher Nennwerte. Mit Quotenaktien lässt sich das gleiche Ergebnis durch unterschiedliche Quoten erzielen.

Stückaktien sind dagegen naturgemäß alle gleich, d.h. es entfällt auf jede Aktie notwendigerweise der gleiche Anteil am Grundkapital, vgl. § 8 Abs. 3 S. 2 AktG. Eine Ausgabe von Stückaktien unterschiedlicher Größe ist damit nicht möglich. Sollte sich dennoch bei einer Gesellschaft ein derartiges Bedürfnis ergeben, so kann dies nur auf dem Umweg über Sammelurkunden erreicht werden[82]. Neben Urkunden über einzelne Stückaktien können nämlich Sammelurkunden ausgegeben werden, durch welche eine bestimmte Anzahl von Stückaktien verbrieft wird.

Fraglich ist, ob diese Sammelurkunden so ausgestaltet werden können, dass die einzelnen durch sie verbrieften Stückaktien und die mit ihnen verbrieften Rechte nicht getrennt geltend gemacht oder übertragen werden können, so dass diese Art der Verbriefung die gleiche Aufgabe wie unter-

---

[79]Regierungsbegründung StückAG, BT-Drs. 13/ 9573 vom 7.1.98, S. 12; Geiger, Versicherungswirtschaft 1997, 1768 (1770); ferner Jahr/ Stützel, Aktie ohne Nennbetrag, S. 63 f.; Claussen, AG 1963, 237 (239); Kübler, WM 1990, 1853 (1854).

[80]vgl. Regierungsbegründung StückAG, BT-Drs. 13/ 9573 vom 7.1.98, S. 12; Geiger, Versicherungswirtschaft 1997, 1768 (1770); Heider in: MüKo, AktG, § 8 Rn. 24.

[81]Regierungsbegründung StückAG, BT-Drs. 13/ 9573 vom 7.1.98, S. 12: bestreitet ein derartiges praktisches Bedürfnis.

[82]vgl. Regierungsbegründung StückAG, BT-Drs. 13/ 9573 vom 7.1.98, S. 12.

schiedliche Nennwerte oder Quoten erfüllt, wie teilweise vertreten wird[83]. Dagegen spricht, dass es ein Wesensmerkmal der Globalurkunde ist, dass die durch sie verbrieften Einzelrechte ihre rechtliche Selbständigkeit behalten[84]. Auch ergibt sich aus den allgemeinen sachenrechtlichen Grundsätzen, dass Aktien grundsätzlich frei übertragbar sind[85]. Das dingliche Verfügungsgeschäft kann nur im Falle einer derartigen gesetzlichen Vorgabe beschränkt werden. Eine Beschränkung der Übertragbarkeit von Aktien dahingehend, dass diese nicht einzeln, sondern nur in einer bestimmten Anzahl übertragen werden dürfen, findet sich im Aktiengesetz nicht.

Der Aktionär kann sich jedoch schuldrechtlich weiteren Beschränkungen unterwerfen. So kann eine schuldrechtliche Vereinbarung getroffen werden, dass der Aktionär seine in einer Sammelurkunde verbrieften Aktien nur gemeinsam geltend macht oder überträgt. Ein Verstoß gegen eine derartige Abrede berührt jedoch die Verfügung nicht und führt nur zu Schadensersatzpflichten[86].

Allerdings besteht für die Gesellschaft die Möglichkeit, vinkulierte Namensaktien gemäß § 68 Abs. 2 AktG auszugeben. Die Vinkulierung stellt eine gesetzlich vorgesehene Beschränkung der Übertragbarkeit von Aktien dar. Gemäß § 68 Abs. 2 S. 1 AktG kann die Satzung die Übertragung an die Zustimmung der Gesellschaft binden. Gem. § 68 Abs. 2 S. 4 AktG kann die Satzung die Ablehnungsgründe frei bestimmen; sie kann als Grund also auch eine Einzelübertragung angeben. Durch die Vinkulierung kann damit praktisch auch gesichert werden, dass zumindest eine Übertragung der in einer Sammelurkunde verbrieften Aktien nur gemeinsam erfolgen kann. Eine gemeinsame Geltendmachung kann die Gesellschaft jedoch nicht erzwingen. Auch hier ist allenfalls eine schuldrechtliche Abrede

---

[83] Jahr/ Stützel, Aktien ohne Nennbetrag, S. 64; Menzi, Nennwertlose Aktie, S. 50; a.A. wohl Ekkenga, WM 1997, 1645 (1649).

[84] Allg. A. vgl. nur: Kraft in: Kölner Komm., AktG, § 8 Rn. 51; Brändel in: Groß-Komm., AktG, § 8 Rn. 65; Heider in: MüKo, AktG, § 10 Rn. 35; Eckardt in: Geßler/ Hefermehl, AktG, § 10 Rn. 11; Kümpel in: Assmann/ Schütze, Hdb. d. Kapitalanlagerechts, § 13 Rn. 45; Stüdemann, Die Globalaktie, S. 56.

[85] Lutter in: Kölner Komm., AktG, § 68 Rn. 23; Hefermehl/ Bungeroth in: Geßler/ Hefermehl, AktG, § 68 Rn. 67; Godin/ Wilhelmi, AktG, § 68 Anm. 9; Barz in: Groß-Komm., AktG, § 68 Rn. 2.

[86] vgl. Lutter in: Kölner Komm., AktG, § 68 Rn. 23.

möglich, wobei ein Verstoß ebenfalls nur eine Schadensersatzpflicht nach sich ziehen würde.

Im Ergebnis kann die gleiche rechtliche Wirkung von Nennwertaktien mit verschieden großen Nennwerten im Falle von Stückaktien auch durch Sammelurkunden nicht erreicht werden. Ein derartiges Ergebnis würde jedoch auch der gesetzlichen Vorgabe des § 8 Abs. 3 S. 2 AktG zuwiderlaufen, dass alle Stückaktien gleich groß sind.

2. Besonderheiten des Effektengiroverkehrs

Im Bereich der Massengeschäfte mit Aktien hat sich die Verkörperung des Rechts in einer Einzelurkunde immer mehr als unpraktikabel erwiesen. Die Banken haben deshalb den Effektengiroverkehr geschaffen; Aktien werden heute zum überwiegenden Teil nicht mehr einzeln verbrieft, sondern die Mitgliedsrechte werden in großer Anzahl von einer Sammelurkunde verkörpert, an der jeder Aktionär lediglich einen Miteigentumsanteil hat, vgl. § 9 a DepotG. Die Übertragung der in ihr verkörperten Aktien erfolgt technisch durch bloße Umbuchung[87]. Rechtlich vollzieht sich die Übertragung durch Einigung über den Übergang des Miteigentumsanteils und Umstellung des Besitzmittlungsverhältnisses gem. § 929 S. 1 BGB[88].

Es stellt sich nun die Frage, ob sich durch diese Praxis Änderungen bezüglich des für Stückaktien Gesagten ergeben. Denn bei Verbriefung der Aktien in einer Globalurkunde ist auch im Falle von Nennwertaktien der auf der Urkunde aufgedruckte Nennwert für den Anleger in der Regel nicht mehr ersichtlich. Fraglich ist daher, ob eine Argumentation, die sich auf die fehlende Nennwertangabe stützt, im Falle des Effektengiroverkehrs hinfällig ist. Es könnte zum einen eine abweichende Beurteilung des gutgläubigen Erwerbs angezeigt sein. Auch im Rahmen des Effektengiroverkehrs ist nach herrschender Meinung ein gutgläubiger Erwerb möglich[89]. An die Stelle des Besitzes als Rechtsscheinsträger tritt hier die Buchung im

[87]Lutter in: Kölner Komm., AktG, Anh. § 68 Rn. 24; Canaris, WertpapierR, § 1 III 1 c, S. 16.

[88]Canaris, WertpapierR, § 1 III 1 c, S. 16; Canaris, BankvertragsR, Rn. 2007 ff; Brink, Effektengiroverkehr, S. 93 ff.

[89]vgl. Canaris, WertpapierR, § 1 III 1 c, S. 16; Koller, DB 1972, 1905 ff.; Brink, Effektengiroverkehr, S. 101 ff.; Canaris, BankvertragsR, Rn. 2026 ff.

Verwahrungsbuch der Bank[90]. Der einzige Unterschied zwischen Nennwert- und Stückaktien hinsichtlich des gutgläubigen Erwerbs besteht in der Zulassung desselben auch im Falle des Fehlens eines wirksamen Mitgliedschaftsrechtes. Diese von der Nennbetragsaktie abweichende Beurteilung hat ihren Grund jedoch nicht in dem Fehlen der Nennbetragsangabe, sondern basiert auf dem System der „gleitenden unechten Nennbeträge". Auch wenn also der Unterschied hinsichtlich der Angabe des Nennbetrages auf der Urkunde nicht mehr vorhanden ist, führt dies zu keiner von der Einzelverbriefung abweichenden Beurteilung.

Es könnten jedoch das der Stückaktie zugeschriebene Transparenzdefizit relativiert werden. Man könnte nämlich einwenden, die Nennbetragsaktie habe in neuerer Zeit ebenfalls den Bonus der Zusatzinformation „Nennwert" verloren, da der Aktionär seine Aktienurkunde nicht mehr ausgehändigt bekommt. Allerdings wird dem Aktionär im Falle einer Verwahrung der Einzel- oder Globalurkunde durch eine Wertpapiersammelbank zum Nachweis der Hinterlegung in jedem Fall eine Hinterlegungsbescheinigung ausgestellt, vgl. § 123 Abs. 3 S. 2 AktG, § 1 Abs. 3 DepotG[91]. In dieser sind zwingend die Stückzahl und die Nennbeträge der hinterlegten Aktien anzugeben[92]. Zudem ist auch in den Depotbüchern der Banken gem. § 14 Abs. 1 DepotG der Nennbetrag vermerkt. Der Aktionär erhält damit beim Erwerb einer Nennbetragsaktie auch im Falle des Effektengiroverkehrs in jedem Falle die Information „Nennbetrag". Damit hat die Nennbetragsaktie nicht den Bonus der Zusatzinformation „Nennbetrag bzw. Nennwert" verloren. Daher besteht für die Stückaktie im Vergleich zur Nennbetragsaktie auch in diesem Fall das sich aus dem Fehlen der Nennwertangabe ergebende Transparenzdefizit.

Insgesamt ist angesichts der Praxis des Effektengiroverkehrs keine abweichende Beurteilung angezeigt.

---

[90]Canaris, WertpapierR, § 1 III 1 b, S. 16; Canaris, BankvertragsR, Rn. 2026 ff.; Brink, Effektengiroverkehr, S. 101 ff.; Koller, DB 1972, 1905 ff.

[91]Canaris, WertpapierR, § 1 III 1 b, S. 15; Zöllner in: Kölner Komm., AktG, § 123 Rn. 25; Eckardt in: Geßler/ Hefermehl, AktG, § 123 Rn. 38; Hüffer, AktG, § 123 Rn. 11 f; Semler in: MünchHdb. AG, § 36 Rn. 32; Werner in: GroßKomm., AktG, § 123 Rn. 47.

[92]Zöllner in: Kölner Komm., AktG, § 123 Rn. 25.

### 3. Aktienurkunden nach Umstellung

Ein weiteres Problem ergibt sich daraus, dass mit der Umstellung von Nennbetrags- auf Stückaktien die ausgegebenen Nennbetragsaktienurkunden inhaltlich unrichtig werden. Diese können zwar nach § 73 AktG für kraftlos erklärt und anschließend durch neue Stückaktienurkunden ersetzt werden. Dies würde jedoch einen erheblichen Kosten- und Verwaltungsaufwand nach sich ziehen.

#### a) Ansicht Regierungsentwurf: Gültigbelassen der unrichtigen Urkunden

Die Verfasser der Regierungsbegründung, und im Anschluss daran auch ein großer Teil der Literatur, gehen nun davon aus, dass eine Durchführung des Verfahrens nach § 73 AktG indessen gar nicht notwendig sei. Die durch die Umstellung inhaltlich unrichtig gewordenen Aktienurkunden könnten zwar gem. § 73 AktG unter den dort genannten Voraussetzungen für kraftlos erklärt werden. Die Ausnahmeregelung des § 73 Abs. 1 S. 2 AktG gelangt nicht zur Anwendung, denn die Abschaffung des Aktiennennbetrags durch Umstellung auf eine andere, nennbetragslose Aktienform ist qualitativ etwas anderes als eine bloße Nennbetragsänderung[93]. Jedoch sei die Gesellschaft nicht dazu verpflichtet. In der Praxis werde es sich empfehlen, im Umlauf befindliche Aktienurkunden weiterhin als gültig zu belassen, um einen kostenaufwendigen Urkundentausch zu vermeiden[94]. Die unrichtigen Aktienurkunden könnten also - jedenfalls soweit dies im Umstellungsbeschluss klargestellt wird - weiterhin als gültig behandelt werden[95]. Bestehen bei einer Gesellschaft Aktien unterschiedlicher Nennbeträge, die zunächst jeweils in mehrere Aktien mit dem kleinsten gemeinsamen Nennbetrag zerlegt werden müssen, dann seien diesbezügliche Urkunden mit höheren Nennbeträgen als Sammelurkunden über die jeweils entsprechende Zahl an Stückaktien zu verstehen[96].

Dem Vorschlag, die unrichtigen Urkunden nach der Umstellung gültig zu belassen, stehen erhebliche Bedenken gegenüber. Zwar spricht wertpapierrechtlich nichts gegen das Vorhandensein unrichtiger Urkunden. Zum einen sind Aktien stets „typusbezogene" Wertpapiere, d.h. sie sind von

---

[93]vgl. Regierungsbegründung StückAG, BT-Drs. 13/ 9573 vom 7.1.98, S. 14.
[94]vgl. Regierungsbegründung StückAG, BT-Drs. 13/ 9573 vom 7.1.98, S. 14.
[95]Regierungsbegründung StückAG, BT-Drs. 13/ 9573 vom 7.1.98, S. 14; Heider, Die AG 1998, 1 (6); Funke, AG 1997, 385 (387); Seibert, ZGR 1998, 1 (18).
[96]Regierungsbegründung StückAG, BT-Drs. 13/ 9573 vom 7.1.98, S. 14.

vornherein nicht dazu bestimmt, das verbriefte Recht seinem vollen Umfang nach zu verlautbaren, sondern der Inhalt hängt vielmehr weitgehend von der Satzung und den jeweiligen Beschlüssen der maßgeblichen Organe ab[97]. Zum anderen ergibt sich im Umkehrschluss aus § 73 AktG, der eine Kraftloserklärung unrichtiger Aktien durch die Gesellschaft vom Ermessen des Vorstandes abhängig macht, dass das Gesetz den Umlauf unrichtiger Aktien durchaus toleriert. Der langfristige Umlauf von unrichtigen Wertpapieren steht jedoch in hohem Maße der Sicherheit des Rechtsverkehrs entgegen. Der Erwerber einer Aktie kann so getäuscht werden darüber, was für eine Aktie - Stückaktien statt Nennbetragsaktien- und welche Anzahl von Aktien - im Falle von höherem Nennwert, der mehrere Stückaktien verbrieft - er erwirbt. Ein Schutz des Gutgläubigen ist zumindest hinsichtlich der Aktienart nicht möglich[98]. Denn hat eine Gesellschaft auf Stückaktien umgestellt, so kann sie gem. § 8 Abs. 1 AktG zwingend keine Nennbetragsaktien mehr ausgeben. Es gilt ein strenges Entweder-Oder-Prinzip. Stückaktien und Nennbetragsaktien können daher nicht nebeneinander bestehen. Es können bei einer Gesellschaft mit Stückaktien auch nicht infolge gutgläubigen Erwerbs Nennbetragsaktien begründet werden. Denn aus der Satzung lässt sich gemäß § 23 Abs. 3 Nr. 4 AktG entnehmen, dass eine Ausgabe von Nennbetragsaktien nicht (mehr) vorgesehen ist. Durch diese eindeutige Satzungsbestimmung wird eine Gutgläubigkeit verhindert[99].

Angesichts dieser Lage ist ein dauerhaftes Auseinanderfallen von Aktienurkunde und Inhalt des Mitgliedschaftsrechts nicht nur wenig sinnvoll, sondern für den Rechtsverkehr gefährlich. Es fragt sich daher, ob auch rechtliche Aspekte gegen eine Beibehaltung der unrichtigen Urkunden sprechen. Mit der Unrichtigkeit von Aktienurkunden befassen sich §§ 73 und 226 AktG. § 73 AktG ist dabei die generellere Norm; sie ist insoweit gegenüber § 226 AktG subsidiär[100], vgl. § 73 Abs. 4 AktG.

§ 226 AktG betrifft den speziellen Fall, dass Aktienurkunden infolge einer Kapitalherabsetzung durch Zusammenlegung von Aktien unrichtig werden. In diesem Fall ist die Gesellschaft nach ganz herrschender Meinung - trotz des Wortlauts „kann" - verpflichtet, die trotz Aufforderung nicht ein-

---

[97] Canaris, WertpapierR, § 25 III 2 a, S. 218.
[98] vgl. Kap. 4 I 1.
[99] vgl. Kap. 4 I 1.
[100] vgl. Lutter in: Kölner Komm., AktG, § 73 Rn. 3; Hefermehl in: Geßler/ Hefermehl, AktG, § 73 Rn. 15; Wiesner in: MünchHdb. AG, § 12 Rn. 28.

gereichten Aktien für kraftlos zu erklären. Begründet wird dies damit, dass kein anderer Weg offen steht, einen dem Gesetz entsprechenden Zustand (§§ 8 Abs. 1 S. 1, Abs. 2 AktG a.F.) herzustellen[101]. Es könnte nun eine analoge Anwendung des § 226 AktG auf den hier auftauchenden Fall der Unrichtigkeit infolge Umstellung auf Stückaktien erwogen werden. Fraglich ist allerdings bereits das Vorliegen einer planwidrigen Regelungslücke, denn der Gesetzgeber ging bewusst von einer möglichen Weitergeltung der unrichtigen Urkunden aus[102]. Weiter spricht gegen eine Analogie die Tatsache, dass § 226 AktG eine Ausnahmeregelung darstellt, die ausdrücklich nur den Fall der Zusammenlegung von Aktien betrifft[103]; dies steht einer Analogiefähigkeit der Vorschrift entgegen. Schließlich ist auch die Interessenlage nicht identisch. Denn im Fall der Zusammenlegung von Aktien können die unrichtigen Aktien bereits technisch nicht alle als gültig behandelt werden, da sich die Zahl der gültigen Aktien halbiert hat. Es muss die Hälfte der Aktien daher als ungültig behandelt werden. Demnach ist es folgerichtig, dass die ungültigen Aktien für kraftlos erklärt werden. Dagegen können im Fall der Umstellung auf Stückaktien technisch gesehen sämtliche Nennbetragsaktien als Stückaktien und eventuell als Sammelurkunden behandelt werden, widerspricht dies auch dem Gebot der Rechtssicherheit. Diese rein technische Unmöglichkeit, im Falle einer Zusammenlegung von Aktien alle Aktien als gültig zu behandeln (dies würde gegen § 8 AktG verstoßen), liegt im Falle von Stückaktien nicht vor. Insgesamt ist daher eine analoge Heranziehung des § 226 AktG auf diesen Fall abzulehnen.

Es ist daher die generelle Norm des § 73 AktG einschlägig. Ist der Inhalt von Aktienurkunden durch eine Veränderung der rechtlichen Verhältnisse unrichtig geworden, so bestimmt § 73 AktG, dass die Gesellschaft die Aktien, die trotz Aufforderung nicht zur Berichtigung oder zum Umtausch bei ihr eingereicht sind, mit Genehmigung des Gerichts für kraftlos erklären kann. Dies ist eine „kann“-Vorschrift. Ob die Gesellschaft von diesem Verfahren Gebrauch macht, entscheidet daher nach ganz herrschender Mei-

[101] Godin/ Wilhelmi, AktG, § 226 Rn. 9; Lutter in: Kölner Komm., AktG, § 226 Rn. 19.
[102] vgl. Regierungsbegründung StückAG, BT-Drs. 13/ 9573 vom 7.1.98, S. 14.
[103] vgl. Lutter in: Kölner Komm., AktG, § 226 Rn. 5; Hefermehl in: Geßler/ Hefermehl, AktG, § 226 Rn. 3; Hüffer, AktG, § 226 Rn. 2; Baumbach/ Hueck, AktG, § 226 Rn. 2; Godin/ Wilhelmi, AktG, § 226 Anm. 2.

nung der Vorstand nach pflichtgemäßem Ermessen[104]. Die Verfasser des Regierungsentwurfs schließen daraus, dass der Vorstand also auch entscheiden kann, dass alle Aktien als gültig behandelt werden.

Diese Schlussfolgerung ergibt sich jedoch nicht zwingend aus § 73 AktG. § 73 AktG regelt zunächst nur, dass der Vorstand, wenn Aktien trotz Aufforderung nicht zur Berichtigung oder zum Umtausch eingereicht werden, entscheiden kann, ob er diese restlichen Aktien für kraftlos erklären will. § 73 AktG sagt hingegen nichts darüber aus, ob der Vorstand grundsätzlich verpflichtet ist, unrichtige Aktienurkunden zum Umtausch oder zur Berichtigung einzufordern. Angesicht der erheblichen Beeinträchtigung der Rechtssicherheit durch langfristig unrichtige Urkunden in dem großen Ausmaß, wie es in solchen Fällen entstehen würde, ist daher von einer Verpflichtung des Vorstandes auszugehen, unrichtige Aktien umzutauschen oder zu berichtigen[105]. Zumindest kann der Vorstand die unrichtigen Aktienurkunden nicht gegen den Willen der Aktionäre als gültig behandeln. Denn aus dem grundsätzlichen Verbriefungsanspruch der Aktionäre folgt gleichzeitig ein Anspruch des Aktionärs auf Verbriefung seiner Rechte in korrekter Form; die Aktiengesellschaft ist deshalb dem Aktionär gegenüber auch in diesem Fall zur Ausstellung einer Urkunde mit richtigen Angaben verpflichtet[106].

Die Aktiengesellschaft kann daher nicht einfach die unrichtigen Urkunden als gültig behandeln, sondern muss vorgelegte Aktienurkunden berichtigen und ist auch verpflichtet, die restlichen Urkunden zu Berichtigung einzufordern.

Aber auch zu einer Kraftloserklärung der nicht eingereichten Aktien ist die Gesellschaft dann verpflichtet, wenn Irreführungen durch das Gültigbelassen der Urkunden zu befürchten sind[107]. Problematisch ist dabei, wo die Grenze zu ziehen ist zwischen einer hinzunehmenden Unrichtigkeit einer Aktienurkunde und einer Unrichtigkeit, die zu einer Irreführung des

---

[104]Hüffer, AktG, § 73 Rn. 1; Lutter in: Kölner Komm., AktG, § 73 Rn. 15; Hefermehl/ Bungeroth in: Geßler/ Hefermehl, AktG, § 73 Rn. 32; Baumbach/ Hueck, AktG, § 73 Rn. 3; Godin/ Wilhelmi, AktG, § 73 Anm. 2.

[105]so wohl auch Krieger in: MünchHdb. AG, § 60 Rn. 46.

[106]vgl. Lutter in: Kölner Komm., AktG, § 73 Rn. 8; Forstmoser/ Meier-Hoyoz/ Nobel, Schweizer Aktienrecht, § 53 Rn. 209.

[107]vgl. Hüffer, AktG, § 73 Rn. 4; Seibert, DB 1999, 267 (269); Menold/ Schröder in: Dörner/ Menold/ Pfitzer, Reform des Aktienrechts, S. 27 (53).

Rechtsverkehrs führt. Insbesondere wenn nach der Umwandlung in Stückaktien auch noch weitere Kapitalmaßnahmen, etwa zur Glättung der „unechten Nennwerte“ der Stückaktien, vorgenommen werden (vgl. dazu unten), ist diese Grenze jedenfalls überschritten. Denn dann kann es etwa sein, dass eine Aktienurkunde mit Aufdruck „eine Aktie, Nennbetrag 5 DM“ in Wahrheit drei Stückaktien mit einem „anteiligen Betrag des Grundkapitals“ von je einem Euro repräsentiert[108]. Damit würde den fundamentalen Prinzipien der Rechtssicherheit und dem Schutz des Vertrauens auf den Anschein des Vorliegens einer bestimmten Urkunde nicht mehr ausreichend Rechnung getragen. Schließlich ist auch zu beachten, dass die wertpapiermäßige Verbriefung der Aktien gerade die Umlauffähigkeit gewährleisten soll. Der Umlauffähigkeit gegenläufig wäre es aber, jahrelang Aktienurkunden, die bezüglich einer wesentlichen Aussage falsch sind, bewusst im Verkehr zu belassen.

Ohne eine entsprechende Berichtigung kämen zudem die der Stückaktie zugeschriebenen Vorteile nicht zur Geltung, wie etwa die bessere Aufklärung über die Aktie als Beteiligungsrecht, Verminderung der Täuschungsmöglichkeiten durch den Nennbetrag. Denn die Stückaktien enthalten dann weiterhin den Aufdruck eines Nennbetrags.

Diese Pflicht trifft die Gesellschaft auch dann, wenn sie die Umstellung dazu nutzt, die Verbriefung der Aktien auszuschließen (vgl. unten III b)). Auch hier muss sie zur Vermeidung von Irreführungen die Aktionäre zur Einreichung der alten Aktienurkunden auffordern bzw. bei Nichteinreichung die Urkunden für kraftlos erklären.

Allerdings ist in der Praxis eine Einzelverbriefung nur noch äußerst selten. Bei den börsennotierten Gesellschaften sind heute 90 - 95 % der Aktien nicht an die Aktionäre ausgeliefert, sondern liegen beim Deutschen Kassenverein als Globalurkunden[109]. Wie in der Praxis vorgegangen werden wird, wird wohl auch davon abhängen, wie unübersichtlich die Situation durch die Umstellung geworden ist[110]. Die BASF AG hat beispielsweise ihre Aktionäre zum Umtausch der im Zuge der Umstellung auf Stückaktien unrichtig gewordenen Urkunden aufgefordert.

---

[108]vgl. zu diesem Bsp. Menold/ Schröder in: Dörner/ Menold/ Pfitzer, Reform des Aktienrechts, S. 54.
[109]Seibert, ZGR 1998, 1 (12).
[110]Seibert, a.a.O., 1 (12).

b) „Zwangsgiro"

Ein besserer Weg, Irreführungen durch die Unrichtigkeit der Urkunden nach der Umstellung zu vermeiden und trotzdem nicht die Kosten eines Neudrucks der Aktienurkunden tragen zu müssen, ist, im Zuge der Umstellung auf Stückaktien den (Einzel-) Verbriefungsanspruch der Aktionäre gemäß § 10 Abs. 5 AktG gleichzeitig durch satzungsändernden Beschluss auszuschließen[111]. Dadurch könnte ein Neudruck sämtlicher Aktien vermieden werden. Unproblematisch ist ein derartiges Vorgehen, wenn der Ausschluss der Verbriefung schon in der Ursprungssatzung enthalten ist. Im Falle einer Umwandlung in Stückaktien wird aber meist eine nachträgliche Satzungsänderung notwendig sein. Fraglich ist, ob ein Ausschluss der Verbriefung gem. § 10 Abs. 5 AktG auch durch nachträgliche Satzungsänderung erfolgen kann. Nach allgemeinen Grundsätzen wäre nämlich wegen des Eingriffs in die Mitgliedschaft eine Einzelzustimmung der betroffenen Aktionäre erforderlich, woran die Satzungsänderung vielfach scheitern würde[112]. Die Literatur zum neuen § 10 Abs. 5 AktG bejaht die Möglichkeit des nachträglichen Ausschlusses durch Satzungsänderung[113]. Die vom Gesetzgeber mit der Einführung des § 10 Abs. 5 AktG verfolgte Intention, nach Einführung der 5 DM-Aktie insbesondere auch den bestehenden Aktiengesellschaften die Möglichkeit zur Einsparung von Druckkosten bei der Ausgabe kleingestückelter Aktien zu verschaffen, wäre bei Notwendigkeit der Zustimmung jedes einzelnen Aktionärs nicht zu verwirklichen[114].

Dieser Ansicht ist zu folgen. Der Wortlaut des § 10 Abs. 5 AktG spricht für eine Zulassung einer nachträglichen Satzungsänderung. Denn § 10 Abs. 5 AktG spricht nur davon, dass der Verbriefungsanspruch „in der Satzung" ausgeschlossen werden kann. Dabei enthält er keine Beschränkung auf die ursprüngliche Satzung, wie etwa in § 237 AktG vorgesehen. Ein Ausschluss „in der Satzung" ist aber auch im Wege einer nachträglichen Satzungsänderung möglich. Auch stellt das Einzelverbriefungsrecht kein Wesensmerkmal der Aktiengesellschaft[115] und kein Sonderrecht iSd § 35

---

[111]so Heider, Die AG 1998, 1 (6) unter Hinweis auf Schröer, ZIP 1997, 221 (224; vgl. auch Seibert, DB 1999, 267f.

[112]vgl. Hüffer, AktG, § 10 Rn. 11.

[113]Heider in: MüKo, AktG, § 10 Rn. 58; Hüffer, AktG, § 10 Rn. 12; Seibert, DB 1999, 267 (268).

[114]Heider in: MüKo, AktG, § 10 Rn. 58.

[115]vgl. Kraft in: Kölner Komm., AktG, § 1 Rn. 32.

BGB dar, dessen Entzug gemäß § 35 BGB die Zustimmung des betroffenen Aktionärs bedürfte. Der Gleichbehandlungsgrundsatz gem. § 53 a AktG ist ebenfalls nicht verletzt, da der Ausschluss der Verbriefung alle Aktionäre gleichermaßen trifft. Daher ist auch ein nachträglicher Ausschluss der Einzelverbriefung durch die Gesellschaft durchaus möglich; der Beschluss bedarf jedoch als Satzungsänderung gem. § 179 Abs. 2 AktG einer Drei-Viertel-Mehrheit. Nach vorgängiger Satzungsänderung können bereits ausgegebene Aktien gemäß § 73 AktG für kraftlos erklärt werden, weil die Urkunden infolge der Umstellung auf Stückaktien unrichtig geworden sind. Gemäß § 73 Abs. 3 AktG haben die Aktionäre in diesem Fall keinen Anspruch auf Ausgabe und Aushändigung neuer Aktienurkunden.

## IV. Ergebnis

Insgesamt hat sich gezeigt, dass dem Erwerber bei Stückaktien eine Information - nämlich der Nennwert - fehlt, er dennoch nicht weitergehend geschützt werden kann. Vielmehr korrespondiert mit dem Weniger an Information ein Mehr an Obliegenheit des Erwerbers zur selbständigen Informationsermittlung.

Im Falle von nicht mit einem Mitgliedschaftsrecht verbundenen Stückaktien ist - im Gegensatz zur Nennbetragsaktie - ein gutgläubiger Erwerb möglich, da hier keine zwingenden aktienrechtlichen Vorschriften entgegenstehen.

Eine der unterschiedlich großen Beteiligung angenäherte Ausgestaltung kann nur im Wege von Sammelurkunden erreicht werden. Die Praxis des Effektengiroverkehrs führt zu keiner abweichenden Beurteilung.

Die infolge der Umstellung unrichtig gewordenen Urkunden müssen eingefordert und berichtigt werden und sind bei Nichtvorlage kraftlos zu erklären. Die Druckkosten können durch nachträglichen Ausschluss der Einzelverbriefung eingespart werden.

## 4. Kapitel: Probleme der Gründung mit Stückaktien

Es soll im folgenden untersucht werden, ob sich durch das Vorhandensein von Stückaktien Probleme im Rahmen der Gründung einer Aktiengesellschaft ergeben können. Die oben aufgezeigten Unterschiede der Stück- zur Nennbetragsaktie, insbesondere die „automatische Angleichung" des „unechten Nennwertes" der Stückaktien könnten vor allem im Falle einer fehlerhaften Gründung zu abweichenden Beurteilungen führen.

Grundsätzlich erfolgt die Gründung einer Gesellschaft mit Stückaktien in gleicher Weise wie die einer Gesellschaft mit Nennbetragsaktien. Wie bereits in Kapitel 2 dargelegt, wurde in sämtlichen Vorschriften des Aktienrechts der Begriff des Nennbetrags entweder für Stückaktien durch den Begriff „anteiliger Betrag des Grundkapitals" ergänzt oder durch einen neuen, für Nennbetrags- und Stückaktien gleichsam geltenden Begriff ersetzt. Dergleichen wurde auch bei den Gründungsvorschriften verfahren[1]. Inhaltlich ergibt sich daher grundsätzlich für eine Gründung mit Stückaktien kein Unterschied. Es soll daher an dieser Stelle nur auf mögliche Problemfälle eingegangen werden. Im folgenden wird nun untersucht, ob sich in sog. „kranken" Fällen, d.h. wenn die Gründung nicht so wie im Gesetz vorgesehen erfolgt, Unterschiede zur Nennwertaktie ergeben.

### I. Ausgabe von Stück- oder Nennbetragsaktien

Durch die Einführung der Stückaktie stehen nunmehr zwei verschiedene Arten von Aktien zur Verfügung. In diesem Zusammenhang ist nun denkbar, dass nicht eindeutig festgelegt wird, ob Stück- oder Nennbetragsaktien ausgegeben werden oder dass entgegen der Festlegung die falsche Art von Aktien ausgegeben wird.

#### 1. Satzungswidrige Ausgabe von Stück- bzw. Nennbetragsaktien

Gem. § 23 Abs. 3 Nr. 4 AktG ist in der Satzung anzugeben, ob sich das Grundkapital in Stück- oder in Nennbetragsaktien zerlegt, d.h. ob Stück- oder Nennbetragsaktien ausgegeben werden. Es stellt sich die Frage, welche Folgen es für die Wirksamkeit der Aktienurkunden hat, wenn entgegen der Festlegung in der Satzung statt Nennbetrags- Stückaktien und umge-

---

[1] vgl. insgesamt dazu Schröer, ZIP 1997. 221 ff.

kehrt ausgegeben werden[2]. Das Gesetz trifft keine Regelung bezüglich der Folgen eines Verstoßes gegen die Satzung für die Gültigkeit der Urkunde und ihre Fähigkeit, ihre Bestimmung - Verbriefung des Rechts, Rechtsausweis und Übertragung des Rechts - zu erfüllen.

Die aktienrechtliche Literatur hat sich bislang zu diesem Problem nicht geäußert. Ein ähnlich gelagerter Fall war früher jedoch streitig: Bei einer satzungswidrigen Ausgabe von Inhaber- oder Namensaktien nimmt die heute ganz herrschende Meinung an, dass die Aktien gültig sind und das Recht so verbriefen, wie es auf der Urkunde aufgedruckt ist[3]. Als Begründung wird angeführt, dass eine solche Rechtsfolge im Interesse der Verkehrssicherheit notwendig sei[4]. Bei einer derartigen satzungswidrigen Aktienausgabe müsse der Vertrauensschutz auf Grund des durch die Ausgabe der Aktien begründeten Rechtsscheins durchgreifen[5]. Der Aktionär habe aber das Recht, Umtausch in satzungsgemäße Aktien zu verlangen[6]. Die in der älteren Literatur vertretene Gegenansicht verweist darauf, dass nach dem Gesetz die Satzung für alle einschlägigen Fragen maßgeblich sein soll und daher im Widerspruch zur Satzung ausgegebene Inhaber- oder Namensaktien ungültig seien[7].

Für den Fall der satzungswidrigen Ausgabe von Namens- bzw. Inhaberaktien ist der herrschenden Meinung grundsätzlich zu folgen. Die Stellungnahmen beziehen sich nämlich in der Regel auf den Fall, dass die Satzung sowohl Inhaber- als auch Namensaktien zulässt, wegen § 10 Abs. 2 S.1 AktG teileingezahlte Aktien aber nur als Namensaktien ausgegeben werden dürfen[8]. Wird die teileingezahlte Aktie dennoch als Inhaberaktie ohne Vermerk der bloßen Teilzahlung ausgegeben, so überwiegt in diesem Falle in der Tat der Verkehrsschutz. Der Erwerber einer derartigen Aktie kann weder der Urkunde noch der Satzung entnehmen, dass die Aktienurkunde

---

[2]Das Problem stellt sich in gleicher Weise auch im Rahmen einer Kapitalerhöhung; die Ausführungen gelten auch für diesen Fall.
[3]OLG Hamburg, AG 1970, 230; Kraft in: Kölner Komm., AktG, § 23 Rn. 69; Eckardt in: Geßler/Hefermehl, AktG, § 23 Rn. 83; Baumbach/ Hueck, AktG, § 23 Rn. 9; Röhricht in: GroßKomm., AktG, § 23 Rn.156; Brändel in: GroßKomm., AktG, § 10 Rn. 47; Hüffer, AktG, § 23 Rn. 30; Penz in: MüKo, AktG, § 23 Rn. 131.
[4]vgl. Kraft in: Kölner Komm., AktG, § 23 Rn. 69; Penz in: MüKo, AktG, § 23 Rn. 131.
[5]Barz in: GroßKomm., AktG, Vorauflage, § 24 Anm. 4.
[6]Kraft in: Kölner Komm., AktG, § 23 Rn.70; Röhricht in: GroßKomm., AktG, § 23 Rn. 156; Hüffer, AktG, § 23 Rn. 30; Baumbach/ Hueck, AktG, § 24 Rn. 3.
[7]Godin-Wilhelmi, AktG, § 24 Anm.5; Ritter, AktG, § 17 Anm. 1.
[8]vgl. etwa Brändel in: GroßKomm., AktG, § 10 Rn. 47.

ungültig ist und in Wahrheit noch ein Einlagebetrag nachzuzahlen ist. In diesem Fall muss angesichts der Verkehrsfähigkeit der Aktie als Wertpapier sich der Erwerber darauf verlassen können, dass er eine, nach der Satzung ebenfalls zulässige, volleingezahlte Inhaberaktie erwirbt. Er kann die Aktie daher gutgläubig erwerben und zwar so, wie sie sich aus der Urkunde ergibt.

Fraglich ist, ob diese herrschende Ansicht zur satzungswidrigen Ausgabe von Inhaber- oder Namensaktien auch auf eine satzungswidrige Ausgabe von Nennbetrags- oder Stückaktien übertragen werden kann.

Ausgangspunkt der Überlegungen ist zunächst, dass der Gesetzgeber die genaue Ausgestaltung der Mitgliedschaft, namentlich ob diese durch eine Stückaktie oder eine Nennbetragsaktie ausgedrückt werden soll, der Satzung und damit den Aktionären bzw. Gründern überlässt, vgl. § 23 Abs. 2 Nr. 2, Abs. 3 Nr. 4 AktG. Daraus folgt, dass grundsätzlich eine Urkunde, die diesen Satzungsbestimmungen nicht entspricht, keine ordnungsgemäße Verbriefung des Aktienrechts darstellt, die Urkunde also grundsätzlich ungültig ist. Andererseits sind aber nach allgemeinen wertpapierrechtlichen Grundsätzen hiervon dann Ausnahmen zuzulassen, wenn die Aktie einen bestimmten Rechtsschein setzt und der Rechtsverkehr auf diesen vertraut und vertrauen darf. Dem Wesen der Aktie als zum Umlauf bestimmtem Wertpapier entspricht es, dass ein gutgläubiger Erwerb möglich sein muss[9]. Es fragt sich daher, ob in dem Fall der satzungswidrigen Ausgabe von Nennbetrags- bzw. Stückaktien überwiegende Verkehrsschutzgesichtspunkte bestehen, die dazu führen, dass die Aktienurkunde als gültig zu behandeln ist.

Hierbei ist zu beachten, dass es nur um die Frage geht, ob die Urkunde, so wie sie tatsächlich ausgestaltet ist, wirksam ist: ob also eine entgegen der Satzung als Nennbetragsaktie ausgegebene Urkunde wirksam ist bzw. ein Dritter die Nennbetragsaktie gutgläubig erwerben kann, obwohl laut Satzung nur Stückaktien vorgesehen sind (und umgekehrt). Davon zu unterscheiden ist die anschließend zu behandelnde Frage, ob die Urkunde, die fälschlicherweise eine Nennbetragsaktie ausweist, nicht dennoch als Verbriefung einer Stückaktie behandelt werden kann (und umgekehrt).

---

[9]Zöllner, WertpapierR, § 29 III, S. 183; Canaris, WertpapierR, § 25 III 1, S. 218, § 8 IV 2 b, S. 89.

Es geht also zunächst um die Frage, ob aus überwiegenden Verkehrsschutzgesichtspunkten ein gutgläubiger Erwerb der Aktie, so wie sie sich aus der Urkunde ergibt, zuzulassen ist. Bei der Abwägung, ob ein schutzwürdiges Vertrauen Dritter auf die Gültigkeit der Aktienurkunde besteht, ist zu bedenken, dass die Aktie als typusbezogenes Wertpapier von vornherein nicht dazu bestimmt ist, das verbriefte Recht seinem vollen Inhalt nach zu verlautbaren[10]. Dieser hängt vielmehr weitgehend von der Satzung ab, insoweit setzt das Papier daher überhaupt keinen Rechtsschein[11]. Ein gutgläubiger Erwerb der Aktie durch einen Dritten kommt daher gar nicht zum Tragen, wenn der Erwerber - wie hier - gem. § 23 Abs. 3 Nr. 4 AktG aus der Satzung entnehmen kann, dass die Ausgabe von Nennbetrags- bzw. Stückaktien überhaupt nicht vorgesehen ist. Durch die eindeutige Satzungsbestimmung wird ein guter Glaube von vornherein ausgeschlossen[12]. Damit kann die Gültigkeit der Urkunden zumindest nicht mit Verkehrsschutzgesichtspunkten begründet werden, denn einen schutzwürdigen „Verkehr" gibt es in diesem Falle nicht. Aber auch aus Sicht des Erstaktionärs besteht kein Interesse an der Gültigkeit der Aktienurkunde. Der Aktionär erwirbt seine Mitgliedschaft unabhängig von der Gültigkeit der Aktienurkunde mit der Eintragung der Aktiengesellschaft ins Handelsregister (arg. § 214 Abs. 4 S. 1 AktG), und zwar so wie durch die Satzung ausgestaltet. Die Verbriefung der Mitgliedschaft in einer Aktienurkunde hat lediglich deklaratorischen Charakter[13], ist aber nicht Voraussetzung für die Rechtsstellung als Aktionär mit sämtlichen Rechten und Pflichten. Die Aktie als Wertpapier dient nur der Legitimation des Aktionärs als Gesellschafter bzw. der Verkehrsfähigkeit. Es ist auch kein Interesse des Aktionärs an einer offensichtlich falschen, aber dennoch gültigen Urkunde ersichtlich. Seinem Interesse an Legitimation durch eine Urkunde ist vielmehr durch einen Anspruch auf eine ordnungsgemäße Verbriefung seiner Mitgliedschaft[14] Genüge getan. Bis dahin kann er sich auch auf andere Weise legitimieren, etwa durch die Satzung (bei der Errichtung der Gesell-

---

[10]Canaris, WertpapierR § 25 III 2 a), S. 218.
[11]Canaris, WertpapierR § 25 III 2 a), S. 218.
[12]so auch zur Inhaber- bzw. Namensaktie Brändel in: GroßKomm., AktG, § 10 Rn. 13.
[13]so die st. Rspr. zB. RGZ 31, 22; 41,13; 52, 423; BHG WM 1991, 1880 sowie ganz hL zB Kraft in: Kölner Komm., AktG, § 10 Rn. 7; Brändel in: GroßKomm., AktG, § 10 Rn. 10; Eckardt in: Geßler/ Hefermehl, AktG, § 10 Rn. 4; Krieger in: MünchHdb. AG, § 60 Rn. 29; Zöllner, WertpapierR, § 29 III, S. 184; Canaris, WertpapierR, § 25 II 1, S. 217.
[14]Brändel in: GroßKomm, AktG, § 10 Rn. 10; Kraft in: Kölner Komm., AktG, § 10 Rn. 8; Eckardt in: Geßler/ Hefermehl, AktG, § 10 Rn. 5; Godin/ Wilhelmi, AktG, § 10 Rn. 2; Baumbach/ Hueck, AktG, § 10 Rn. 1.

schaft gehen die Gründer und die von ihnen übernommenen Aktien aus dem die Satzung feststellenden Protokoll hervor) oder gegenüber der Gesellschaft durch Eintragung im Aktienbuch (§ 67 Abs. 2 AktG). Werden nur teilweise - versehentlich - Aktien der anderen als der in der Satzung bestimmten Kategorie ausgegeben, so liegt zudem auch ein Verstoß gegen § 8 Abs. 1 AktG vor. Danach kann eine Gesellschaft zwingend nur entweder Nennbetrags- oder Stückaktien haben. Dies spricht ebenfalls gegen die Gültigkeit der satzungswidrig ausgegebenen Aktien mit dem aufgedruckten Inhalt, d.h. die Fähigkeit, das Mitgliedschaftsrecht an der Gesellschaft mit dem aufgedruckten Inhalt wirksam zu verbriefen. Denn dadurch würde gleichsam der Verstoß gegen eine zwingende Norm des Aktienrechts noch manifestiert. Eine entgegen der Satzung ausgegebene Nennbetragsaktienurkunde verbrieft damit keine Nennbetragsaktie, eine entgegen der Satzung ausgegebene Stückaktienurkunde verbrieft keine Stückaktie und es ist auch kein gutgläubiger Erwerb der Aktie mit dem unrichtig aufgedruckten Inhalt möglich.

Es stellt sich nun die Frage, ob die entgegen der Satzung als Nennbetragsaktie ausgegebene Urkunde als eine gültige Urkunde behandelt werden kann, die gemäß der Satzung eine Stückurkunde und damit die Mitgliedschaft verbrieft (und umgekehrt). In der Regierungsbegründung wurde ein solches Vorgehen zumindest für den Fall der Umstellung von Nennbetrags- auf Stückaktien vorgeschlagen[15]. Begründet wurde dies damit, dass die Kosten des Umtauschs der Urkunden ansonsten sehr hoch seien und dass inhaltlich kein großer Unterschied zwischen Nennbetrags- und Stückaktien bestehe. Dem ist jedoch zu widersprechen. Aus Gründen der Rechtssicherheit sollten keine unrichtigen Urkunden bewusst im Rechtsverkehr belassen werden[16]. Auch besteht inhaltlich sehr wohl ein Unterschied zwischen Nennbetrags- und Stückaktien, wie der weitere Verlauf der Arbeit zeigen wird. Insbesondere für die Aktionäre ist es durchaus von Bedeutung, ob sie Nennbetrags- oder Stückaktien erwerben. Zudem bestimmt der Gesetzgeber aus Gründen der Rechtssicherheit selbst, dass sowohl in der Satzung (§ 23 Abs. 3 Nr. 4 AktG) als auch auf den Aktien (§ 8 Abs. 2, Abs. 3 AktG) angegeben werden soll, ob die Gesellschaft Nennbetragsaktien oder Stückaktien ausgibt. Die falschen Urkunden als solche zu behandeln, die das richtige Recht wirksam verbriefen, hieße daher, den

---

[15]vgl. Regierungsbegründung StückAG, BT-Drs. 13/ 9573 vom 7.1.1998, S. 31.
[16]vgl. oben Kap. 3 III 3.

ausdrücklichen Willen des Gesetzgebers zu missachten. Die unrichtigen Aktien sind daher einzuziehen und für kraftlos zu erklären[17].

2. Fehlen einer Satzungsbestimmung über Nennbetrags- oder Stückaktien

Fehlt eine ausdrückliche Satzungsbestimmung darüber, ob die Gesellschaft Nennbetragsaktien oder Stückaktien ausgibt, so hat dies im Falle des Vorhandenseins der weiteren Angaben nach § 23 Abs. 3 Nr. 4 (bei Nennbetragsaktien deren Nennbeträge und die Zahl der Aktien je Nennbetrag, bei Stückaktien deren Zahl) keinerlei Auswirkungen. Denn dann lässt sich den vorhandenen Angaben im Wege der Auslegung entnehmen, ob das Grundkapital in Nennbetrags- oder Stückaktien zerlegt ist.

Fehlen jedoch auch diese weiteren Angaben, so dass sich der Satzung nicht mehr entnehmen lässt, ob die Gesellschaft ihr Grundkapital in Nennbetrags- oder Stückaktien einteilt, so stellt dies ein Eintragungshindernis im Sinne des § 38 Abs. 1, Abs. 3 Nr. 1 AktG dar. Kommt es zur Eintragung der Gesellschaft, so führt dies dennoch nicht zu deren Nichtigkeit[18], da einer der abschließend in § 275 AktG aufgeführten Nichtigkeitsgründe nicht vorliegt. Das Registergericht kann jedoch ein Verfahren nach § 144 a FGG einleiten und durch Verfügung den Satzungsmangel feststellen. Mit Rechtskraft der Verfügung wird die Gesellschaft nach § 262 Abs. 1 Nr. 5 AktG aufgelöst. Die Gesellschaft kann den Mangel aber noch nachträglich beseitigen, sogar gem. § 274 Abs. 2 Nr. 2 AktG noch nach der Auflösung.

II. Fehlerhafte Übernahme

Das Fehlen des Nennwertes könnte weiterhin im Zusammenhang mit Mängeln bei der Übernahme des Grundkapitals zu Problemen führen. Es sind Fälle denkbar, in denen ein Gründer bei der Übernahme von einem höheren oder geringeren „anteiligen Betrag des Grundkapitals“ ausgeht, als tatsächlich entsprechend § 8 Abs.4 AktG zu errechnen ist. Denn der „anteilige Betrag des Grundkapitals“ ist nicht in der Übernahmeerklärung anzugeben und kann sich aufgrund der „automatischen Angleichung“ der Stückaktien[19] als größer oder kleiner herausstellen als angenommen.

---

[17]vgl. oben Kap. 3 III 3.
[18]vgl. Penz in: MüKo, AktG, § 23 Rn. 125.
[19]vgl. Kap. 2 II 3.

1. Ausgabebetrag niedriger als „geringster Ausgabebetrag"

Es ist zunächst der Fall zu untersuchen, dass der Gründer sich bei Abgabe der Beitritts- und Übernahmeerklärung über den gemäß § 9 Abs. 1 AktG tatsächlich zu leistenden Mindestbetrag seiner Einlage irrt. Zwar sind gemäß § 23 Abs. 2 Nr. 2 AktG in der Übernahmeerklärung bei Stückaktien sowohl die Zahl dieser Aktien als auch der Ausgabebetrag anzugeben. Im Gegensatz zur Nennbetragsaktie, bei der der Nennbetrag als „geringster Ausgabebetrag" in der Übernahmeerklärung enthalten ist, muss der „geringste Ausgabebetrag" im Sinne von § 9 Abs. 1 AktG, also der „anteilige Betrag des Grundkapitals" bzw. „unechte Nennwert" der Stückaktie nicht angegeben werden. Es ist nun denkbar, dass der in der Übernahmeerklärung angegebene Ausgabebetrag, sei es durch einen Rechenfehler, sei es aufgrund einer Täuschungshandlung eines Mitgründers, unter dem „geringsten Ausgabebetrag" gemäß § 9 Abs. 1 AktG liegt, ohne dass es der Gründer weiß. § 9 Abs. 1 AktG verbietet die Ausgabe von Stückaktien für einen geringeren Betrag als den auf die einzelne Stückaktie entfallenden „anteiligen Betrag des Grundkapitals", welcher im Wege der Division des Grundkapitalnennbetrags durch die Anzahl an Stückaktien zu ermitteln ist (§ 8 Abs. 4 AktG). Unterschreitet nun der in der Übernahmeerklärung festgesetzte Ausgabebetrag den geringsten Ausgabebetrag, so ist die Übernahmeerklärung vor Eintragung der Gesellschaft wegen Verstoßes gegen § 9 Abs. 1 AktG nichtig[20]. Die Einlagepflicht kann allerdings nach den Grundsätzen der fehlerhaften Gesellschaft trotzdem entstanden sein[21]. Nach Eintragung ist die Aktiengesellschaft wirksam entstanden[22]. Die Gründer können sich nun nicht mehr darauf berufen, sie seien nur zur Leistung des festgesetzten Ausgabebetrags verpflichtet. Zur Sicherung der Kapitalaufbringung haben sie vielmehr Einlagen in Höhe des tatsächlichen „geringsten Ausgabebetrages" der übernommenen Aktien zu leisten[23]. Ein

[20]Heider in: MüKo, AktG, § 9 Rn. 25; Kraft in: Kölner Komm., AktG, § 9 Rn. 16; Hüffer, AktG, § 9 Rn. 5; Godin/ Wilhelmi, AktG, § 9 Anm. 3.

[21]Heider in: MüKo, AktG, § 9 Rn. 25; Kraft in: Kölner Komm., AktG, § 9 Rn. 16; Brändel in: GroßKomm., AktG, § 9 Rn. 27; Hüffer, AktG, § 9 Rn. 5.

[22]Heider in: MüKo, AktG, § 9 Rn. 26; Kraft in: Kölner Komm., AktG, § 9 Rn. 18; Brändel in: GroßKomm., AktG, § 9 Rn. 21; Hüffer, AktG, § 9 Rn. 6.

[23]Allg.M. Vgl. nur Heider in: MüKo AktG § 9 Rn. 27; Kraft in: Kölner Komm., AktG, § 9 Rn. 19; Brändel in: GroßKomm., AktG, § 9 Rn. 21; Hüffer, AktG, § 9 Rn. 6; Baumbach/ Hueck, AktG, § 9 Rn. 2; Godin/ Wilhelmi, AktG, § 9 Anm. 3; Lutter, Kapital, S. 161; aA: Brodmann, AktienR, § 184 HGB Anm. 2 b.

Irrtum über den zu leistenden Ausgabebetrag ist angesichts der zwingenden aktienrechtlichen Normen zur Kapitalaufbringung unbeachtlich.

Daher muss der Gründer im Falle von Stückaktien besonders aufmerksam sein. Im Gegensatz zu Nennbetragsaktien, bei denen der gemäß § 9 Abs. 1 AktG mindestens zu zahlende Ausgabebetrag der Aktienurkunde und der Übernahmeerklärung gem. § 23 Abs. 2 Nr. 2 AktG (Angabe des Nennbetrags) zu entnehmen ist, lässt sich bei Stückaktien der „anteilige Betrag des Grundkapitals" gemäß §§ 9 Abs. 1, 8 Abs. 4 AktG lediglich aus der Grundkapitalziffer und der Zahl der ausgegebenen Aktien errechnen. Der Übernehmer muss diesen also selbst ausrechnen, will er kontrollieren, ob der angegebene Ausgabebetrag diesen Betrag nicht unterschreitet.

2. Keine vollständige Übernahme

Ein von der Situation bei Nennbetragsaktien abweichendes Problem könnte sich nun für Gesellschaften mit Stückaktien in den Fällen ergeben, in denen es zu keiner vollständigen Übernahme der in der Übernahmeerklärung gem. § 23 Abs. 2 Nr. 2 AktG und in der Satzung gem. § 23 Abs. 4 Nr. 4 AktG vorgesehenen Aktien kommt, sei es aufgrund einer versehentlich nicht wirksamen Übernahme oder eines Rechenfehlers , z.B. weil die vollständige Übernahme absichtlich einem Gründer nur vorgetäuscht wird. Es kann dabei entweder ein Teil der Aktien gar nicht übernommen worden oder die Übernahme aufgrund eines Zurechenbarkeitsmangels nichtig sein. Das bedeutet für die Gründer, dass tatsächlich weniger Aktien übernommen wurden, als vereinbart und aus Übernahmeerklärung und Satzung ersichtlich waren. Da in diesen Fällen bei gleicher Grundkapitalziffer nun weniger Aktien wirksam übernommen sind, könnte der „anteilige Betrag des Grundkapitals" der einzelnen Stückaktie infolge der automatischen Angleichung entsprechend höher sein.

a) Vor Eintragung

Im Falle einer Gesellschaft mit Nennbetragsaktien führt die Nichtigkeit der Beitrittserklärung eines Gründers bzw. die Nichtübernahme von Aktien zum Fehlen einer vollständigen Übernahme des Grundkapitals durch die Gründer[24]. Infolgedessen kann die Gesellschaft nicht eingetragen werden (§ 38 Abs. 1 S. 2 AktG). Eine Verpflichtung der übrigen Gründer, den

[24]vgl. Röhricht in: GroßKomm., AktG, § 23 Rn. 215.

Ausfall zu übernehmen, wird ebenso wenig angenommen wie die Verpflichtung, durch Änderung des Gesellschaftsvertrags an der Gründung einer Gesellschaft mit einem fühlbar geringeren Grundkapital und damit einer schmaleren Eigenkapitalbasis teilzunehmen[25]. Im Ergebnis zieht damit die Nichtigkeit der einen Gründererklärung im Zweifel die Nichtigkeit des gesamten Gesellschaftsvertrags und damit das Scheitern der Gesellschaftsgründung nach sich[26].

Im Falle von Stückaktien führt die nicht vollständige Übernahme der Aktien dagegen nicht dazu, dass das Grundkapital der Gesellschaft nicht voll übernommen wird. Durch die Veränderlichkeit des „unechten Nennwerts" der Stückaktie, der sich stets aus dem Verhältnis von Grundkapitalziffer und Aktienzahl ergibt[27], ist dieser „unechte Nennwert" der Stückaktie bei Übernahme von weniger Aktien entsprechend größer; das Grundkapital ist daher stets voll aufgebracht. Denn „Aktienzahl" im Sinne des § 8 Abs. 4 AktG meint in diesem Zusammenhang die Zahl der tatsächlich existierenden, also wirksam ausgegebenen und übernommenen Aktien, nicht eine davon möglicherweise abweichende Angabe in der Satzung[28]. Jedoch liegt jetzt gegebenenfalls ein Irrtum der Gründer über den „anteiligen Betrag des Grundkapitals" der übernommenen Stückaktien vor.

Vor der Eintragung der Gesellschaft und vor Invollzugsetzung derselben sind die allgemeinen Regeln des bürgerlichen Rechts über die Nichtigkeit und Vernichtbarkeit von Willenserklärungen uneingeschränkt anwendbar[29]. Der Gründer geht bei Übernahme der Aktien angesichts der vorgesehenen Gesamtaktienzahl der Gesellschaft von einem bestimmten „anteiligen Betrag des Grundkapitals" der einzelnen Aktie aus. Werden nun tatsächlich weniger Aktien wirksam übernommen, so erhöht sich dieser „anteilige Grundkapitalbetrag" infolge der automatischen Angleichung der Stückaktien. Der Gründer hat sich damit bei der Übernahme über den „anteiligen Betrag des Grundkapitals" der einzelnen Aktie geirrt. Dieser Irr-

---

[25]Röhricht in: GroßKomm., AktG, § 23 Rn. 215.

[26]h.M., für die GmbH etwa: Ulmer in: Hachenburg, GmbHG, § 2 Rn. 102; Emmerich in: Scholz, GmbHG, § 2 Rn. 63; Baumbach/ Hueck, GmbHG, § 2 Rn. 34; für die AG: Röhricht in: GroßKomm., AktG, § 23 Rn. 215.

[27]vgl. oben, Kap. 2 II 3.

[28] vgl. dazu genauer Kap. 2 II 3.

[29]Allg. M.; Kraft in: Kölner Komm., AktG, § 23 Rn. 108; Röhricht in: GroßKomm., AktG, § 23 Rn. 207; Eckardt in: Geßler/ Hefermehl, AktG, § 23 Rn.14; Baumbach/ Hueck, AktG, Üb Vor § 23 Rn. 2, 3; Hüffer, AktG, § 23 Rn.41.

tum stellt einen Inhaltsirrtum in Form des Eigenschaftsirrtums gemäß § 119 Abs. 1 und 2 BGB dar. Der „anteilige Betrag des Grundkapitals“ der einzelnen Stückaktie ist nicht nur Maßstab für den Mindestausgabebetrag sondern auch für die Beteiligungsquote, dies etwa im Rahmen der Gewinnverteilung[30]. Der „anteilige Grundkapitalbetrag“ gemäß § 8 Abs. 4 AktG stellt daher ein wertbildendes Merkmal der Aktie und deshalb eine verkehrswesentliche Eigenschaft im Sinne des § 119 Abs. 2 BGB dar. Der Gründer kann somit seine Übernahmeerklärung grundsätzlich anfechten und zwar gem. § 119 Abs. 1 und 2 BGB (Inhaltsirrtum), wenn es versehentlich zu einer nicht vollständigen Übernahme aller Aktien gekommen ist oder gem. § 123 BGB (arglistige Täuschung), wenn diese vorsätzlich zu Täuschungszwecken nicht erfolgt ist. Die Übernahmeerklärung ist bei Erklärung der Anfechtung gem. § 142 BGB nichtig. Die Gesellschaft ist aufgrund dieses Mangels nicht ordnungsgemäß errichtet[31], das Registergericht hat deshalb die Eintragung abzulehnen, § 38 Abs. 1 S. 2 AktG. Bei Gesellschaften mit Nennbetragsaktien ist im Zweifel Gesamtnichtigkeit des Gesellschaftsvertrages anzunehmen, da es bei Nichtigkeit der Beitrittserklärung eines Gründers an der vollständigen Übernahme des Grundkapitals durch die Gründer fehlt[32]. Anders verhält es sich jedoch im Falle einer Gesellschaft mit Stückaktien; durch die automatische Angleichung der „anteiligen Beträge des Grundkapitals“ kann es zu einer derartigen Konsequenz nicht kommen[33]. Daher kann die Gesellschaftsgründung von den übrigen Gründern weiterbetrieben werden. Nur wenn alle Gründer aus diesem Grund anfechten, ist der gesamte Gesellschaftsvertrag nichtig.

Im übrigen können die Gründer auch durch eine Neuvornahme der Satzungsfeststellung in der Form des § 23 Abs. 1 AktG das Grundkapital entsprechend geringer festsetzen.

Ist die Gesellschaft mit Stückaktien bereits in Vollzug gesetzt, so ist die Berufung auf Mängel des Gesellschaftsvertrages nur noch nach den Regeln über die sog. fehlerhafte Gesellschaft zuzulassen[34]. Die Anfechtung

---

[30] vgl. Kap. 2 I.

[31] Röhricht in: GroßKomm, AktG, § 23 Rn. 205.

[32] vgl. Röhricht in: GroßKomm. AktG § 23 Rn. 215; zum GmbH-Recht: Ulmer in: Hachenburg, GmbHG, § 2 Rn. 102; Emmerich in: Scholz, GmbHG, § 2 Rn. 63; Baumbach/ Hueck, GmbHG, § 2 Rn. 34.

[33] vgl. schon oben Kap. 2 II 3.

[34] vgl. dazu näher Brandel in: GroßKomm., AktG, § 2 Rn.79; Röhricht in: GroßKomm., AktG, § 23 Rn. 208; Kraft in: Kölner Komm., AktG, § 23 Rn. 109; Baumbach/ Hueck,

der von den Gründern anlässlich der Errichtung der Gesellschaft abgegebenen Willenserklärungen führt deshalb jetzt nicht mehr zu deren rückwirkender Vernichtung, sondern lediglich zur Auflösung und Abwicklung der Vor-AG für die Zukunft[35]. Ein Austritt eines Gesellschafters vor Eintragung der Gesellschaft ist nach Invollzugsetzung angesichts einer möglicherweise bereits entstandenen Haftung nur noch im Wege einer einstimmig und mit Zustimmung aller Gründer beschlossenen Satzungsänderung möglich[36]. Die irrtumsbedingte Übernahmeerklärung berechtigt den Gründer daher zur Auflösung der Vorgesellschaft durch Erklärung gegenüber den Mitgründern sowie zur Verhinderung der Eintragung, ggf. durch einstweilige Verfügung. Den Gründer trifft trotz des durch Irrtum oder Täuschung bedingten Beitritts die allgemein zur Vorgesellschaft entwickelte Unterbilanzhaftung[37] bzw. - wenn es nicht zur Eintragung kommt - die Verlustdeckungshaftung[38] gegenüber der Gesellschaft, und er kann sogar im Falle der Vermögenslosigkeit der Gesellschaft nach außen den Gläubigern unmittelbar verpflichtet sein[39]. Der Gründer haftet dabei pro rata, d.h. dem „anteiligen Betrag des Grundkapitals" seiner Aktien im Verhältnis zu den übrigen Gründern entsprechend[40]. Dieser Anteil ist im hier behandelten Fall von teilweise unwirksamen Übernahmen von Stückaktien, d.h. einer geringeren Zahl übernommener Aktien, entsprechend höher (vgl. näher dazu sogleich). Der Gründer geht also ein größeres Haftungsrisiko ein als bei Nennbetragsaktien und als er ursprünglich vorhatte. Allerdings trifft die Haftung ihn nur soweit er der vorzeitigen Geschäftsauf-

---

AktG, Üb Vor § 23 Rn. 2; Godin/ Wilhelmi, AktG, Vorb § 23 Anm.7; Hüffer, AktG, § 23 Rn. 41.

[35]Röhricht in: GroßKomm. AktG § 23 Rn. 208; Kraft in: Kölner Komm., AktG, § 23 Rn. 109; Baumbach/ Hueck, AktG, Überbl. vor § 23 Rn. 2; Hüffer, AktG, § 23 Rn. 41.

[36]Penz in: MüKo AktG § 41 Rn. 163; Hüffer, AktG, § 41 Rn. 30; Kraft in: Kölner Komm., AktG, § 41 Rn. 112; zur GmbH vgl. BHG NJW 1997, 1507.

[37]vgl. BGHZ 80, 129 (140 ff.); Penz in: MüKo, AktG, § 41 Rn. 23, 113 f.; Kraft in: Kölner Komm., AktG, § 41 Rn. 118 ff.; Hoffmann-Becking in: MünchHdb. AG, § 3 Rn. 31.

[38]vgl. BGH NJW 1996, 1210 (1211 ff.); BGHZ 134, 333 ff. (für GmbH); für AG: OLG Karlsruhe, AG 1999, 131 (132); Wiedemann, ZIP 1997, 2029 (2030 ff.); vgl. eingehend dazu auch Hüffer, AktG § 41 Rn. 8, 9a m.w.N.; aA: Penz in: MüKo, AktG, § 41 Rn. 55 ff.: unbeschränkte Außenhaftung.

[39]vgl. BGHZ 134, 333ff.; Penz in: MüKo, AktG, § 41 Rn. 55, Eisenhardt, Gesellschaftsrecht, Rn. 700, S. 395.

[40]vgl. BGHZ 134, 333 ff.

nahme vor Eintragung der Gesellschaft zugestimmt hat[41]; bemerkt er also den Irrtum rechtzeitig, so kann er durch Versagung der Zustimmung diese Haftung verhindern.

b) Nach Eintragung

Mit Eintragung der Aktiengesellschaft in das Handelsregister können Gründungsmängel aller Art nach allgemeiner Ansicht grundsätzlich nicht mehr geltend gemacht werden[42]. Im Gegensatz dazu wird jedoch der Mangel einer gar nicht erfolgten oder nicht in zurechenbarer Weise erfolgten Übernahme durch die Eintragung nicht geheilt[43]. In Ausnahme von dem Grundsatz, dass die Wirksamkeit der entstandenen Aktiengesellschaft und ihrer Satzung gem. § 275 AktG i.V.m. § 144 FGG durch einen Mangel der Satzung oder Übernahme nicht mehr berührt wird, ist eine Übernahmeerklärung auch nach Eintragung weiterhin unwirksam, wenn der angebliche Gründer keine ihm nach allgemeinen Rechtsgrundsätzen zurechenbare Veranlassung gegeben hat, auf das Vorliegen einer gültigen Gründererklärung zu vertrauen[44]. Darunter fallen insbesondere das Fehlen der Geschäftsfähigkeit, Unterschriftsfälschung, Abgabe der Erklärung infolge Gewalt oder Drohung und vollmachtslose Vertretung[45]. Dies muss mangels zurechenbarer Veranlassung aber auch dann der Fall sein, wenn entweder ein Teil der Aktien gar nicht übernommen wurde oder etwa als Gründer eine Person angegeben wurde, die entweder gar nicht existiert oder von der Gesellschaft keine Kenntnis hat. Die Aktiengesellschaft ist dann trotz der nicht vollständigen Übernahme der Aktien existent geworden, dies gilt sowohl bei Ausgabe von Nennbetrags- als auch von Stückaktien.

---

[41]BGHZ 80, 129 (139 f.); Kraft in: Kölner Komm, AktG, § 41 Rn. 120; Hüffer, AktG, § 41 Rn. 8, 9 a.

[42]RGZ 82, 375 (377); BGHZ 21, 378 (382 f.); Kraft in: Kölner Komm., AktG, § 23 Rn. 110; Röhricht in: GroßKomm., AktG, § 23 Rn. 220; Hüffer, AktG, § 23 Rn. 42.

[43]Kraft in: Kölner Komm., AktG, § 23 Rn. 115 ff.; Penz in: MüKo, AktG, § 23 Rn. 177 f.; Röhricht in: GroßKomm., AktG, § 23 Rn. 228; Ulmer in: Hachenburg, GmbHG, § 2 Rn. 101.

[44]Röhricht in: GroßKomm., AktG, § 23 Rn. 228; Kraft in: Kölner Komm., AktG, § 23 Rn. 115 ff.; Penz in: MüKo, AktG, § 23 Rn. 177 f.; Ulmer in: Hachenburg, GmbHG, § 2 Rn. 101.

[45]vgl. Röhricht in: GroßKomm., AktG, § 23 Rn. 229 ff.; Kraft in: Kölner Komm., AktG, § 23 Rn. 116, 118; Penz in: MüKo, AktG, § 23 Rn. 177 f.; Ulmer in: Hachenburg, GmbHG, § 2 Rn. 101.

In einem solchen Fall ergeben sich bei Stückaktien hinsichtlich der Rechtsfolgen Unterschiede zu Nennbetragsaktien:
Die Rechtsfolgen solcher nicht zurechenbarer Gründungserklärungen sind im Falle von Nennbetragsaktien in Bezug auf die Gesellschaft kompliziert. Die Gesellschaft unterliegt mit Eintragung einem Bestandsschutz. Deshalb sind auch die Beitrittserklärungen der übrigen Gründer wirksam[46]. Die fortwirkende Unwirksamkeit der Erklärungen des Mitgründers und damit auch seiner Übernahmeerklärung hat jedoch zur Folge, dass das in der Satzung verlautbarte Grundkapital der Gesellschaft, das dadurch keine Änderung erfährt, nicht vollständig übernommen ist[47]. Diese Lücke in der Aufbringung des Grundkapitals muss nun entweder durch die Haftung der Gründer nach § 46 AktG oder die Verantwortlichkeit einer nach §§ 93 oder 116 AktG haftenden Person geschlossen werden. Fällt diese Haftung aus oder ist sie wertlos, so können die übrigen Gründer die auf den Ausgefallenen entfallenden Aktien übernehmen oder einen neuen Gründer suchen, was allerdings die Neuvornahme des Gründungsvorgangs nach den dafür geltenden Vorschriften des § 23 Abs.1 und 2 Nr.1 und 2 AktG bedingt[48]. Eine Veräußerung der Aktien durch die Gesellschaft ist nicht möglich. Da sie vollständig übernommen werden müssen, sind die auf den ausgefallenen Gründer entfallenden Aktien nicht entstanden; infolgedessen können sie auch nicht der Gesellschaft zustehen[49]. Gelingt es weder auf dem einen noch auf dem anderen Weg, das Grundkapital zu decken, so muss es herabgesetzt werden[50]. Ist auch dies nicht ohne einen Verstoß gegen § 7 bzw. § 228 AktG möglich, so bleibt nur die Auflösung der Gesellschaft, sei es auf Beschlusswege, sei es von Amts wegen[51].

---

[46]Godin/ Wilhelmi, AktG, Vorb § 23 Anm.9; Röhricht in: GroßKomm., AktG, § 23 Rn. 234; Penz in: MüKo, AktG, § 23 Rn. 179.

[47]Röhricht in: GroßKomm., AktG, § 23 Rn. 234; Penz in: MüKo, AktG, § 23 Rn. 180.

[48]Röhricht in: GroßKomm., AktG, § 23 Rn. 234; Kraft in: Kölner Komm., AktG, § 23 Rn. 119; Penz in: MüKo, AktG, § 23 Rn. 180.

[49]vgl. Brändel in: GroßKomm., AktG, § 2 Rn. 91; Röhricht in: GroßKomm., AktG, § 23 Rn. 234; Kraft in: Kölner Komm., AktG, § 23 Rn. 119; Godin/ Wilhelmi, AktG, Vor § 23 Anm. 9; aA: Lutter Kapitalaufbringung, S. 85; Penz in: MüKo, AktG, § 23 Rn. 180 für den Fall der fehlenden Geschäftsfähigkeit.

[50]Röhricht in: GroßKomm., AktG, § 23 Rn. 234; Godin/ Wilhelmi, AktG, vor § 23 Anm.9; Kraft in: Kölner Komm., AktG, § 23 Rn 119; Meyer-Landrut/ Miller/ Niehus, GmbHG, § 2 Anm. 4.

[51]Brändel in: GroßKomm., AktG, § 2 Rn. 93; Röhricht in: GroßKomm., AktG, § 23 Rn. 235; Kraft in: Kölner Komm., AktG, § 23 Rn. 119; Godin/ Wilhelmi, AktG, Vor § 23 Anm. 9.

Ganz anders stellt sich nun die Situation im Falle einer Gesellschaft mit Stückaktien dar. Der auf eine Stückaktie entfallende „anteilige Betrag des Grundkapitals“ (§ 8 Abs. 4 AktG) ergibt sich durch eine Division der Grundkapitalziffer durch die Zahl der Stückaktien. „Zahl der Aktien“ bedeutet dabei die Zahl der tatsächlich existierenden Aktien[52]. Gleichzeitig sind damit alle Stückaktien stets gleich groß (§ 8 Abs. 3 AktG). Ist nun die Übernahme einzelner Stückaktien infolge eines Zurechenbarkeitsmangels unwirksam, so ist damit lediglich die Zahl der Stückaktien (und der Gründer) geringer. Es entsteht aber im Gegensatz zur Nennbetragsaktie kein offener Teil des Grundkapitals, der nicht übernommen ist. Denn in dem Maße, in dem die Zahl der übernommenen Aktien sinkt, erhöht sich gleichzeitig automatisch der auf die restlichen Aktien entfallende „anteilige Betrag des Grundkapitals“[53]. Bei Stückaktien genügt also prinzipiell auch nur die wirksame Übernahme einer einzigen Aktie; diese hat dann einen rechnerischen Wert in Höhe des vollen Grundkapitals. Zwar ist dann die Satzung, in der die ursprünglich vorgesehene Zahl der Aktien angegeben ist, unrichtig; dies ändert jedoch nichts daran, dass das Grundkapital voll übernommen ist. Das Stückaktiengesetz sieht nämlich gerade keine Quotenaktien vor, die nur einen ganz bestimmten Anteil des Grundkapitals repräsentieren. Somit vermeidet die Stückaktie die im Falle von Nennwertaktien entstehenden Probleme. Sie hat dafür einen anderen Nachteil. Durch die Erhöhung des „anteiligen Betrags des Grundkapitals“ der übrigen Aktien erhöht sich automatisch auch der Betrag der durch diese Gründer zu zahlenden Mindesteinlage gem. § 9 Abs. 1. Denn mit der Übernahme der Aktie verpflichtet sich der Gründer, den „anteiligen Betrag des Grundkapitals“ zu zahlen und die Gesellschaft dadurch mit dem in der Satzung festgelegten Grundkapital auszustatten (§§ 1 Abs. 2, 6, 7, 23 Abs. 3 Ziff. 3 AktG). Somit kann die Übernahme einer Aktie für den Gründer, solange er nicht weiß, wie viele weitere Aktien wirksam übernommen wurden, unübersehbare Zahlungspflichten nach sich ziehen.

Mit Eintragung der Gesellschaft in das Handelsregister können die übrigen Gründer aber auch einen Irrtum oder eine Täuschung über ihren „anteiligen Grundkapitalbetrag“ bei Abgabe der Übernahmeerklärung aus Gründen des Verkehrsschutzes nach allgemeiner Ansicht nicht mehr geltend

---

[52] vgl. Kap.2 II 3.

[53] vgl. oben Kap. 2 II 3.

machen[54]. Diese grundsätzliche Heilungswirkung der Eintragung folgt zum einen aus dem Doppelcharakter der Gründererklärung, die nicht nur gegenüber den Mitgründern abgegeben wird, sondern auch an die Allgemeinheit gerichtet ist[55]. Des weiteren ergibt sich dies aus der Bestimmung des § 275 AktG, der eine Klage auf Auflösung der Gesellschaft nur in wenigen Fällen zulässt sowie dem Vertrauen des Rechtsverkehrs auf den Bestand der Gesellschaft und die Unversehrtheit des Grundkapitals[56]. Dies müsste grundsätzlich auch für den Fall des Irrtums oder der Täuschung über die nicht vollständige Übernahme von Stückaktien gelten.

Die Übernehmer können nun selbst zusätzliche Gründer anstelle der ausgefallenen Gründer suchen. Gelingt das nicht, bleibt es jedoch bei der anteiligen Kapitaldeckungsverpflichtung. Eine Kapitalherabsetzung oder Auflösung der Gesellschaft ist im Gegensatz zu Gesellschaften mit Nennbetragsaktien aus rechtlichen Gründen zunächst nicht notwendig[57]. Das Grundkapital ist voll übernommen, die Gesellschaft kann damit existieren, ohne den Rechtsverkehr oder die Gläubiger zu gefährden. In der Sache kommt man damit zu einer Art Ausfallhaftung der Gründer, wie sie § 24 GmbHG bei Zahlungsunfähigkeit eines Mitglieds, § 46 Abs. 4 AktG dagegen nur im Falle der Kenntnis der übrigen Gründer von der Zahlungsunfähigkeit des ausfallenden Gründers vorsieht.

3. Ausgabe von mehr bzw. weniger Aktien als in Satzung angegeben

Ein paralleles Problem entsteht, wenn die Zahl der Aktien der Gesellschaft höher oder niedriger ist, als von einem oder allen Gründern angenommen (wobei im Gegensatz zu 2. eine Übernahmeerklärung nicht unwirksam sein muss). Das kann auf einem Rechenfehler in der Übernahmeerklärung und in der Satzung basieren, die etwa an Stelle von 10.000 Aktien 100.000 Aktien angibt (oder umgekehrt). Möglich ist aber auch eine bewusste Manipulation, bei der einem Gründer eine falsche Anzahl von Aktien und damit ein falscher „anteiliger Betrag des Grundkapitals" der einzelnen Aktie vorgetäuscht wird. Praktisch ist dies zumindest in der Weise denkbar, dass die in der Übernahmeerklärung und Satzung angegebene Gesamtstückzahl

---

[54]RGZ 82, 375 (377); BHGZ 21, 378 (382 f.); Kraft in: Kölner Komm., AktG, § 23 RN. 115 ff.; Penz in: MüKo, AktG, § 23 Rn. 174; Röhricht in: GroßKomm., AktG, § 23 Rn. 220; Hüffer, AktG, § 23 Rn. 42.
[55]Brändel in: GroßKomm, AktG, § 2 Rn. 84.
[56]Penz in: MüKo, AktG, § 23 Rn. 174.
[57]vgl. dazu unten II 5 a).

nicht der Summe der von den einzelnen Gründern übernommenen Aktienanzahl entspricht. Insbesondere im Falle einer Vielzahl von Gründern und Aktien wird nicht jeder Gründer die Zahl der einzelnen übernommenen Aktien nachrechnen und mit der Gesamtzahl vergleichen. Zwar ist die Zahl der Aktien gemäß § 23 Abs. 2 S. 2 AktG stets in der Übernahmeerklärung anzugeben, dies ändert jedoch nichts daran, dass diese Angabe falsch sein kann. Die tatsächliche Zahl der übernommenen Aktien richtet sich nicht nach der Angabe gem. § 23 Abs. 2 S. 2 AktG, sondern nach den wirksamen Übernahmeerklärungen[58].

a) Vor Eintragung

Vor Eintragung und Invollzugsetzung der Gesellschaft kann auch in diesem Falle der Gründer einer Aktiengesellschaft mit Stückaktien seine Übernahmeerklärung entweder wegen Irrtums (§ 119 Abs.1und 2 BGB: Inhaltsirrtum in der Form des Eigenschaftsirrtums) oder wegen arglistiger Täuschung (§ 123 BGB) anfechten. Der Irrtum basiert auch hier darauf, dass der Gründer bei Abgabe der Übernahmeerklärung von einer größeren bzw. kleineren Aktienzahl und damit gem. § 8 Abs. 4 AktG von einem geringeren bzw. größeren „anteiligen Betrag des Grundkapitals" der einzelnen von ihm übernommenen Aktie ausging. Die Täuschung erfolgte über die Höhe des „anteiligen Betrags des Grundkapitals" der einzelnen Aktie als deren wesentliche Eigenschaft. Zu den weiteren Folgen vgl. oben II 2 b). Im übrigen hat das Registergericht gem. § 38 Abs. 1 S. 2 AktG die Eintragung der Gesellschaft bereits aufgrund der nicht vollständigen wirksamen Übernahme der Aktien abzulehnen.

Auch können die Gründer im Wege einer Neuvornahme der Satzungsfeststellung in der Form des § 23 Abs. 1 AktG das Grundkapital der Gesellschaft in den Grenzen des § 7 AktG entsprechend höher oder niedriger festsetzen.

Ist die Gesellschaft bereits in Vollzug gesetzt worden, können Willensmängel auch hier nicht mehr geltend gemacht werden. Es bleibt nur noch der Weg über die Auflösung der Gesellschaft sowie der Verhinderung der Eintragung, gegebenenfalls mittels einer einstweiligen Verfügung[59].

---

[58]Heider in: MüKo, AktG, § 2 Rn. 44, 45.

[59]vgl. im einzelnen unter Kap. 4 II 2.

b) Nach Eintragung

Nach Eintragung der Aktiengesellschaft in das Handelsregister ist eine Anfechtung der Beitrittserklärung gleich aus welchen Gründen angesichts des Vertrauens des Verkehrs auf den Bestand der Gesellschaft und die Unversehrtheit des Grundkapitals nach allgemeiner Ansicht nicht mehr möglich[60]. Das müsste daher grundsätzlich auch für den Irrtum oder die Täuschung über die Zahl der Aktien der Gesellschaft mit Stückaktien gelten. Dem Gründer steht im Falle der Täuschung zwar ein Ersatzanspruch gegen den Täuschenden zu, der gegebenenfalls sogar auf Übernahme der Aktien durch den Ersatzpflichtigen gerichtet sein kann[61]. Allerdings dürfte der Anspruch gegen den Täuschenden aus tatsächlichen Gründen (etwa nicht auffindbar oder zahlungsunfähig) häufig nicht durchsetzbar sein. Dies hat bei einer Aktiengesellschaft mit Stückaktien folgende Konsequenzen: Ist die Zahl der übernommenen Aktien tatsächlich geringer als die als Gesamtstückzahl in der Übernahmeerklärung angegebene Anzahl, so ist der „anteilige Betrag des Grundkapitals" der einzelnen Aktie höher. Denn die „Zahl der Aktien", nach der sich der „anteilige Betrag des Grundkapital" errechnet, bestimmt sich nach der Zahl der tatsächlich ausgegebenen und übernommenen Aktien, nicht nach einer davon möglicherweise abweichenden Satzungsbestimmung gemäß § 23 Abs. 3 Nr. 4 AktG [62]. Der Gründer hat dann zwar eine größere Beteiligung, ist aber, falls der Ausgabebetrag niedriger als der sich so ergebende „geringste Ausgabebetrag" gemäß § 9 Abs. 1, 8 Abs. 4 AktG ist, zu einer höheren Einlageleistung verpflichtet[63]. Im umgekehrten Fall, dass die tatsächliche Zahl der übernommenen Aktien höher ist als die als Gesamtstückzahl angegebene Anzahl, ist der „anteilige Betrag des Grundkapitals" der einzelnen Aktie geringer als gedacht. Als Konsequenz erhält der Gründer eine geringere Beteiligung für den vereinbarten Ausgabebetrag als von ihm angenommen. Er erhält also für den vereinbarten Ausgabebetrag nicht das vereinbarte Äquivalent. Die Übernahme von Stückaktien kann also bei konsequenter Übertragung der allgemeinen aktienrechtlichen Regelungen für den Aktionär besondere Gefahren bergen.

---

[60] Penz in: MüKo, AktG, § 23 Rn. 174 m.w.N, vgl. a. oben Kap. 4 II 2 b).

[61] vgl. Röhricht in: GroßKomm., AktG, § 23 Rn. 227 für den Fall von Nennbetragsaktien.

[62] vgl. dazu eingehend Kap.2 II 3.

[63] vgl. oben Kap. 4 II 2.

Im Falle von Nennbetragsaktien kann ein derartiges Problem nicht entstehen. Denn dort ist für jede zu übernehmende Aktie der Nennbetrag und damit auch der Grundkapitalanteil und der Mindestausgabebetrag anzugeben. Ist die Zahl der Aktien hier niedriger als angegeben, entspricht also die Summe der Nennbeträge nicht der Grundkapitalziffer, so ist dies allenfalls ein Problem der nicht vollständigen Übernahme (vgl. oben Kap. 4 II 2). Ist die Zahl der Aktien dagegen höher, so behält jede Aktie ihren Nennwert, denn dieser ist nicht veränderlich. Vielmehr bildet nunmehr die Summe der Nennbeträge der tatsächlich übernommenen Aktien das wahre Grundkapital[64]. Satzung und Übernahmeerklärungen sind in sich widersprüchlich; der in der Satzung unrichtig angegebene Nennbetrag des Grundkapitals muss daher in der Form des § 23 Abs. 1 S. 1 AktG nach oben berichtigt werden, damit die in der Passivierungspflicht liegende Abflusssperre (§ 150 Abs. 1 AktG, § 266 Abs. 3 A I HGB) wirksam werden kann[65].

4. Gutgläubiger Erwerb nicht entstandener Mitgliedschaften

Schließlich hat auch der bei Stückaktien aus wertpapierrechtlichen Gründen zulässige gutgläubige Erwerb einer nicht mit einer Mitgliedschaft verbundenen Aktie (vgl. oben Kap. 3 II 3) Auswirkungen auf die übrigen Aktionäre. Denn im Falle eines derartigen gutgläubigen Erwerbs zusätzlicher Aktien erhöht sich die Aktienzahl und damit sinkt gemäß § 8 Abs. 4 AktG automatisch der „anteilige Betrag des Grundkapitals“ der einzelnen Aktie, also auch der Aktien der übrigen Aktionäre bzw. Gründer. Der Gründer hat damit für den von ihm gezahlten Ausgabebetrag letztendlich eine geringere Beteiligung erhalten.

5. Kritik und Versuch einer Lösung

Es hat sich gezeigt, dass das System der Stückaktien aufgrund der automatischen Angleichung ihrer „anteiligen Beträge des Grundkapitals“ für die Gründer bzw. Aktionäre nachteilige Auswirkungen haben kann. Es sind Fälle denkbar, in denen sich dieser anteilige Betrag ohne Wissen des Aktionärs erhöht. Wird die Gesellschaft dennoch eingetragen, so führt dies insbesondere im Falle einer unter einem Zurechenbarkeitsmangel leidenden Übernahme von Aktien zu einer Art Ausfallhaftung der übrigen Aktionäre,

[64] vgl. Brändel in: GroßKomm., AktG, § 6 Rn. 15.
[65] vgl. Brändel in: GroßKomm., AktG, § 6 Rn. 15.

die im Aktiengesetz gerade nicht vorgesehen ist. Insbesondere kann den Aktionär angesichts von § 9 Abs. 1 AktG plötzlich eine unvorhergesehen hohe Einlagepflicht treffen, mit der er nicht gerechnet hat und zu der er sich auch nicht vertraglich verpflichtet hat. Umgekehrt kann auch die Zahl der Aktien größer sein, als von dem Gründer angenommen, etwa aufgrund einer falschen Satzungsangabe oder aufgrund eines späteren gutgläubigen Erwerbs. Dann erhält der Aktionär einen geringeren „anteiligen Betrag des Grundkapitals" als vereinbart war, obwohl er den vereinbarten Ausgabebetrag zahlen muss. Die Ergebnisse sind jeweils für den einzelnen Gründer höchst unerfreulich. Es soll daher im folgenden untersucht werden, ob diese Folgen mit aktienrechtlichen Mitteln verhindert oder wenigstens abgemildert werden können.

a) Höherer „anteiliger Betrag des Grundkapitals" als angenommen

Leidet die Übernahme der Aktien teilweise unter einem Zurechenbarkeitsmangel und sind daher nicht alle Aktien übernommen worden, so ist die Aktienzahl der Gesellschaft geringer und der „anteilige Betrag des Grundkapitals" der einzelnen Aktie entsprechend höher, § 8 Abs. 4 AktG. Damit ist gleichzeitig auch der geringste Ausgabebetrag gemäß § 9 Abs. 1 AktG höher. Diese Fallgestaltung kann daher für den Gründer im Falle der Eintragung der Aktiengesellschaft mit Stückaktien ungeahnte Zahlungspflichten nach sich ziehen. Im Ergebnis gelangt man so zu einer Art Ausfallhaftung. Das GmbH-Recht sieht in § 24 GmbHG eine Ausfallhaftung der übrigen Gründer für jeden Fall der Zahlungsunfähigkeit eines Gründers vor. Mit dieser Ausfallhaftung, die die Aufbringung des Stammkapitals sicherstellt[66], betont das Gesetz den personenbezogenen Charakter der GmbH und will außerdem einen wirksamen Ausgleich für die im Verhältnis zum Aktienrecht wesentlich vereinfachte Gründung schaffen[67]. Im Unterschied dazu ist eine derartige Ausfallhaftung im Aktienrecht gerade nicht vorgesehen. Dies entspricht dem Charakter der Aktiengesellschaft als rein kapitalistische Beteiligungsgesellschaft. § 46 Abs. 4 AktG sieht lediglich eine Ausfallhaftung für den Fall vor, dass die Gründer in Kenntnis der Zahlungsunfähigkeit mit der Beteiligung des ausfallenden Gründers einverstanden waren. Dieses Verhalten wurde bereits in den Materialien zum

---

[66] RGZ 82, 116 (122 f.); 92, 365 (367); 123, 8 (10); 132, 392 (397 f.); BGHZ 31, 258 (265) = NJW 1960, 285.

[67] Lutter/ Hommelhoff, GmbHG, § 24 Rn. 1; Emmerich in: Scholz, GmbHG, § 24 Rn. 1; Baumbach/ Hueck, GmbHG, § 24 Rn. 1; Altmeppen in: Roth/ Altmeppen, GmbHG, § 24 Rn. 1; Gaiser, GmbHR, 1999, 210 (212 ff.).

Aktiengesetz als „doloses" Verhalten gegenüber der Gesellschaft angesehen[68] und stellt daher eine Art deliktische Haftung der Gründer dar[69]. Das System der Stückaktien mit dem Fehlen einer festen Quote und der automatischen Angleichung des „anteiligen Betrags des Grundkapitals" der einzelnen Aktie je nach Höhe des Grundkapitals und Zahl der Aktien führt daher zu einer für das Aktienrecht systemwidrigen Einstandspflicht der übrigen Aktionäre. Eine ähnliche Wirkung hat für den einzelnen Gründer auch die zu hohe Angabe der Gesamtaktienzahl in der Übernahmeerklärung bzw. in der Satzung. Fraglich ist daher, ob das Aktienrecht eine Lösung für dieses Problem bereitstellt.

aa) Ausnahme vom Verbot der Unterpariemission?

Zu prüfen ist zunächst, ob der Übernehmer auch in diesem Fall gem. § 9 Abs. 1 AktG den tatsächlichen „anteiligen Betrag des Grundkapitals" einzahlen muss, obwohl dieser möglicherweise erheblich über dem ihm angegebenen Mindestausgabebetrag liegt.

Liegt der bei der Übernahme zugesagte Ausgabebetrag unter dem tatsächlichen rechnerischen Wert des Grundkapitals der einzelnen Aktie, so verstößt die Übernahmeerklärung gegen § 9 Abs. 1 AktG. Wird die Gesellschaft eingetragen, so ist sie dennoch wirksam entstanden, denn ein Nichtigkeitsgrund gem. § 275 AktG liegt nicht vor. Für Gesellschaften mit Nennwertaktien wird nun einhellig vertreten, dass der Übernehmer verpflichtet ist, den tatsächlichen Nennbetrag der Aktien einzuzahlen[70], denn nur so kann das volle Grundkapital aufgebracht werden. Dies ist im Falle von Nennwertaktien auch gerechtfertigt, denn der Übernehmer kennt in jedem Fall den auf der Aktie aufgedruckten Nennwert und kann deshalb nicht auf eine abweichende Zusage vertrauen. Anders ist dies - wie in Kap.

---

[68]Allgemeine Begründung zum Entwurf eines Gesetzes betreffend die KGaA und AG, abgedruckt bei Schubert/ Hommelhoff, Hundert Jahre modernes Aktienrecht, ZGR-Sonderheft Nr. 4, S. 404 (449).

[69]hM, vgl. Barz in: GroßKomm., AktG, § 46 Rn. 2 ; Kraft in: Kölner Komm., AktG, § 46 Rn. 14; Eckardt in: Geßler/ Hefermehl, AktG, Vor §§ 46-51 Rn. 2; Baumbach/ Hueck, AktG, § 46 Rn. 2; aA Penz in: MüKo, AktG, § 46 Rn. 13: spezifisch gesellschaftsrechtliche Haftung.

[70]Ganz hM, vgl. Brändel in: GroßKomm., AktG, § 9 Rn. 21; Kraft in: Kölner Komm., AktG, § 9 Rn. 19; Baumbach/ Hueck, AktG, § 9 Rn. 2; Heider in: MüKo, AktG, § 9 Rn. 27; Godin/ Wilhelmi, AktG, § 9 Anm. 3; Ritter, AktG, § 9, 2 a,b; Ulmer in: Hachenburg, GmbHG, § 5 Rn. 158 f; Lutter, Kapitalaufbringung, S. 161; aA: Brodmann, AktR, § 184, 2 b.

4 II 2-4 gesehen - im Falle von Stückaktien. Dort sind Fälle denkbar, in denen der Übernehmer den tatsächlichen „fiktiven Nennbetrag" der übernommenen Aktien nicht kennt. Es fragt sich daher, ob in diesen Fällen eine Ausnahme vom Verbot der Unterpariemission zugunsten der schutzwürdigen Aktionäre zuzulassen ist.

Dies ist jedoch abzulehnen. Zweck des Verbots der Unterpariemission gem. § 9 Abs. 1 AktG ist die Sicherung der Kapitalaufbringung zum Schutze der Gläubiger[71]; es handelt sich um eine zwingende Vorschrift[72]. Eine Abweichung von dieser Vorschrift ist daher auch zugunsten eines besonders schutzwürdigen Aktionärs nicht möglich. Nach der gesetzlichen Wertung überwiegt demnach das Interesse des Rechtsverkehrs. Die über den vereinbarten Betrag hinausgehende Zahlungsverpflichtung der Aktionäre folgt aus dem zurechenbaren Rechtsschein, den die Kapitalausstattungszusage und die auf ihr beruhende Eintragung der Gesellschaft auslösen. Denn dadurch wird das Vertrauen des redlichen Verkehrs auf eine dem Gesetz entsprechende Kapitalausstattung der Gesellschaft begründet[73]. Die Einhaltung des § 9 Abs. 1 AktG folgt damit zwingend aus dem Gebot der Kapitalaufbringung. Ein Abweichen hätte eine Gläubigergefährdung bei Stückaktien zur Folge. Eine Ausnahme von dem Verbot der Unterpariemission kann also auch in den hier fraglichen Fällen nicht gemacht werden.

bb) Geltendmachung von Willensmängeln auch nach Eintragung?

Kann von dem Verbot der Unterpariemission nicht abgewichen werden, so könnte das Ergebnis, dass der Übernehmer jeden höheren Mindestausgabebetrag zu zahlen verpflichtet ist, verhindert werden, wenn man den Grundsatz der herrschenden Meinung, nach Eintragung der Gesellschaft sei eine Geltendmachung von Willensmängel ausgeschlossen, modifiziert.

(1) Herrschende Meinung

Die herrschende Meinung begründet die Heilungswirkung der Eintragung für Willensmängel damit, dass die Gründererklärungen nicht nur dem Vertragspartner - also den Mitgründern - gegenüber abgegeben würden, son-

---

[71]BGHZ 64, 52 (62) = NJW 1975, 974; BGHZ 68, 191 (195) = NJW 1977, 1196.
[72]Brändel in: GroßKomm., AktG, § 9 Rn. 19, Baumbach/ Hueck, AktG, § 9 Anm. 2.
[73]Brändel in: GroßKomm., AktG, § 9 Rn. 22, Baumbach/ Hueck, AktG, § 9 Anm. 2; Eisenhardt, Gesellschaftsrecht, Rn. 492, S. 277.

dern zugleich an die Öffentlichkeit gerichtete Haftungserklärungen seien und durch die Eintragung ein Rechtsschein hervorgerufen werde, auf den sich die Öffentlichkeit müsse verlassen können[74]. Dabei wird dem Übernehmer die Berufung auf den Willensmangel auch der Gesellschaft gegenüber versagt und ein Ausscheiden ex nunc aus der Gesellschaft ebenfalls abgelehnt[75]. Eine Rückgewähr der Einlage dürfe auch nicht aus Rücklagen oder Gewinnen erfolgen, da das Interesse des Rechtsverkehrs es erfordere, dass das nach den Gründererklärungen vorhandene, der Gesellschaft zuzuführende Vermögen ihr auch tatsächlich zufließe und verbleibe[76].

(2) Gegenansicht

Andere Autoren gehen zwar grundsätzlich ebenfalls von dem Ausschluss der Geltendmachung von Willensmängeln aus, weichen jedoch in der Begründung von der herrschenden Meinung ab und gelangen so hinsichtlich einer Lösung von der Gesellschaft ex nunc zu einem abweichendem Ergebnis.

Ausgangspunkt dieser Autoren ist, dass es für das Ergebnis eines Ausschlusses der Geltendmachung von Willensmängeln nach Eintragung weder eine gesetzliche Vorschrift noch einen allgemeinen Rechtsgrundsatz noch eine Willenserklärung dieses Inhaltes gebe[77]. Maßgeblich sei für die Lösung dieser Frage daher die besondere Interessenlage bei Errichtung einer Kapitalgesellschaft[78], die durch die Eintragung der Gesellschaft und ihres Kapitals im Handelsregister entsteht. Auf diese aber müssen sich alle am Gründungsvorgang selbst unbeteiligten Dritten und insbesondere die Gläubiger der Gesellschaft im Hinblick auf den Ausschluss der persönlichen Haftung der Gesellschafter weitgehend verlassen können[79]. Dagegen fordere diese Interessenlage nicht den vollständigen Ausschluss des An-

---

[74]sog. Rechtsscheintheorie, vgl. RGZ 57, 292; 68, 344 (346); 79, 112 (114); 118, 269 (274); 127, 186 (191); 142, 98 (102); 147, 257 (270); BGHZ 21, 378 (381f.); Röhricht in: GroßKomm., AktG, § 23 Rn. 226; Kraft in: Kölner Komm., AktG, § 23 Rn. 111.
[75]RGZ 88, 187; 127, 186 (191); Godin/ Wilhelmi, AktG, Vorb § 23 Anm. 7 b; Röhricht in: GroßKomm, AktG, § 23 Rn. 227.
[76]RGZ 127, 186 (191).
[77]vgl. Lutter, Kapialaufbringung, S. 86 f; Lutter in: Kölner Komm., AktG, § 185 Rn. 15; ähnlich auch Geßler in: Hefermehl/ Bungeroth, AktG, § 185 Rn. 10..
[78]Breit, ZHR 76, 437 ff.; Lobedanz, S. 167 ff.; Lutter, Kapitalaufbringung, S. 87 ff.; Lutter in: Kölner Komm., AktG, § 185 Rn. 15; K. Wieland, HandelsR Bd. II, S. 24, 54 f; Winter in: Scholz, GmbHG, § 2 Rn. 47.
[79]Lutter, Kapitalaufbringung, S. 87 f.; Lutter in: Kölner Komm., AktG, § 185 Rn. 15.

fechtungsrechts. Die Gesellschaft selbst bedürfe keines Schutzes über das hinaus, was ihr als Reflex des dargelegten Drittinteresses zukomme[80]. Sei also eine Lösung des betroffenen Gesellschafters aus der Gesellschaft ohne Verletzung des Drittinteresses möglich, so könne ihm diese nicht versagt werden. Alles andere liefe auf einen erweiterten Bestandsschutz der Gesellschaft hinaus, für den die rechtlich relevanten Interessen keine Grundlage bildeten[81].

Als praktische Wege für eine solche Lösung ex nunc kommen etwa ein Anspruch auf Auflösung der Gesellschaft[82], ein Erwerb der betreffenden Aktien durch die Gesellschaft zu Lasten eines ordnungsgemäß festgestellten Gewinns und eine ordnungsgemäße Kapitalherabsetzung unter Beachtung aller gesetzlichen Kautelen zugunsten der Gläubiger[83] in Betracht.

(3) Stellungnahme

Mit dem Ausschluss der Geltendmachung von Willensmängeln nach Eintragung der Gesellschaft wird eine Ausnahme von den Regeln des allgemeinen bürgerlichen Rechts statuiert. Diese Ausnahme darf deshalb nicht weiter erstreckt werden, als es der Schutz der Gesellschaftsgläubiger (bzw. anderer Schutzwürdiger) erfordert. Insoweit ist der Gegenansicht Recht zu geben. Eine Begründung für einen Ausschluss der Geltendmachung von Willensmängeln lässt sich dem Gesetz nicht entnehmen. Auch kann nicht im Wege der Auslegung eine derartige Verzichtserklärung des Beitretenden angenommen werden; ein mit dem Beitritt gleichzeitig ausgesprochener Verzicht auf eine Anfechtung entspricht nicht dem hypothetischen Parteiwillen. Es bleibt daher nur die Rechtfertigung aus der Interessenlage. Diese Begründung kann aber nur dann eingreifen, wenn tatsächlich ein Interessenkonflikt gegeben ist.

Wird eine Gesellschaft ins Handelsregister eingetragen, so müssen sich alle am Gründungsvorgang selbst unbeteiligte Dritte und insbesondere die Gläubiger der Gesellschaft auf die volle Übernahme des Kapitals verlassen können. Zu berücksichtigen ist daher das Interesse der Gläubiger an der vollständigen Kapitalaufbringung.

---

[80] Lutter, Kapitalaufbringung, S. 88.
[81] Lutter, Kapitalaufbringung, S. 88.
[82] A. Wieland, ZHR 64, S. 95 ff.
[83] Lutter, Kapitalaufbringung, S. 89; Lobedanz, S. 158ff. (177ff.).

Im Falle von Stückaktien sind aber nicht nur die Gläubigerinteressen zu beachten. Ist eine Beitrittserklärung nach Geltendmachung eines Willensmangels nichtig, so tritt nicht wie im Fall von Nennwertaktien ein Fehlbetrag des Grundkapitals auf, der nicht übernommen ist. Vielmehr ist die Zahl der Aktien der Gesellschaft geringer, so dass sich der „anteilige Betrag des Grundkapitals" der wirksam übernommenen Aktien der übrigen Gründer automatisch entsprechend erhöht. Es ist also in jedem Fall das Grundkapital voll übernommen. Die übrigen Gründer sind damit quasi „Ersatzübernehmer" der Aktien. Damit tritt zwar zunächst eine Gefährdung von Gläubigerinteressen bei Stückaktien im Fall von Willensmängeln gar nicht ein. Gleichzeitig ginge damit aber eine Nichtigkeit der Beitrittserklärung des einen Gründers zu Lasten der übrigen Gründer einher. Deren Anteil erhöhte sich verhältnismäßig noch weiter und damit gleichzeitig auch die Mindesteinlagepflicht. Deshalb entspricht es der besonderen Interessenlage bei einer Kapitalgesellschaft mit Stückaktien, dass neben den Gläubigerinteressen auch die Interessen der übrigen Gründer zu berücksichtigen sind. Es hat eine Interessenabwägung stattzufinden.

Zwar hat der anfechtende Gründer seinerseits ein Interesse daran, nicht an der durch Irrtum oder Täuschung bedingten Übernahmeerklärung und daher zu hohen Einlageverpflichtung festgehalten zu werden. Durch eine derartige Anfechtung würde sich aber die Aktienzahl weiter verringern, so dass spätestens jetzt sämtliche übrigen Gründer ebenfalls einen höheren „anteiligen Betrag des Grundkapitals" pro Aktien übernommen hätten als angenommen und auch deren Einlagepflicht gem. § 9 Abs. 1 AktG sich (noch weiter) erhöhen würde. Spätestens jetzt wären also alle übrigen Gründer ebenfalls einem Irrtum über den „anteiligen Betrag des Grundkapitals" erlegen und könnten nun gleichfalls anfechten. Dies würde gegebenenfalls dazu führen, dass sämtliche Gründer sich von ihren Übernameerklärungen lösen würden. Damit wären dann aber wieder die Gläubigerinteressen gefährdet, da in diesem Fall überhaupt keine Einlagen der Gesellschaft wirksam übernommen worden wären und sie damit auch nicht mit Kapital ausgestattet würde. Denn die Leistungen, die der vermeintliche Gründer bereits auf seine Einlage erbracht hatte, könnte er in diesem Falle gem. § 812 BGB kondizieren[84]. Dies zeigt, dass die Annahme des Vorrangs der Interessen einzelner Gründer letztlich weitreichende Nachteile nicht nur für die übrigen Gründer, sondern auch für die Gläubiger hätte. Auch werden häufig nicht nur einzelne Gründer, sondern alle verbleiben-

[84]Emmerich in: Scholz, GmbHG, § 2 Rn. 70.

den Gründer von dem Irrtum oder der Täuschung betroffen sein. Dann kann aber zum Schutze der Gläubiger eine Auflösung der Gesellschaft nur gemäß den aktienrechtlichen Regelungen über die Liquidation vorgenommen werden. Daher ist eine Geltendmachung von Willensmängeln nach Eintragung der Gesellschaft abzulehnen.

cc) § 179 BGB (analog)

Es wäre weiter zu überlegen, ob nicht eine Vielzahl der genannten Fälle über eine analoge Anwendung des § 179 Abs. 1 BGB gelöst werden könnte. Gem. § 179 Abs. 1 BGB ist der vollmachtlose Vertreter dem anderen Teil nach dessen Wahl zur Erfüllung oder zum Schadensersatz verpflichtet. Es könnte nun § 179 BGB in allen Fällen der nicht vollständigen Übernahme zur Anwendung kommen, die ihren Grund in einem Zurechenbarkeitsmangel haben, etwa wenn Aktien auf den Namen einer Person gezeichnet werden, die gar nicht existiert oder die von der Aktiengesellschaft gar nichts weiß.

(1) Wohl herrschende Ansicht

Es wird daher vertreten, dass im Falle des Fehlens einer Vollmacht zwar nicht der Vertretene, über § 179 Abs. 1 BGB aber der vollmachtlose Vertreter Gründer würde, also stets Erfüllung zu erfolgen habe[85]. Entsprechendes soll für den Fall des Auftretens unter fremden Namen oder bei der Unterschriftsfälschung gelten[86]. Da es aus Sicht der Gründer bei der Beteiligung des vollmachtlosen Vertreters insbesondere bei kleineren Gesellschaften zu Härten kommen könne, soll gegebenenfalls aus der Treupflicht ein Anspruch der Gründer gegen den Vertreter herzuleiten sein, seine Aktien zu übertragen[87]. Dies hätte zur Folge, dass es zumindest in diesen Fällen nicht zu einer Verringerung der übernommenen Aktienzahl käme.

---

[85]Penz in: MüKo, AktG, § 23 Rn. 176; Röhricht in: GroßKomm., AktG, § 23 Rn. 232; Kraft in: Kölner Komm., AktG, § 23 Rn. 116 unter Verweis auf Barz in: GroßKomm., AktG, 3. Aufl., 1973, Anm. 21.
[86]Penz in: MüKo, AktG, § 23 Rn. 176.
[87]Penz in: MüKo, AktG, § 23 Rn. 176; Röhricht in: GroßKomm., AktG, § 23 Rn. 232; Kraft in: Kölner Komm., AktG, § 23 Rn. 116.

(2) Gegenansicht

Nach einer anderen, insbesondere zum GmbH-Recht vertretenen Ansicht kommt in diesem Falle ein Schadensersatzanspruch oder ein Erfüllungsanspruch gem. § 179 Abs. 1 BGB in Betracht[88]. Der vollmachtlose Vertreter oder Fälscher wird nicht automatisch Gründer. Diese von der Gegenansicht angenommene Rechtsfolge widerspreche regelmäßig dem Parteiwillen. Die übrigen Gründer könnten aber statt Schadensersatz auch Erfüllung in Form der Abgabe einer formgerechten Beitrittserklärung wählen[89]. Nach dieser Ansicht wäre zunächst eine geringere Zahl von Aktien in den von § 179 Abs. 1 AktG erfassten Fällen übernommen; dies würde aber ggf. bei entsprechender Wahl der übrigen Gründer später durch den Beitritt des vollmachtlosen Vertreters wieder kompensiert.

(3) Mindermeinung

Nach einer dritten Auffassung ist dieser Bereich der vollmachtlosen Vertretung des Gründers und Eintragung der Gesellschaft durch § 144 a FGG und die dort vorgesehene Löschungsmöglichkeit des Registergerichts geregelt[90].

(4) Stellungnahme

Zunächst ist festzuhalten, dass selbst bei Annahme eines Beitritts des Vertreters ohne Vertretungsmacht als Gründer das vorliegende Problem, dass möglicherweise weniger Aktien übernommen wurden, als vorgesehen, nicht beseitigt würde. Denn die Annahme eines Beitritts mag im Falle des vollmachtlosen Vertreters noch praktisch möglich sein, da immerhin stets eine bestimmte Person als Vertreter vorhanden ist, an die sich die Gesellschafter halten können. Anders ist es jedoch entgegen der wohl herrschenden Meinung im Aktienrecht im Falle der Unterschriftsfälschung oder des Handeln unter fremden Namen. Werden Übernahmeerklärungen von einer gar nicht existenten Person abgegeben, so ist nicht unbedingt ermittelbar, wer für diese Erklärung verantwortlich ist. Kann der Verantwortliche aber nicht ermittelt werden, so ist schon aus praktischen Gründen die vorge-

---

[88]Ulmer in: Hachenberg, GmbHG, § 2 Rn. 107, insbes. Fn 205; Baumbach/ Hueck, GmbHG, § 2 Rn. 39.
[89]Ulmer in: Hachenburg, GmbHG, § 2 Rn. 107.
[90]Schmidt-Leithoff in: Rowedder/ Rittner, GmbHG, § 2 Rn. 46; Meyer-Landrut in: Meyer-Landrut/ Miller/ Niehus, GmbHG, § 2 Rn. 15.

schlagene Lösung, der Fälscher solle Gründer werden, nicht durchführbar. Auch würde es dem Gedanken der Rechtssicherheit widersprechen, dass dieser plötzlich Gründer würde, falls erst Monate oder Jahre später herausgefunden werden kann, wer für die fehlerhafte Gründung tatsächlich verantwortlich ist. Schließlich lassen sich auch die Fälle, in denen keine Übernahme fehlschlägt, sondern nur die Angaben in Satzung und Übernahmeerklärung bezüglich der Gesamtaktienzahl unrichtig sind, nicht über § 179 Abs. 1 BGB lösen. Für die Fälle der unwirksamen Übernahme aufgrund Geschäftsunfähigkeit oder beschränkter Geschäftsfähigkeit ist § 179 Abs. 1 BGB ebenfalls nicht anwendbar.

Aber auch aus rechtsdogmatischer Sicht ist ein Beitritt des vollmachtlosen Vertreters als Gründer abzulehnen. Es stellt sich dabei die allgemeine Frage, ob die Alternative Erfüllung im Sinne von § 179 Abs. 1 BGB überhaupt zu einem Beitritt des vollmachtlosen Vertreters zur Aktiengesellschaft führen kann.

Der Annahme, der vollmachtlose Vertreter werde automatisch zunächst Gründer, steht bereits der Wortlaut des § 179 Abs. 1 BGB entgegen. Gemäß § 179 Abs. 1 BGB hat der andere Teil nach seiner Wahl gegenüber dem Vertreter Anspruch auf Erfüllung oder auf Ersatz des Schadens, der für den anderen Teil daraus erwächst, dass der Vertrag nicht mit Wirkung gegen den Vertretenen wirksam geworden ist. Insoweit finden die Vorschriften über die Wahlschuld (§§ 262-265 BGB) nach herrschender Meinung Anwendung[91]. Die Wahl erfolgt durch Erklärung des Vertragspartners gegenüber dem Vertreter (§ 263 BGB). Da es sich bei der Gründung der Aktiengesellschaft um einen mehrseitigen Gesellschaftsvertrag handelt, kann das Wahlrecht hier nur einheitlich von allen Gründern gemeinsam ausgeübt werden. Ohne Ausübung des Wahlrechts kann aber der Vertreter ohne Vertretungsmacht nicht Gründer werden. Die Gründung einer Gesellschaft beruht auf entsprechenden Willenserklärungen der Gründer, sie ist - zumindest bei kleineren Aktiengesellschaften - von gegenseitigem Vertrauen geprägt. Insbesondere im Falle einer bewussten Täuschung des Vertreters ohne Vertretungsmacht wird es regelmäßig dem Parteiwillen zuwiderlaufen, diesen als Mitgründer in der Gesellschaft aufzunehmen. Eine derartige Rechtsfolge widerspricht daher nicht nur dem Wortlaut des

---

[91] RGZ 154, 58; Leptien in: Soergel, BGB, § 179 Rn. 15; Schramm in: MüKo, BGB, § 179 Rn. 27; Flume, AllgTeil II, § 47, 3b; anders Hilger NJW 1986, 2237; Heinrichs in: Palandt, BGB, § 179 Rn. 5: elektive Konkurrenz.

§ 179 Abs. 1 BGB, sondern auch der Systematik des Gesellschaftsrechts. Eine automatische Gründerstellung des Vertreters ohne Vertretungsmacht ist daher abzulehnen.

Aber auch die Annahme eines Beitritts des Vertreters ohne Vertretungsmacht nach Ausübung des Wahlrechts durch alle übrigen Gründer ist nicht unproblematisch. Zum einen sprechen Gründe der Rechtssicherheit gegen eine derartige Möglichkeit. Mit der Eintragung der Gesellschaft muss grundsätzlich der Bestand und die Zusammensetzung der Aktiengesellschaft feststehen. Nimmt man nun ein Wahlrecht gem. § 179 Abs. 1 BGB auch im Falle einer unwirksamen Aktienübernahmeerklärung an, so würde bis zu dieser gemeinsamen Willensäußerung die Zusammensetzung der Aktiengesellschaft in der Schwebe liegen. Da Vertragspartner im Sinne des § 179 Abs. 1 BGB grundsätzlich sämtliche Gründer sind, die ihren gemeinsamen Willen zunächst bilden müssen, kann es durchaus einige Zeit dauern, bis eine Entscheidung getroffen wird. Die Situation ist mit der eines bedingten Beitritts vergleichbar. Auch dort steht die tatsächliche Zusammensetzung der Gesellschaft nicht endgültig fest. Im Falle des Wahlrechts der Mitgründer liegt daher von den Rechtswirkungen her eine Art aufschiebend durch die entsprechende Ausübung des Wahlrechts durch die Mitgründer bedingter Beitritt des vollmachtlosen Vertreters vor. Bedingte Beitrittserklärungen sind jedoch nach allgemeiner Ansicht unzulässig und führen grundsätzlich zur Nichtigkeit der ganzen Erklärung[92]. Die Bedingungsfeindlichkeit von Beitrittserklärungen ergibt sich aus dem Bedürfnis des Rechtsverkehrs nach Eindeutigkeit der gesellschaftsrechtlichen Verhältnisse[93]. Was insbesondere die auflösende Bedingung betrifft, so folgt ihre Unzulässigkeit auch daraus, dass das Gesetz keine bloß vorläufige Beteiligung an einer GmbH kennt[94]. Dies lässt sich zudem als weiteres Argument gegen die zuerst genannte Ansicht anführen, die einen automatischen Beitritt des vollmachtlosen Vertreters annimmt, diesen aber ggf. zum Austritt verpflichtet sieht. Denn dies steht tatsächlich einem auflösend bedingten Beitritt gleich. Die nachträgliche Wahl im Sinne von § 179 Abs. 1

---

[92] RGZ 83, 256 (258f); Brändel in: GroßKomm., AktG, § 2 Rn. 70; Ulmer in: Hachenburg, GmbHG, § 2 Rn. 113; Lutter/ Hommelhoff, GmbHG, § 2 Rn. 18; Emmerich in: Scholz, GmbHG, § 3 Rn. 34.

[93] Ulmer in: Hachenburg, GmbHG, § 2 Rn. 113; Brändel in: GroßKomm., AktG, § 2 Rn. 70.

[94] RGZ 33, 91 (93); Emmerich in: Scholz, GmbHG, § 3 Rn. 34; Baumbach/ Hueck, GmbHG, § 3 Rn. 21; Ulmer in: Hachenburg, GmbHG, § 2 Rn. 113.

BGB stellt sich für den Beitritt zu einer Aktiengesellschaft daher als systemwidrig heraus.

§ 179 Abs. 1 BGB in seiner Erfüllungsvariante ist aber auch insgesamt nicht auf die Übernahmeerklärung von Aktien zugeschnitten. Der auf Erfüllung in Anspruch genommene Vertreter wird nämlich nach allgemeiner Ansicht gar nicht selbst Vertragspartei, sondern muss sich lediglich kraft Gesetzes als solche behandeln lassen; dies bringt ein gesetzliches Schuldverhältnis zwischen dem Vertragspartner und dem Vertreter zustande[95]. Diese Regelung besagt nur, dass der Vertreter zu leisten hat, was der Vertretene im Falle der Wirksamkeit des Vertrages zu leisten gehabt hätte, und bezweckt lediglich einen Interessenausgleich[96]. Das Zustandekommen eines Vertragsverhältnisses zwischen dem Geschäftsgegner und dem Vertreter lässt sich, da der vollmachtlose Vertreter nicht im eigenen Namen, sondern im Namen eines anderen gehandelt hat, nicht begründen[97]. Diese Regelung ist aber nun erkennbar auf gegenseitige Verträge zugeschnitten, die durch das Zustandekommen eines gesetzlichen Schuldverhältnisses abgewickelt werden können. Der Gründer wird jedoch Mitglied einer Gesellschaft, die dauerhaft wechselseitige Rechte und Pflichten begründet. Hierbei ist die Annahme, er sei in Wahrheit gar nicht vertraglich Mitglied der Gesellschaft, sondern müsse nur die Pflichten wie der Vertretene erfüllen, problematisch. So wird deshalb auch vertreten, der Erfüllungsanspruch greife nur bei Schuldverträgen ein, bei allen anderen Geschäften als Schuldverträgen komme nur ein Anspruch auf Schadensersatz in Frage[98]. Der Gesellschaftsvertrag wird aber gerade nicht als Schuldvertrag, sondern als körperschaftlicher Vertrag oder Organisationsvertrag qualifiziert[99]. Weiterhin wird einhellig vertreten, der Vertreter könne auch nicht aus dem Vertrag die Gegenleistung verlangen, wohl aber wegen der Gegenleistung die sich aus den §§ 320 ff. BGB ergebenden Rechte geltend machen[100]. Die

---

[95]RGZ 120, 126 (129); BGH NJW 1970, 240; Leptien in: Soergel, BGB, § 179 Rn. 16; Schramm in: MüKo, BGB, § 179 Rn. 28; Larenz/ Wolf, AT, § 49 Rn. 21.
[96]BGH NJW 1971, 429 (430); Steffen in: RGRK, BGB, § 179 Rn. 11; Leptien in: Soergel, BGB, § 179 Rn. 16; Schramm in: MüKo, BGB, § 179 Rn. 28.
[97]Steffen in: RGRK, BGB, § 179 Rn. 11.
[98]Flume, AT § 47, 3 a), S. 805.
[99]Würdinger, AktR, § 10 I, S. 39, § 21 I, S. 100; Röhricht in: GroßKomm., AktG § 23 Rn. 6; Kraft in: Kölner Komm., AktG, § 23 Rn. 16; Wiesner in: MünchHdb. AG, § 6 Rn. 1; Hüffer, AktG, § 23 Rn. 7 (Schuld- und Organisationsvertrag).
[100]RGZ 120, 126; BGH NJW 1971, 430; Leptien in: Soergel, BGB, § 179 Rn. 16; Schramm in: MüKo, BGB, § 179 Rn. 28.

§§ 320 BGB sind aber in Ermangelung eines Austauschvertrages bezüglich der gesellschaftsrechtlichen Rechte und Pflichten nach herrschender Meinung nicht anwendbar[101]. Weiterhin gibt es auch keine bestimmte Gegenleistung, bei deren Nichterbringung der Vertreter seine eigene Leistung verweigern könnte. Vielmehr stehen dem Aktionär eine Vielzahl von Rechten und Pflichten zu, die sich nicht einfach abwickeln lassen. Ein Aktionär ohne eigene Ansprüche gegen die Gesellschaft, etwa auf Zahlung der Dividende, ist aber nicht denkbar. Die Beispiele zeigen, dass die Erfüllungsvariante ersichtlich auf gegenseitige Verträge zugeschnitten ist, die sich - auch ohne dass der Vertreter Vertragspartner wird - in kürzerer Zeit abwickeln lassen. Auf das komplexe Gefüge der Stellung eines Mitglieds einer Gesellschaft ist diese Konzeption daher nicht übertragbar. Deshalb ist insgesamt die Möglichkeit der Erfüllung gem. § 179 BGB in der Weise, dass der Vertreter Gründer wird, im Gesellschaftsrecht abzulehnen.

Es bleibt daher nur der Schadensersatzanspruch gem. § 179 Abs. 1 BGB. Dieser ist entgegen dem Prinzip der Naturalrestitution, das zu einem Vertragsabschluß mit dem Vertretenen führen müsste, nur auf Geld gerichtet[102]. Dabei ist zu berücksichtigen, dass die übrigen Gründer zwar gegebenenfalls. eine höhere Mindesteinlage zu erbringen haben, sie dafür aber auch eine größere Beteiligung erhalten. Ein Schaden ist ihnen nach der Differenztheorie also nicht entstanden. Allerdings ist etwa denkbar, dass ein Gründer einen Kredit aufnehmen musste, um die höhere Einlage zu erbringen. Die Zinsen sind dann als Schaden von dem Vertreter ohne Vertretungsmacht zu ersetzen. Ein Wegfall seiner Haftung entsprechend § 179 Abs. 3 BGB ist nach allgemeiner Ansicht aufgrund der Besonderheiten des Aktienrechts nicht möglich[103].

Für eine Amtslöschung nach § 144 a FGG, wie teilweise vorgeschlagen, ist im Falle von Stückaktien kein Raum, da das Grundkapital von den übrigen Gründern grundsätzlich voll übernommen wird. Sie kommt gemäß § 144 a Abs. 1 FGG, § 262 Abs. 1 Nr. 5 AktG nämlich nur in Betracht, wenn die

---

[101] vgl. Röhricht in: GroßKomm., AktG, § 23 Rn. 6; Kraft in: Kölner Komm., AktG, § 23 Rn. 16; Baumbach/ Hueck, AktG, Übers. vor § 23 Rn. 1; Meyer-Landrut in: Meyer-Landrut/ Miller/ Niehus, GmbHG, § 2 Anm. 2.

[102] Leptien in: Soergel, BGB, § 179 Rn. 16; Dilcher in: Staudinger, BGB, § 179 Rn. 16; Schramm in: MüKo, BGB, § 179 Rn. 32.

[103] Röhricht in: Großkomm, AktG, § 23 Rn. 232; Kraft in: Kölner Komm., AktG, § 23 Rn. 116; Lutter/ Hommelhoff, GmbHG, § 2 Rn. 20; Ulmer in: Hachenburg, GmbHG, § 2 Rn. 107.

gemäß § 23 Abs. 3 Nr. 4 AktG vorgesehenen Satzungsbestandteile fehlen oder nichtig sind. In dem hier behandelten Fall ist die Bestimmung über die tatsächliche Zahl der übernommenen Aktien zwar gegebenenfalls unrichtig, es liegt aber keine Nichtigkeit vor. Eine solche käme nur bei einem Verstoß der Satzungsbestimmung gegen die §§ 6-9 AktG in Betracht[104]. Vorliegend sind die Aktien aber weder unter dem Paribetrag übernommen, noch wurde gegen eine andere Regelung der §§ 6-9 AktG verstoßen.

§ 179 BGB kann zur Lösung des Problems nichts beitragen.

dd) Kapitalherabsetzung, Liquidation

Die restlichen Gründer könnten in diesem Fall also allenfalls über die aktienrechtlichen Mittel der Kapitalherabsetzung und Liquidation der Gesellschaft einer erhöhten Einlagepflicht entgehen.

Die Gründer können zunächst eine weitere Person suchen, die zur Übernahme der nicht oder nicht wirksam übernommenen Aktien bereit ist. Dies erfordert jedoch die Neuvornahme des Gründungsvorgangs nach den dafür geltenden Vorschriften des § 23 Abs. 1 und Abs. 2 Nr. 1 und 2 AktG[105]. Sind sie erfolgreich, so sinken ihre Anteile in dem Verhältnis der Erhöhung der Zahl der Aktien wieder ab. Des weiteren kann der einem Irrtum unterliegende Gründer nach Eintragung der Gesellschaft seinen Anteil verkaufen. Aber auch damit ist ihm in aller Regel nicht geholfen. Denn zum einen kann bei nicht börsennotierten Aktiengesellschaften bereits der Verkauf als solcher auf Schwierigkeiten stoßen. Aber auch bei börsennotierten Gesellschaften ist sehr fraglich, ob er für seinen Anteil den höheren Betrag, den er tatsächlich gezahlt hat, als Gegenwert erhält. Ansonsten bliebe ihm nur ein Schadensersatzanspruch gegen den Täuschenden, falls ein solcher vorhanden und ermittelbar ist, dessen Durchsetzbarkeit ebenfalls fraglich ist.

---

[104] Kraft in: Kölner Komm., AktG, § 262 Rn. 68, 69; Wiedemann in: GroßKomm., AktG, § 262 Anm. 38; Hüffer, AktG, § 262 Rn. 18.

[105] Röhricht in: GroßKomm., AktG, § 23 Rn. 234; Penz in: MüKo, AktG, § 23 Rn. 180; anders für die GmbH Ulmer in: Hachenburg, GmbHG, § 2 Rn. 110; Emmerich in: Scholz, GmbHG, § 2 Rn. 71: Schaffung und Ausgabe eines neuen Geschäftsanteils durch einen mit Dreiviertel-Mehrheit zu fassenden Gesellschafterbeschluß und Übernahme desselben durch den neuen Gesellschafter analog § 55 Abs. 1 GmbHG.

Gelingt dies nicht, so könnten die Gründer eine ordentliche Herabsetzung des Grundkapitals beschließen, § 222 Abs. 1 AktG. Mit der Herabsetzung des Grundkapitals sinkt automatisch der „anteilige Betrag des Grundkapitals“ der einzelnen Aktie (vgl. § 8 Abs. 3 und oben Kap. 2 II 3). Es kann daher eine Herabsetzung derart erfolgen, dass die ursprünglich vorgesehene anteilige Beteiligung je Aktie erreicht wird. Ist eine Herabsetzung des Grundkapitals wegen einer Verletzung des Mindestnennbetrages (§ 7 AktG) bzw. § 228 AktG nicht möglich, kann die Gesellschaft von den Aktionären nur aufgelöst werden. Problematisch ist nun der Fall, dass nicht alle Aktionäre bereit sind, eine derartige Kapitalherabsetzung oder Auflösung zu beschließen und die gemäß § 222 Abs. 1 AktG bzw. § 262 Abs. 1 Nr. 2 AktG erforderliche Mehrheit nicht erreicht wird.

Aus der gesellschaftlichen Treuepflicht könnte sich jedoch eine Pflicht der Aktionäre im Verhältnis untereinander ergeben, die erforderlichen Beschlüsse vorzunehmen. Nachdem das Bestehen von Treuepflichten im Aktienrecht lange Zeit auf das Verhältnis der Gesellschaft zu ihren Aktionären beschränkt wurde[106], ist seit den jüngsten Entscheidungen des BGH[107] mittlerweile weitgehend anerkannt, dass eine gesellschaftsrechtliche Treuepflicht auch zwischen den Aktionären besteht[108]. Der Geltungsgrund der Treuepflicht der Aktionäre untereinander wird heute nach ganz herrschender Meinung in dem Grundsatz der Entsprechung von Rechtsmacht (etwa durch sein Stimmrecht) und Verantwortung gesehen[109]. Es fragt sich, ob sich hieraus eine positive Stimmpflicht der Aktionäre ableiten lässt.

Zunächst ist eine Zustimmungspflicht im Kapitalgesellschaftsrecht dann anerkannt, wenn die angestrebte Maßnahme im Interesse der Gesellschaft dringend geboten und den Gesellschaftern zumutbar ist[110]. In diesem Fall ergibt sich die Zustimmungspflicht bereits aus der Treuepflicht der Aktio-

---

[106]vgl. BGHZ 14, 25 (38).

[107]BGHZ 103, 184 ff. (Linotype); BGH ZIP 1995, 819 (824) (Girmes).

[108]vgl. statt vieler Dreher ZHR 157 (1993), 150 (151) mwN in Fn. 11; K. Schmidt, § 20 IV 2, S. 592; Hüffer, AktG, § 53 a Rn. 14; Hefermehl/ Bungeroth in: Geßler/ Hefermehl, AktG, vor § 53 a Rn. 27 ff.; Lutter, ZHR 153 (1989), 446 (452 ff.); Timm, WM 1991, 481 (482); Raiser, KapitalgesellschaftsR, Rn. 40 ff.

[109]BGH ZIP 1995, 819 (821) (Girmes); Lutter, ZHR 153 (1989), 446 (452ff.); Wiedemann, GesR I, S. 432.

[110]BGHZ 44, 40 (41); 64, 253 (257f.); 98, 276 (279); BGH WM 1986, 1348 (1349); WM 1987, 841 (842); Lutter, ZHR 153 (1989), 446 (447 f.); K. Schmidt in: Groß-Komm., AktG, § 243 Rn.50; Zöllner in: Kölner Komm., AktG, § 179 Rn. 213.

näre gegenüber der Gesellschaft. Die hier in Frage kommenden Maßnahmen - Kapitalherabsetzung bzw. Liquidation - sind jedoch aus Sicht des Gesellschaftsinteresses neutral, da eine Gesellschaft keinen allgemeinen Bestandsschutz gegenüber Maßnahmen ihrer Gesellschafter genießt[111]. Außerdem ist das Grundkapital bei Stückaktien durch die restlichen Gründer voll übernommen, so dass auch keine Gläubigerschutzgesichtspunkte heranzuziehen sind. Hier stehen sich lediglich gegenläufige mitgliedschaftliche Interessen gegenüber. Da die individuellen Interessen bei gesellschaftsneutralen Maßnahmen grundsätzlich als gleichrangig einzustufen sind, muss eine Interessenabwägung erfolgen. Eine positive Stimmpflicht kann demnach aus der Treuepflicht der Gesellschafter untereinander insbesondere dann angenommen werden, wenn die Satzungsänderung dringend notwendig ist, bei sachlicher Würdigung der Lage keine andere Lösung brauchbar ist und die eigene mitgliedschaftliche Stellung des Aktionärs nicht negativ beeinflusst wird[112]. Diese Voraussetzungen sind für die Kapitalherabsetzung im Falle einer zuvor erfolgten Erhöhung der „anteiligen Beträge des Grundkapitals" infolge nicht voller (wirksamer) Übernahme aller Aktien stets gegeben. Dem schutzwürdigen Interesse des einzelnen Gründers, keine höhere Einlage zahlen zu müssen als vorgesehen, stehen keine Nachteile der übrigen Gründer bei Herabsetzung des Kapitals gegenüber. Vielmehr unterliegen alle Gründer demselben Irrtum über den „anteiligen Betrag des Grundkapitals", wenn die angegebenen Aktien nicht alle wirksam übernommen werden oder tatsächlich weniger Aktien ausgegeben werden, als in der Satzung angegeben ist. Auf eine andere Zahl als in der Satzung angegeben, kann und muss sich kein Aktionär verlassen. Zudem kommt eine andere, weniger einschneidende Lösung für das Problem, wie bereits erörtert[113], nicht in Betracht. Der Beschluss einer Kapitalherabsetzung hat für den Mitaktionär keine belastende Wirkung, denn seine verhältnismäßige Beteiligung am Gesellschaftsvermögen bleibt stets gleich. Somit sind die Aktionäre in den hier behandelten Fällen aus ihrer Treuepflicht untereinander stets verpflichtet, eine entsprechende Kapitalherabsetzung zu beschließen. Aber auch dies ändert nichts daran, dass die Gründer zunächst den höheren Mindestbetrag aufbringen müssen. Zudem ist nach der erfolgten effektiven Kapitalherabsetzung auch das Gesellschaftsvermögen entsprechend geringer, so dass sie nun einen Anteil an einer mit geringerem Kapital ausgestatteten Gesellschaft besitzen als ange-

---

[111] vgl. BGH ZIP 1995, 819 (824) (Girmes).
[112] vgl. Beckerhoff, Treuepflichten, S. 81 f.; Fillmann, Treuepflichten, S. 185 f.
[113] vgl. Kap. 4 II 5 a) aa)-cc).

nommen. Dies kann soweit führen, dass die Gesellschaft aufgrund der ungenügenden Kapitalausstattung nicht mehr in der Lagen ist, gewinnbringend zu wirtschaften.
Ist eine Kapitalherabsetzung wegen einer Unterschreitung des in § 7 AktG vorausgesetzten Mindestgrundkapitals unzulässig, kommt nur noch eine Liquidation in Betracht. Als einschneidendere Maßnahme ist eine derartige Lösung zu der Kapitalherabsetzung stets subsidiär. Im Falle einer Liquidation verlieren auch die Mitaktionäre ihre Mitgliedschaft. Zum Ausgleich erhalten sie jedoch den verhältnismäßigen Liquidationserlös, § 271 Abs. 1 AktG. Zudem ist noch einmal zu betonen, dass es in einem solchen Fall den übrigen Gesellschaftern unbenommen bleibt, die Liquidation abzuwenden, indem sie einen neuen Aktionär suchen oder die Aktien selbst übernehmen. Aber auch eine Liquidation ändert nichts daran, dass die Gründer zunächst den höheren Mindesteinlagebetrag aufbringen müssen. Hat die Gesellschaft bereits ihren Geschäftsbetrieb aufgenommen, so ist auch nicht gesichert, dass die Gründer diesen Betrag nach Tilgung sämtlicher Verbindlichkeiten und Aufkommen für die Gründungskosten bei Beendigung der Liquidation zurückerhalten, vgl. §§ 268 Abs. 1, 271 Abs. 1 AktG. Letztlich bleibt es dabei, dass sie zunächst für den Ausfall aufzukommen haben.

ee) Zwischenergebnis

Werden nicht sämtliche Aktien (wirksam) übernommen, so trifft die Gründer im Falle einer Aktiengesellschaft mit Stückaktien eine Art Ausfallhaftung, die im Aktienrecht außer als Verschuldenshaftung für den Fall der Kenntnis von der Zahlungsunfähigkeit eines Gründers (§ 46 Abs. 1 AktG) nicht vorgesehen ist. Die Aktionäre schulden dann eine entsprechend höhere Mindesteinlage gemäß § 9 Abs. 1 AktG. Zur Lösung des Problems können die Gründer nur eine Kapitalherabsetzung bzw. gegebenenfalls eine Liquidation beschließen, wozu sie aufgrund der gesellschaftlichen Treuepflicht verpflichtet sein können. Damit wird jedoch gleichzeitig die notwendige Kapitalausstattung gemindert bzw. im Extremfall die Aktiengesellschaft vernichtet.

b) Aktienzahl größer als angenommen

In der umgekehrten Fallgestaltung, dass tatsächlich mehr Aktien übernommen wurden, als zuvor angegeben, entstehen bei Eintragung der Gesellschaft ebenfalls Nachteile für den einzelnen Gründer. Solche Fälle können - wie in Kap. 4 II 2-4 gezeigt - durch eine unrichtige Angabe der Gesamtaktienzahl in der Übernahmeerklärung und ggf. auch der Satzung oder durch die Folgen des gutgläubigen Erwerbs von nicht mit einem Mitgliedschaftsrecht verbundenen Aktien entstehen. Folge ist für den einzelnen Gründer, dass er für den vereinbarten und gezahlten Ausgabebetrag einen geringeren „anteiligen Betrag des Grundkapitals" pro Aktie und damit eine geringere Beteiligung an der Gesellschaft erhält als angenommen. Im Gegensatz zu Nennbetragsaktien, bei denen das in der Satzung festgelegte Grundkapital und die Übernahmeerklärungen aufgrund des festen Nennbetrags der Aktien, deren Summe nicht dem Grundkapital entspricht, widersprüchlich sind und daher eine Anpassung des Satzungswortlauts an den tatsächlich höheren Grundkapitalbetrag erfolgen kann[114], liegt bei Stückaktien ein derartiger Widerspruch nicht vor. Vielmehr ist bloß der „anteilige Betrag des Grundkapitals" der einzelnen Aktie geringer. Zu dessen Anhebung auf den vorgesehenen Betrag ist daher eine förmliche Kapitalerhöhung notwendig. Darüber hinaus ist die in der Satzung angegeben Zahl der Stückaktien (§ 23 Abs. 3 Nr. 4 AktG) nunmehr unrichtig und entsprechend anzupassen.

aa) Kapitalerhöhung aus Gesellschaftsmitteln

Zunächst ist zu prüfen, ob die durch die Übernahme einer zu großen Zahl an Aktien entstandene Absenkung des „anteiligen Betrags des Grundkapitals" der einzelnen Aktie nicht durch eine entsprechende Kapitalerhöhung aus Gesellschaftsmitteln wieder ausgeglichen werden kann. Denn durch die größere Anzahl an Aktien bei gleichbleibendem Grundkapital sind nun in gewissem Maße Kapitalrücklagen vorhanden, die für eine derartige Kapitalerhöhung aus Gesellschaftsmitteln verwendet werden können. Bei Gesellschaften mit Stückaktien kann eine Kapitalerhöhung aus Gesellschaftsmitteln nämlich auch ohne Ausgabe neuer Aktien erfolgen (§ 207 Abs. 2 S. 2, 1. HS. AktG). Die Ausgabe neuer Aktien ist verzichtbar, weil die Beteiligungsquote unverändert bleibt und sich der auf die Stückaktie entfallende „anteilige Betrag des Grundkapitals" mit seiner Anhebung automatisch erhöht. Daher wäre es grundsätzlich möglich, das Grundkapital so weit anzuheben, dass der anteilige Betrag des Grundkapitals der einzelnen Aktie nun trotz der größeren Aktienzahl wieder dem Betrag entspricht, der ursprünglich vorgesehen oder angegeben war.

---

[114] vgl. Kap. 4 II 3 b).

Dieser Weg über eine Kapitalerhöhung aus Gesellschaftsmitteln scheidet jedoch aus, falls nicht genug Kapital vorhanden ist, um das Absinken des anteiligen Grundkapitalbetrages voll auszugleichen. Dies kann insbesondere dann eintreten, wenn der Ausgabebetrag einiger Aktien geringer ist als der Ausgabebetrag der Aktien des oder der benachteiligten Gründer - was wegen des eigentlich geringeren Mindestausgabebetrages (= anteiliger Betrag des Grundkapitals, § 9 Abs. 1 AktG) grundsätzlich möglich wäre - und auch kein ausreichend hohes Agio vereinbart war. Der als Kapitalrücklage (vgl. § 266 Abs. 3 A II HGB) gebuchte höhere Ausgabebetrag genügt dann verhältnismäßig nicht, um einen vollen Ausgleich zu bewirken. Genügend Kapitalrücklagen können auch im Falle eines gutgläubigen Erwerbs von nicht mit einem Mitgliedschaftsrecht verbundenen Aktien fehlen. Denn sind die Aktien vor Begebung der Aktiengesellschaft abhanden gekommen und werden sie von Dritten dann gutgläubig erworben, so muss der Dritte keine Einlage zahlen[115]. Aber auch von einem Dieb wird regelmäßig keine Einlage zu erlangen sein, so dass kein der größeren Anzahl von Aktien entsprechendes Kapital eingezahlt wurde. Eine entsprechende Erhöhung ist aber jedenfalls dann möglich, wenn der Ausgabebetrag aller Aktien mindestens gleich hoch ist und auf jede Aktie eine entsprechende Einlage geleistet wurde. In dem Verhältnis, in dem der anteilige Grundkapitalbetrag und damit auch der geringste Ausgabebetrag gem. § 9 Abs. 1 AktG herabsinkt, entstehen in diesem Fall Kapitalrücklagen. Eine unterschiedliche Festsetzung der Ausgabebeträge einzelner Aktien ist zudem regelmäßig wegen eines Verstoßes gegen den Gleichbehandlungsgrundsatz gem. § 53 a AktG nur mit Zustimmung der betroffenen Aktionäre zulässig[116]. Insgesamt hängt es daher stets von der Höhe des Ausgabebetrages der einzelnen Aktien ab, ob eine Kapitalerhöhung aus Gesellschaftsmitteln ohne Aktienausgabe zu einer ausreichenden Erhöhung des „anteiligen Betrags des Grundkapitals" der einzelnen Aktie führen kann. Gleichwohl ändert es freilich nichts daran, dass der quotale Anteil des Gründers an der Aktiengesellschaft durch die Übernahme einer größeren Gesamtaktienzahl insgesamt geringer ist. Dies wäre jedoch in gleicher Weise bei einer Gesellschaft mit Nennbetragsaktien der Fall.

Eine derartige Vorgehensweise stößt hinsichtlich der Durchführung allerdings auf rechtliche Schwierigkeiten. Zum einen kann gemäß § 207 Abs. 3

---

[115] vgl. Kap. 3 II 3.

[116] Brändel in: GroßKomm., AktG, § 9 Rn. 35; Heider in: MüKo, AktG, § 9 Rn. 45; Kraft in: Kölner Komm., AktG, § 9 Rn. 9; Baumbach/ Hueck, AktG, § 9 Rn. 6.

AktG die Erhöhung erst beschlossen werden, nachdem der Jahresabschluss für das letzte vor der Beschlussfassung über die Kapitalerhöhung abgelaufene Geschäftsjahr festgesetzt ist. Das bedeutet, dass eine derartige Kapitalerhöhung aus Gesellschaftsmitteln im ersten Jahr nach der Gründung gar nicht beschlossen werden kann. Denn ein Jahresabschluss für das letzte Geschäftsjahr existiert in diesem Falle noch nicht. Mit der Regelung soll eine willkürliche Aufblähung des Grundkapitals verhindert werden[117]. Damit ist dieser Weg im Stadium nach der Gründung zunächst nicht gangbar.

Zum anderen unterliegt auch die hier einzig in Betracht kommende Kapitalrücklage gem. § 208 Abs. 1 S. 2 AktG gewissen Beschränkungen hinsichtlich der Umwandlungsfähigkeit. Gem. § 208 Abs. 1 S. 2 AktG können die Kapitalrücklage (§ 266 III A II HGB) und die gesetzliche Rücklage (§ 266 III A III Nr. 1 HGB) nur in Grundkapital umgewandelt werden, soweit sie zusammen den zehnten oder den in der Satzung bestimmten höheren Teil des bisherigen Grundkapitals übersteigen. Kapitalrücklage und gesetzliche Rücklage müssen also zusammen in einer Höhe bestehen bleiben, die mindestens 10% des Grundkapitals oder des höheren Satzungsbetrags ausmacht[118]. Das bedeutet, dass die vorhandene Kapitalrücklage nicht nur so hoch sein muss, dass durch die Erhöhung der „anteilige Betrag des Grundkapitals" seinen Ausgangswert erreicht, sondern noch um so viel höher, dass sie auch nach der Grundkapitalerhöhung noch 10% des Grundkapitals ausmacht. Dies wird in den seltensten Fällen zutreffen.

Im übrigen ist fraglich, ob die gem. § 207 AktG erforderliche ¾-Mehrheit für einen derartigen Gesellschafterbeschluss zustande kommt. In diesem Fall wäre zu überlegen, ob sich aus der gesellschaftlichen Treuepflicht der Aktionäre eine Pflicht zur Beschlussfassung ergibt. Dies ist hier genauso zu bejahen wie im umgekehrten Fall der Kapitalherabsetzung bei zu hohem anteiligen Grundkapitalbetrag[119]. Genauso wie dort besteht kein berechtigtes Interesse der übrigen Aktionäre, das gegen eine derartige Kapitalerhöhung spricht. Auf eine höhere Kapitalbindung und die damit verbundene Ausschüttungssperre können sie sich nicht berufen, denn das Kapital ist im Verhältnis nicht mehr gebunden, als zunächst vorgesehen. Dagegen haben die benachteiligten Aktionäre ein besonders schutzwürdiges Interesse an

---

[117]vgl. Lutter in: Kölner Komm., AktG, § 207 Rn. 17.
[118]Bungeroth in: Geßler/ Hefermehl, AktG, § 208 Rn. 22; Lutter in: Kölner Komm., AktG, § 208 Rn. 9; Hüffer, AktG, § 208 Rn. 6.
[119]vgl. Kap. 4 II 5 a) dd).

der Kapitalerhöhung, da durch die Übernahme der weiteren Aktien ihre Beteiligung verhältnismäßig geschmälert und damit in ihr Mitgliedschaftsrecht eingegriffen wurde.

bb) Anpassung des Ausgabebetrags

Es wäre weiterhin zu überlegen, ob die Gründer nicht eine Herabsetzung des zu leistenden Ausgabebetrags entsprechend ihrer tatsächlich erhaltenen geringeren Beteiligung an der Gesellschaft verlangen können. Vor Eintragung der Gesellschaft ins Handelsregister ist eine nachträgliche Herabsetzung des Ausgabebetrags grundsätzlich möglich[120]. Begrenzt wird die Herabsetzung von § 9 Abs. 1 AktG, sie darf also nicht weiter als bis zum „geringsten Ausgabebetrag" erfolgen. Im übrigen ist für eine derartige Herabsetzung des Ausgabebetrags vor Eintragung eine Einigung der Gründer in notarieller Form (§ 23 Abs. 2 AktG) erforderlich[121]. Hierzu könnten die übrigen Gründer ebenfalls aufgrund der gesellschaftlichen Treuepflicht verpflichtet sein[122]. Im Gegensatz zur Kapitalherabsetzung, bei der nur eine Umbuchung von Grundkapital in Kapitalrücklagen stattfindet, führt die Herabsetzung des Ausgabebetrags aber gegebenenfalls zu einer verminderten Einzahlung bzw. Rückzahlung der Einlage. Fraglich ist daher, ob eine derartige Herabsetzung überhaupt sinnvoll ist und auch im Interesse der Gründer liegt. Denn die Herabsetzung des Ausgabebetrags für diejenigen Gründer, die einen überhöhten Ausgabebetrag aufbringen müssen, würde der Gesellschaft zumindest Startkapital entziehen, und es kann dann fraglich sein, ob die AG für ihre Zwecke überhaupt noch mit genügend Kapital ausgestattet ist. Ist dies nicht der Fall, so ist den benachteiligten Aktionären mit der Herabsetzung letztlich nicht gedient, denn sie würde nur die Überlebenschancen der Gesellschaft nach der Gründung schmälern. Dann kann auch eine Zustimmungspflicht der übrigen Gründer aus der gesellschaftlichen Treuepflicht nicht angenommen werden.

Nach Eintragung der Gesellschaft ist diese Möglichkeit jedenfalls versperrt. Denn dann würde die Herabsetzung eine unzulässige Befreiung der Aktionäre von ihrer Leistungspflicht (§ 66 Abs. 1 S. 1 AktG) darstellen[123].

---

[120]vgl. Heider in: MüKo, AktG, § 9 Rn. 47; Brändel in: GroßKomm., AktG, § 9 Rn. 36; Kraft in: Kölner Komm., AktG, § 9 Rn. 11; Godin/ Wilhelmi, AktG, § 9 Anm. 4.
[121]Brändel in: GroßKomm., AktG, § 9 Rn. 36; Heider in: MüKo, AktG, § 9 Rn. 48.
[122]vgl. Kap. 4 II 5 a) dd).
[123]Brändel in: GroßKomm., AktG, § 9 Rn. 36; Heider in: MüKo, AktG, § 9 Rn. 47; Kraft in: Kölner Komm., AktG, § 9 Rn. 11; Godin/ Wilhelmi, AktG, § 9 Anm. 4.

Die Herabsetzung von Ausgabebeträgen ist ferner insoweit unzulässig, als die übernommenen Einlagen zur Begleichung von Verbindlichkeiten der Vor-AG erforderlich sind[124]. Eine Herabsetzung des vom Gründer entrichteten Ausgabebetrags entsprechend der tatsächlich erhaltenen geringeren Beteiligung an der Gesellschaft scheidet als Lösung zumindest nach Eintragung der Gesellschaft aus.

cc) Schadensersatzansprüche

Im übrigen bleibt den benachteiligten Gründern ein Schadensersatzanspruch gegen den Verantwortlichen - falls ermittelbar - aus § 826 BGB bzw. § 823 Abs. 2 BGB i.V.m. § 263 StGB. Ist ein bloßer Rechenfehler Grund für die Abweichung der Aktienzahl, scheiden diese Ansprüche jedoch aus. Auch eine Haftung aus culpa in contrahendo kommt zwischen den Mitgründern in Betracht, wenn von diesen verschwiegen wird, dass der „anteilige Betrag des Grundkapitals" der übernommenen Aktie tatsächlich ein geringerer ist[125].

Fraglich ist, ob den benachteiligten Gründern auch ein Schadensersatzanspruch gegen die Gesellschaft zusteht. Die Gesellschaft wäre für diese ein sicherer Schuldner. Grundsätzlich wird allgemein vertreten, dass sich die Gesellschaft das Fehlverhalten der Mitgründer im Rahmen von Beitrittserklärungen nicht zurechnen lassen muss[126]. Die schuldhaft handelnden Mitgründer sind keine Organe der Aktiengesellschaft im Sinne von § 31 BGB. Außerdem würde andernfalls die Rückforderung der Einlage auf dem Umweg über einen Schadensersatzanspruch gegen die Gesellschaft ermöglicht, was dem Grundsatz der Kapitalaufbringung zuwiderliefe[127].

Hier geht es den benachteiligten Gründern im vorliegenden Fall aber nicht darum, dass sie überhaupt Gründer infolge einer irrtumsbedingten Beitrittserklärung geworden sind. Ihr Nachteil besteht vielmehr darin, dass sie durch die Übernahme insgesamt zu vieler Aktien zu einem geringeren Anteil an der Gesellschaft beteiligt sind als vereinbart. Es soll also kein Erfüllungsinteresse geltend gemacht werden. Es stellt sich daher die Frage,

---

[124]Heider in: MüKo, AktG, § 9 Rn. 47; Hüffer, AktG, § 9 Rn. 6; Kraft in: Kölner Komm., AktG, § 9 Rn. 16; Brändel in: GroßKomm., AktG, § 9 Rn. 27.

[125]vgl. Brändel in: GroßKomm., AktG, § 2 Rn. 90.

[126]RGZ 71, 97 (98 f.); 82, 376 (381); 88, 187 (189); 123, 102 (104); Ulmer in: Hachenburg, GmbHG, § 2 Rn. 128; Emmerich in: Scholz, GmbHG, § 2 Rn. 76.

[127]Ulmer in: Hachenburg, GmbHG, § 2 Rn. 128.

ob in einem solchen Fall nicht doch ein Schadensersatzanspruch gegen die Aktiengesellschaft selbst, gerichtet auf das Vertrauensinteresse, in Betracht kommt. Ansatzpunkt für einen derartigen Schadensersatzanspruch könnte der Übernahmevertrag sein. Im Rahmen der Gründung wird dieser Übernahmevertrag jedoch nicht mit der Gesellschaft abgeschlossen. Vielmehr ist die Übernahmeerklärung gemäß §§ 23 Abs. 2, 2 AktG Bestandteil der Satzungsfeststellung[128], also Teil des zwischen den Gründern abgeschlossenen Gesellschaftsvertrags. Die Übernahme der Aktien ist daher rechtlich eine einseitige em-pfangsbedürftige, an die Mitgründer gerichtete Willenserklärung[129]. Damit sind Vertragspartner hier nur die Mitgründer. Die AG als solche entsteht erst mit der späteren Eintragung, vgl. § 29 AktG. Damit können aber auch vertragliche Ansprüche etwa aus culpa in contrahendo oder § 122 BGB analog nur gegen den oder die verantwortlichen Gründer geltend gemacht werden.

Im übrigen wäre noch an eine Haftung der Aktiengesellschaft gemäß § 823 Abs. 1 BGB wegen Beeinträchtigung der Mitgliedschaft als sonstiges Recht zu denken. Auch eine derartige Haftung wäre nicht durch den Grundsatz der Kapitalaufbringung ausgeschlossen, denn sie ist ebenfalls nicht auf den Beitritt als solchen als Schaden gerichtet, sondern nur auf die konkrete Schmälerung der Mitgliedschaft. Allerdings haben die Aktionäre im Rahmen der Gründung in den hier behandelten Fällen von Anfang an eine geringere Mitgliedschaft erhalten als vorgesehen. Da sie also nie die vereinbarte Mitgliedschaft besaßen, liegt auch kein Eingriff in diese Mitgliedschaft vor. Allenfalls im Falle eines späteren gutgläubigen Erwerbs ist es möglich, dass die bereits vorhandene Mitgliedschaft durch das Hinzutreten weiterer Gründer im nachhinein geschmälert wird. Auch dann ist ein Schadensersatzanspruch gegen die Aktiengesellschaft selbst jedoch nur dann über § 31 BGB gegeben, wenn nicht die oder einer der Gründer für das Abhandenkommen der Aktien verantwortlich ist, sondern ein bereits eingesetzter Vorstand. Nur das Handeln des Vorstands als Organ der Aktiengesellschaft kann der Gesellschaft über § 31 BGB zugerechnet werden. Zur Haftung der AG gemäß § 823 Abs. 1 BGB im Rahmen von Kapitalmaßnahmen vergleiche im übrigen unten Kap. 5 II 1 c).

[128] Brändel in: GroßKomm., AktG, § 2 Rn. 70.
[129] Röhricht in: GroßKomm., AktG, § 23 Rn. 67.

dd) Zwischenergebnis

Stellt sich der „anteilige Betrag des Grundkapitals“ der einzelnen Aktie für alle oder einzelne Gründer als geringer heraus als angegeben, so kann dies durch eine spätere Kapitalerhöhung aus Gesellschaftsmitteln ohne Aktienausgabe beseitigt werden. Dieser Weg ist jedoch nur möglich, falls eine ausreichende Kapitalrücklage vorhanden ist, was insbesondere bei gleichen Ausgabebeträgen der Fall sein wird. Im übrigen kann die Kapitalerhöhung aber erst nach Feststellung des Jahresabschlusses für das erste Geschäftsjahr erfolgen. Außerdem ändert sie auch nichts an der quotal geringeren Beteiligung an der Aktiengesellschaft. Eine entsprechende Herabsetzung des Ausgabebetrags für die benachteiligten Aktionäre scheidet nach Eintragung der Gesellschaft hingegen aus; vor Eintragung ist sie zwar grundsätzlich möglich, kann aber gegebenenfalls eine zu geringe Kapitalausstattung der Gesellschaft zur Folge haben und ist dann nicht empfehlenswert. Schadensersatzansprüche stehen dem oder den benachteiligten Gründer(n) nur gegen den oder die verantwortlichen Gründer zu.

III. Ergebnis

Es hat sich gezeigt, dass die nennwertlose Stückaktie durch die Veränderlichkeit des rechnerischen Werts des Grundkapitals eine Gefahr für die Aktionäre birgt, da sich in einigen Fällen der „anteilige Betrag des Grundkapitals“ der einzelnen Aktie als höher oder niedriger herausstellen kann, als angenommen. Dies führt zu einer im Aktienrecht systemwidrigen Ausfallhaftung der Gründer. Den Gründern bleibt nur die Möglichkeit, einer nachträglichen Kapitalherabsetzung, wozu sie gemäß der gesellschaftlichen Treuepflicht verpflichtet sind. Dies ändert aber nichts daran, dass sie zunächst die höhere „Mindesteinlage“ aufbringen müssen. Im umgekehrten Fall der Ausgabe einer größeren Anzahl von Aktien als angegeben erhält der Gründer für seinen Ausgabebetrag nicht das vereinbarte Äquivalent. Durch eine Kapitalerhöhung aus Gesellschaftsmitteln kann bei Vorhandensein ausreichender Kapitalrücklagen gegebenenfalls der „anteilige Betrag des Grundkapitals“ entsprechend angehoben werden, aber auch dies kann nicht die verhältnismäßig geringere Beteiligung am Gesellschaftsvermögen ausgleichen. Schadensersatzansprüche stehen den benachteiligten Gründern nur gegen den oder die verantwortlichen Gründer zu.

Eine entgegen der Bestimmung in der Satzung ausgegebene Nennbetrags- bzw. Stückaktienurkunde ist ungültig und verbrieft weder das aufgedruckte, noch das der Satzung gemäße Recht.

## 5. Kapitel: Probleme im Rahmen der Kapitalmaßnahmen bei Stückaktien

Es soll nun untersucht werden, welche Probleme sich bei Kapitalerhöhungen und -herabsetzungen für Aktiengesellschaften ergeben können, die Stückaktien ausgegeben haben. Ebenso wie die Gründung erfolgen auch die Kapitalmaßnahmen grundsätzlich in gleicher Weise wie im Falle von Nennbetragsaktien; das Wort „Nennbetrag" wurde in den maßgeblichen Vorschriften für Stückaktien wiederum durch den Begriff „anteiliger Betrag des Grundkapitals" ergänzt oder durch einen für Stück- und Nennbetragsaktien gleichsam geltenden Begriff ersetzt (vgl. oben Kap. 2 I). Neu eingeführt wurde für Stückaktien insbesondere die Möglichkeit der Kapitalerhöhung aus Gesellschaftsmitteln ohne Aktienausgabe, vgl. § 207 Abs. 2 S. 2 AktG. Außerdem ist die Kapitalherabsetzung gemäß § 222 AktG bei Stückaktien ohne eine ausdrückliche Herabsetzung des Nennbetrags möglich. Zu beachten ist ferner die Vorschrift des § 182 Abs. 1 S. 5 AktG, der für Stückaktien die gleichmäßige Erhöhung von Grundkapital und Aktienzahl sicherstellen soll. Probleme könnten nun zum einen bei der Anwendung der für Stückaktien neu eingeführten Vorschriften entstehen oder aber aufgrund der „automatischen Angleichung der unechten Nennwerte" im Falle nicht ordnungsgemäßer Kapitalmaßnahmen.

### I. Die Kapitalerhöhung aus Gesellschaftsmitteln ohne Aktienausgabe

Für Gesellschaften mit Stückaktien wurde nun inhaltlich völlig neuartig die Möglichkeit der Kapitalerhöhung aus Gesellschaftsmitteln ohne Ausgabe neuer Aktien eingeführt, § 207 Abs. 2 S. 2 AktG. Die von der einzelnen Stückaktie verkörperte Beteiligungsquote bleibt dabei gleich; der auf die einzelne Aktie rechnerisch entfallende Teilbetrag des Grundkapitals erhöht sich mit der Kapitalerhöhung automatisch[1].

Das parallele Verfahren bei Nennbetragsaktien, die Nennwerterhöhung, ist deshalb problematisch, weil sich die Aktiennennbeträge in die Nennbetragsstufen des § 8 Abs. 2 AktG einfügen müssen und daher ein teilweise sehr großes Erhöhungsvolumen erforderlich wäre; eine 1-Euro-Aktie müsste etwa um 100% auf das Doppelte von 2 Euro erhöht werden. Da dies nicht praxisgerecht ist, wurde dieses Verfahren vom Gesetzgeber für

[1] Regierungsbegründung StückAG, BT-Drs. 13/ 9573 vom 7.1.98, S. 17 f; Hüffer, AktG, § 207 Rn. 11a; Heider in: MüKo, AktG, § 8 Rn. 102; vgl. Funke, AG 1997, 385 (387).

Nennwertaktien nicht vorgesehen und die Kapitalerhöhung aus Gesellschaftsmitteln daher auf die Form der Ausgabe neuer Aktien beschränkt. Die Stückaktie kennt dagegen solche Betragsstufen nicht[2]. Sie muss zwar mindestens einem anteiligen Betrag des Grundkapitals von ebenfalls 1 Euro entsprechen, vgl. § 8 Abs. 3 S. 3 AktG; oberhalb dieser Grenze kann sie jedoch auf jeden beliebigen Betrag lauten. Eine Anpassung der Aktien ist nicht erforderlich[3]; der anteilige Betrag des Grundkapitals einer jeden Aktie erhöht sich zwar, dieser ist auf der Urkunde jedoch nicht ersichtlich.

1. Rechtsnatur der Kapitalerhöhung aus Gesellschaftsmitteln

Umstritten ist die Rechtsnatur der Kapitalerhöhung aus Gesellschaftsmitteln, die bislang nur mit Ausgabe von Aktien erfolgen konnte.

a) Herrschende Meinung

Überwiegend wird sie als eine echte Kapitalerhöhung angesehen[4]. Zur Begründung wird angeführt, dass - ebenso wie bei regulärer Kapitalerhöhung, bei bedingtem und bei genehmigtem Kapital - die Höhe des Grundkapitals der Aktiengesellschaft heraufgesetzt und somit ein weiterer Teil des Gesellschaftsvermögens auch materiell den für das Grundkapital geltenden besonderen Bindungsregeln unterstellt wird[5]. Zudem führe sie - wie alle anderen Formen der Kapitalerhöhung auch - zur Entstehung neuer Mitgliedschaftsrechte[6]. Aber auch nach dieser Ansicht ist die Kapitalerhöhung aus Gesellschaftsmitteln - entgegen der Überschrift des zweiten Abschnitts

---

[2]Regierungsbegründung StückAG, BT-Drs. 13/ 9573 vom 7.1.98, S. 17 f.; Heider in: MüKo, AktG, § 6 Rn. 83.

[3]Regierungsbegründung StückAG, BT-Drs. 13/ 9573 vom 7.1.98, S. 17 f.; Hüffer, AktG, § 7 Rn. 7; § 8 Rn. 28.

[4]LG Tübingen, AG 1991, 406 (408); Lutter in: Kölner Komm., AktG, Vorb. § 207 Rn. 7 ff.; Bungeroth in: Geßler/ Hefermehl, AktG, § 207 Rn. 1; Hüffer, AktG, § 207 Rn. 3; Krieger in: MünchHdb. AG, § 59 Rn. 1; Hirte in: GroßKomm., AktG, § 207 Rn. 32; Than, WM Sonderheft 1991, S. 54f.

[5]Lutter in: Kölner Komm., AktG, Vorb. § 207 Rn. 7 ; Hirte in: GroßKomm., AktG, § 207 Rn. 32; Hüffer, AktG, § 207 Rn. 3.

[6]Bungeroth in: Geßler/ Hefermehl, AktG, § 207 Rn. 1; Lutter in: Kölner Komm., AktG, Vorb. § 207 Rn. 9; Hüffer., AktG, § 207 Rn. 3; Krieger in: MünchHdb. AG § 59 Rn. 1.

des Aktiengesetzes - keine Maßnahme der Kapitalbeschaffung in dem Sinne, dass der Gesellschaft neue Mittel zuflössen[7].

Teilweise wird betont, dass auch die Kapitalerhöhung aus Gesellschaftsmitteln letztlich eine Kapitalmaßnahme darstellt, weil dadurch die für eine Ausschüttung verfügbaren Beträge nicht zur Ausschüttung benutzt werden, sondern im Unternehmen, und zwar nunmehr als haftendes Grundkapital, verbleiben und so seine Innenfinanzierung stärken und eine sonst eventuell notwendige Kapitalbeschaffungsmaßnahme vermieden wird[8].

b) Gegenansicht

Die Gegenansicht versteht die Kapitalerhöhung aus Gesellschaftsmitteln dagegen als bloße Kapital- bzw. Vermögensberichtigung[9] oder als Eigenkapital- bzw. Vermögensumschichtung[10]. Die Kapitalerhöhung aus Gesellschaftsmitteln sei keine „echte Kapitalerhöhung", da es sich dabei materiell nur um die Durchführung einer bilanzmäßigen Kapitalberichtigung oder Vermögensumschichtung (bzw. Eigenkapitalumschichtung) handele, auch wenn formal gesehen eine Erhöhung des Nennkapitals der Gesellschaft erfolgt[11]. Bei jeder ansonsten im Aktiengesetz geregelten Kapitalerhöhung flössen der Gesellschaft neue Mittel zu, darum stehen sämtliche Arten der Kapitalerhöhung im zweiten Abschnitt unter der Überschrift „Maßnahmen der Kapitalbeschaffung". Auch die Kapitalerhöhung aus Gesellschaftsmitteln ist unter dieser Überschrift aufgeführt; dies treffe die Sache aber nicht. Das Gesetz ermögliche in den §§ 207 ff. AktG keine neuen „Maßnahmen der Kapitalbeschaffung", sondern es soll das Grundkapital der tatsächlich vorhandenen Finanzkraft der Gesellschaft angepasst werden, also materiell eine Kapitalberichtigung durchgeführt werden und keine Kapitalbeschaffung[12]. Nach Wiedemann ist bei der Kapitalerhöhung aus

---

[7]Hirte in: GroßKomm., AktG, § 207 Rn. 31; Hüffer, AktG, § 207 Rn. 3; Lutter in: Kölner Komm., AktG, § 207 Rn. 11; Bungeroth in: Geßler/ Hefermehl, AktG, § 207 Rn. 1; Krieger in: MünchHdb. AG, § 59 Rn. 1.

[8]Henn in: Hbd. d. AktR, Rn. 1217, S. 568; s.a. Börner, DB 1988, 1254.

[9]so LG Bonn, AG 1970, 18 (19); Godin/ Wilhelmi, AktG, § 207 Anm. 2.; Priester, GbmHR 1980, 236 (239).

[10]Wiedemann in: GroßKomm., AktG, Anm. II vor § 207; Rauch I, S. 128; ähnlich wohl auch K. Schmidt, Gesellschaftsrecht, S. 910 f.

[11]LG Bonn, AG 1970, 18 (19); Godin/ Wilhelmi, AktG, § 207 Anm. 2; Priester, GmbHR 1980, 236 (239); Rauch I, S: 128 f.

[12]LG Bonn, AG 1970, 18 (19); Priester, GmbHR 1980, 236 (239); Rauch I, S. 128 f.; Godin/ Wilhelmi, AktG, § 207 Anm. 2.

Gesellschaftsmitteln die Vermehrung des Eigenkapitals schon vor dem Erhöhungsbeschluss eingetreten; durch diesen Beschluss wird vielmehr das Grundkapital dem bereits vorhandenen Vermögen der Gesellschaft ganz oder teilweise angeglichen, das Eigenkapital also lediglich umgeschichtet; es handelt sich um einen bilanzmäßigen Passivtausch[13].

Da sich aus den Änderungen, die die Einführung der Stückaktie mit sich bringt, möglicherweise neue Aspekte bezüglich der Rechtsnatur der Kapitalerhöhung aus Gesellschaftsmitteln ergeben, soll an dieser Stelle eine Stellungnahme erfolgen.

c) Stellungnahme

Hauptargument für eine Einordnung als echte Kapitalerhöhung war - neben der Tatsache, dass eine Erhöhung des Grundkapitals als gebundener Teil des Gesellschaftsvermögens erfolgt -, dass mit ihr zwingend die Ausgabe neuer Aktien und somit die Einräumung neuer Mitgliedschaften verbunden war[14]. Dies hatte ehemals sogar dazu geführt, die Kapitalerhöhung aus Gesellschaftsmitteln als Form der regulären Kapitalerhöhung anzusehen[15], indem sie in zwei Maßnahmen zerlegt wurde, nämlich Auskehrung thesaurierten Gewinns an die Aktionäre und anschließende Wiedereinziehung als Einlage auf die neuen Aktien, wobei effektive Zahlungsvorgänge durch Verrechnung vermieden wurden (sog. Theorie der Doppelmaßnahme)[16]. Erst mit dem Aktiengesetz 1965 wurde - der Einheitstheorie folgend - die Kapitalerhöhung aus Gesellschaftsmitteln als einheitlicher Vorgang konstruiert.

Bei der bei Stückaktien möglichen „reinen Kapitalerhöhung aus Gesellschaftsmitteln" ohne Ausgabe von Aktien fällt nun die gleichzeitige Entstehung neuer Mitgliedschaften weg. Die Kapitalerhöhung erfolgt dann nur noch durch eine einfache Umbuchung freier Reserven oder ausgewiesener Gewinne auf das Grundkapitalkonto. Damit wird aber deutlich, dass sie

---

[13]Wiedemann in: GroßKomm., AktG, Vorb II vor § 207.
[14]vgl. Lutter in: Kölner Komm, AktG, Vorb. § 207 Rn. 9.
[15]siehe RGZ 107, 161 (168); 108, 29 (31); BGHZ 15, 391 (392f.) = NJW 1955, 222; RFHE 4, 222 (227 f.); BFGE 65, 437 (443 ff.) = NJW 1958, 280.
[16]vgl. Hüffer, AktG, § 207 Rn. 2; Lutter in: Kölner Komm., AktG, Vorb. § 207 Rn. 1; Bungeroth in: Geßler/ Hefermehl, AktG, § 207 Rn. 8; Baumbach/ Hueck, AktG, Vorb. § 207 Rn. 1; Godin/ Wilhelmi, AktG, § 207 Anm. 2; Hirte in: GroßKomm., AktG, § 207 Rn. 1 f.

letztendlich doch nicht mehr ist als eine reine Buchungsmaßnahme. Es ist daher gerechtfertigt, sie als Vermögensumschichtung oder bloße Umbuchung zu begreifen und nicht als eine echte Kapitalerhöhung, zumindest in dem Sinne, wie das Aktiengesetz diesen Begriff gebraucht. Da nun aber die Variante der Kapitalerhöhung aus Gesellschaftsmitteln ohne Aktienausgabe kaum eine andere Rechtsnatur haben kann als eine solche mit Aktienausgabe, zumal diese beiden Varianten bei der Stückaktie wahlweise zur Verfügung stehen, muss auch die Kapitalerhöhung aus Gesellschaftsmitteln mittels Ausgabe von Aktien als eine reine Buchungsmaßnahme angesehen werden. Die Ausgabe von Aktien beruht hier eben nicht darauf, dass in der Tat neue Mitgliedschaften begründet werden sollen, sondern stellt lediglich eine Kompensationsmaßnahme zur Wiederherstellung des festen Verhältnisses von Gesamtnennbetrag bzw. Grundkapitalziffer und Nennbetrag bzw. Aktienzahl dar. Dementsprechend existiert auch kein Bezugsrecht für neue Aktien, sondern sie stehen den Aktionären ipso iure im Verhältnis ihrer bisherigen Beteiligung zu.

Im Ergebnis ist es sachgerechter, die Kapitalerhöhung aus Gesellschaftsmitteln als reine Umbuchungsmaßnahme bzw. Vermögensumschichtung zu begreifen. Diese Sichtweise wird dem Wesen dieser Maßnahme eher gerecht als in ihr eine „echte Kapitalerhöhung" zu sehen.

2. Verfahren

Das Verfahren der Kapitalerhöhung aus Gesellschaftsmitteln ohne Aktienausgabe entspricht grundsätzlich demjenigen mit Aktienausgabe. In dem Erhöhungsbeschluss ist lediglich gem. § 207 Abs. 2 S. 2 AktG zusätzlich die Art der Erhöhung anzugeben. Dies gilt jedoch nunmehr für jede Form der Kapitalerhöhung aus Gesellschaftsmitteln mit Stückaktien.

Zum Inhalt des Hauptversammlungsbeschlusses über die Kapitalerhöhung aus Gesellschaftsmitteln gehört auch hier die Angabe des Betrags, um den das Grundkapital erhöht werden soll[17]. Im Gegensatz zur Kapitalerhöhung aus Gesellschaftsmitteln mittels Ausgabe von Aktien muss dieser Betrag jedoch hier nicht durch 1 teilbar sein, da der Erhöhungsbetrag nicht dem gesamten Mindestausgabebetrag neu auszugebender Aktien entsprechen

---

[17] vgl. Hüffer, AktG, § 207 Rn.12; Lutter in: Kölner Komm., AktG, § 207 Rn. 10; Bungeroth in: Geßler/ Hefermehl, AktG, § 207 Rn. 16; Hirte in: GroßKomm., AktG, § 207 Rn. 19; Krieger in: MünchHdb. AG, § 59 Rn. 9.

muss (weil keine neuen Aktien ausgegeben werden). Auch ist die Gesellschaft im Gegensatz zur Kapitalerhöhung gegen Aktienausgabe nicht insofern festgelegt, als dass der anteilige Grundkapitalbetrag der jungen Aktien gleich dem der alten Aktien sein muss und dadurch der Erhöhungsbetrag der Summe dieser Beträge der jungen Aktien entsprechen muss. Es kann also jeder beliebige Erhöhungsbetrag gewählt werden.

3. Angabe über Art der Erhöhung gemäß § 207 Abs. 2 S. 2 HS. 2 AktG fehlt

Fraglich sind die Rechtsfolgen, wenn im Beschluss über eine Kapitalerhöhung aus Gesellschaftsmitteln die bei Stückaktien erforderliche Angabe über die Art der Erhöhung fehlt, § 207 Abs. 2 S. 2 HS. 2 AktG. Bei Stückaktien kann die Kapitalerhöhung aus Gesellschaftsmitteln gemäß § 207 AktG entweder mit oder ohne Ausgabe von Aktien durchgeführt werden. In Betracht kommt wiederum entweder eine Nichtigkeit des Beschlusses gemäß § 241 Nr. 3 AktG oder eine bloße Anfechtbarkeit gemäß § 243 AktG. Zur Lösung des Problems kann jedoch möglicherweise auf die Paralleldiskussion zu Verstößen gegen § 215 Abs. 2 S. 3 AktG zurückgegriffen werden, wenn dort bezüglich der voll eingezahlten Nennbetragsaktien die Angabe über die Art der Erhöhung fehlt[18].

Die wohl herrschende Meinung vertritt, dass in diesem Falle der Beschluss nichtig ist, weil der Beschluss ohne diese Angabe nicht vollziehbar sei[19]. Zum Zeitpunkt der Eintragung des Beschlusses müsse außerdem feststehen, ob den Inhabern der volleingezahlten Aktien neue Mitgliedschaftsrechte zuwachsen oder ob die Nennbeträge ihrer Aktien sich erhöhen, denn mit der Eintragung ist die Kapitalerhöhung aus Gesellschaftsmitteln bereits gemäß § 211 Abs. 1 AktG wirksam[20]. Für eine spätere „Ausführung" der Kapitalerhöhung durch den Vorstand nach pflichtgemäßem Ermessen sei kein Raum[21].

---

[18] vgl. a. Hirte in: GroßKomm., AktG, § 207 Rn. 124.

[19] vgl. Bungeroth in: Geßler/ Hefermehl, AktG, § 215 Rn. 14; Hüffer, AktG, § 215 Rn. 5; dieser so jetzt auch für § 207 Abs. 2 S. 2 HS. 2 AktG in § 207 Rn. 11 a; Krieger in: MünchHdb. AG, § 59 Rn. 48; Schippel, DNotZ 1960, 353 (368).

[20] vgl. Bungeroth in: Geßler/ Hefermehl, AktG, § 215 Rn. 14.

[21] vgl. Bungeroth in: Geßler/ Hefermehl, AktG, § 215 Rn. 14.

Ein Teil der Literatur nimmt in diesem Fall lediglich eine Anfechtbarkeit des Beschlusses an[22]: bei fehlender Vorgabe könne der Vorstand nach pflichtgemäßem Ermessen entscheiden, wie er die Kapitalerhöhung „ausführe". Auch spreche die Wirksamkeit der Kapitalerhöhung mit Eintragung im Handelsregister nicht gegen die bloße Anfechtbarkeit, da es durchaus sein könne, dass die Entscheidung über die Art der Erhöhung bereits getroffen wurde, diese nur in dem Beschluss nicht zum Ausdruck komme[23]. Maßgeblich sei vielmehr, dass kein Nichtigkeitsgrund gemäß § 241 Nr. 3 AktG vorliege, da § 215 Abs. 2 S. 3 AktG weder dem Gläubigerschutz diene noch sonst im überwiegenden öffentlichen Interesse liege[24].

Der letztgenannten Ansicht ist auch für den Fall des § 207 Abs. 2 S. 2 HS. 2 AktG zu folgen. Der Einwand, der Beschluss ohne die Bestimmung gemäß § 207 Abs. 2 S. 2 HS. 2 AktG müsse schon deshalb nichtig sein, weil er nicht vollziehbar sei, vermag nicht zu überzeugen. Im Kapitalerhöhungsbeschluss wurde gemäß § 207 Abs. 2 AktG die Erhöhungsziffer festgesetzt. Mit der Eintragung ist das Grundkapital dann gemäß § 211 Abs. 1 AktG auf diesen Betrag erhöht. Einer Vollziehung bedarf es bei Stückaktien in diesem Fall aber gerade nicht mehr. Werden vom Vorstand keine neuen Aktien ausgegeben und dies in der Satzung vermerkt, so erhöht sich durch das Anheben der Grundkapitalziffer automatisch der „anteilige Betrag des Grundkapitals" der einzelnen Stückaktie, § 8 Abs. 4 AktG, da alle Stückaktien stets gleich groß sind, § 8 Abs. 3 AktG. Damit ist die Kapitalerhöhung jedoch wirksam durchgeführt. Durch die automatische Angleichung und die Möglichkeit, ohne Aktienausgabe, also quasi ohne weitere Handlungen, das Grundkapital zu erhöhen, kann das Problem der Undurchführbarkeit gar nicht auftreten. Es ist daher anzunehmen, dass ohne eine Bestimmung in der Satzung und ohne irgendeine weitere Handlung des Vorstandes die Kapitalerhöhung ohne Ausgabe von Aktien geschieht.

Maßgeblich für die Frage, ob Nichtigkeit oder Anfechtbarkeit des Beschlusses anzunehmen ist, ist daher allein § 241 Nr. 3 AktG. Eine Nichtigkeit läge danach dann vor, wenn § 207 Abs. 2 S. 2 AktG dem Gläubigerschutz oder sonst dem überwiegend öffentlichen Interesse diente (vgl. dazu bereits oben). Gläubigerschutzgesichtspunkte werden von § 207 Abs. 2 S.

---

[22]Lutter in: Kölner Komm., AktG, § 215 Rn. 12; Hirte in: GroßKomm., AktG, § 207 Rn. 124; Schlegelberger/ Quassowski, AktG 1937, § 175 Anm. 6.
[23]Hirte in: GroßKomm., AktG, § 207 Rn. 125.
[24]Hirte in: GroßKomm., AktG, § 207 Rn. 126 für § 207 Abs. 2 S. 2 HS. 2 AktG; Lutter in: Kölner Komm, AktG, § 215 Rn. 12 für § 215 Abs. 2 S. 3 AktG.

2 HS. 2 AktG nicht berührt. Das Grundkapital ist in beiden Fällen, egal ob mit oder ohne Aktienausgabe, gleich hoch und aus Gesellschaftsmitteln voll aufgebracht. Diese Vorschrift liegt auch nicht überwiegend im öffentlichen Interesse. Das öffentliche Interesse soll insbesondere dann gegeben sein, wenn eine Vorschrift nicht nur den Schutz der beschließenden Aktionäre bezweckt, sondern auch den der Gläubiger und der künftigen Aktionäre oder wenn die beschließenden Aktionäre nach dem Willen des Gesetzgebers nicht auf diesen Schutz verzichten können[25]. § 207 Abs. 2 S. 2 HS. 2 AktG dient ausschließlich den Interessen der beschließenden Aktionäre. Nur für diese ist es von Bedeutung, ob sie einen Anteil mit höherem „anteiligen Betrag des Grundkapitals" oder statt dessen „Gratisaktien" erhalten. Daher ist mangels überwiegenden öffentlichen Interesses von einer bloßen Anfechtbarkeit auszugehen. Dies ist auch interessengerecht. Eine Anfechtung kann nämlich Vor- oder Nachteile haben, dem Verwaltungsaufwand bei Gratisaktien stehen eventuelle Kursgewinne gegenüber. Außenstehende Dritte und auch zukünftige Aktionäre werden von dieser Entscheidung jedenfalls nicht berührt. Es ist daher vorzugswürdig, es der Entscheidung der Aktionäre zu überlassen, ob sie mit der Ausführung des Vorstands, bzw. im Zweifel mit der Kapitalerhöhung ohne Ausgabe von Aktien, einverstanden sind, oder ob sie auf eine Aktienausgabe bestehen und deshalb den Beschluss anfechten.

## II. Kapitalerhöhung entgegen § 182 Abs. 1 S. 5 AktG: Ausgabe einer zu geringen bzw. zu hohen Aktienzahl im Verhältnis zur Grundkapitalerhöhung

Schließlich sind Fälle denkbar, bei denen in Rahmen der Kapitalerhöhung das Grundkapital und die Zahl der Aktien nicht im gleichen Verhältnis erhöht werden.

### 1. Zu viele Aktien im Verhältnis zur Grundkapitalerhöhung

Wie in Kapitel 2 bereits dargestellt[26], soll § 182 Abs. 1 S. 5 AktG sicherstellen, dass im Rahmen einer Kapitalerhöhung gegen Einlagen eine Schmälerung der Beteiligung der Alt-Aktionäre nicht eintritt. Dürfen das Grundkapital und die Aktienzahl nur im gleichen Verhältnis erhöht wer-

---

[25]Regierungsbegründung zu § 195 Nr. 3 AktG 1937, Reichsanzeiger 1937 Nr. 28, 2. Beil., S. 1; Hüffer in: Geßler/ Hefermehl, AktG, § 241 Rn. 46.

[26]vgl. Kap. 2 II 3.

den, bedeutet dies, dass die neuen Aktien zu dem gleichen „anteiligen Betrag des Grundkapitals“ wie die Alt-Aktien ausgegeben werden und die verhältnismäßige Beteiligung am Grundkapital der Aktien gleich bleibt.

Es stellt sich aber nun die Frage, welche Folge sich in Fällen des Missbrauchs ergibt, wenn arglistig (etwa infolge falscher Angaben durch den Vorstand) oder auch nur versehentlich eine Zeichnung entgegen § 182 Abs.1 S. 5 AktG von verhältnismäßig zu vielen Aktien erfolgt. Als Beispiel soll der folgende Fall dienen: Eine Gesellschaft, die ein Grundkapital von 1.000.000 Euro bei 10.000 ausgegebenen Aktien aufweist, erhöht ihr Grundkapital um 1.000.000 Euro, gibt dabei aber 20.000 neue Aktien aus. Eine Unterpariemission gem. § 9 Abs. 1 AktG liegt dabei nicht vor, denn das erhöhte Grundkapital (1.000.000 Euro) wird von den neuen Aktionären voll aufgebracht. Allerdings ist der „anteilige Betrag des Grundkapitals“ und damit auch gem. § 9 Abs. 1 AktG der Mindestausgabebetrag aller Aktien - auch der der Alt-Aktionäre - nun niedriger; er beträgt nun bei allen Aktien 66,66 Euro statt zuvor 100 Euro. Denn der „anteilige Betrag des Grundkapitals“ gemäß § 8 Abs. 4 AktG richtet sich nach der Zahl der tatsächlich existierenden Aktien und nicht nach der in der Satzung angegebenen Aktienzahl[27]. Diesen geringeren Betrag müssten die neuen Aktionäre auch nur als Mindesteinlage gem. § 9 Abs. 1 AktG zahlen, wobei sie bei Wirksamkeit der Kapitalerhöhung den gleichen Anteil pro Aktien erhielten, wie die Alt-Aktionäre. Die überproportionale Erhöhung der Aktienzahl im Vergleich zum Grundkapital zieht eine Kapitalverwässerung im Sinne einer Schmälerung der Beteiligung der einzelnen Aktie am Grundkapital der Alt-Aktionäre nach sich.

Es sind verschiedene Fälle denkbar, die ein derartiges Ergebnis zur Folge haben würden.

a) Beschluss einer Kapitalerhöhung entgegen § 182 Abs. 1 S. 5 AktG

Zunächst wäre es möglich, dass die Aktionäre einen Kapitalerhöhungsbeschluss gemäß § 182 AktG fassen, der eine Erhöhung des Grundkapitals mit Ausgabe einer verhältnismäßig höheren Aktienzahl vorsieht, wodurch der Mindestausgabebetrag der neuen Aktien geringer ist als der der Alt-Aktien. Ein derartiger Kapitalerhöhungsbeschluss verstößt jedoch gegen § 182 Abs. 1 S. 5 AktG, der besagt, dass bei Gesellschaften mit Stückakti-

[27] vgl. Kap. 2 II 3.

en sich die Zahl der Aktien in demselben Verhältnis wie das Grundkapital erhöhen muss.

aa) Rechtsfolge des Verstoßes gegen § 182 Abs.1 S. 5 AktG

Es stellt sich daher die Frage, welche Rechtsfolge ein solcher Verstoß des Kapitalerhöhungsbeschlusses gegen § 182 Abs. 1 S. 5 AktG nach sich zieht. Das Gesetz sieht für den Fall eines Gesetzesverstoßes entweder Nichtigkeit (§§ 241 f. AktG) oder Anfechtbarkeit (§§ 243 ff. AktG) vor. Liegt keiner der in § 241 AktG abschließend aufgezählten Nichtigkeitsgründe vor, so ist der Beschluss nur anfechtbar. Stellungnahmen der Literatur zu den Rechtsfolgen eines Verstoßes gegen § 182 Abs. 1 S. 5 AktG liegen bislang nicht vor[28].

Fraglich ist dabei zunächst, ob ein derartiger Kapitalerhöhungsbeschluss nicht auch gleichzeitig einen Verstoß gegen § 8 Abs. 3 S. 1 AktG darstellt, wonach alle Stückaktien gleich groß sind. Dies ist jedoch nicht der Fall. Ein Verstoß gegen § 8 Abs. 3 S. 1 AktG ist begrifflich gar nicht möglich. § 8 Abs. 3 S. 1 AktG stellt keine Verbots- oder Gebotsnorm dar, sondern definiert vielmehr das Wesen der Stückaktie. Nach § 8 Abs. 3 S. 1 AktG „sind" alle Stückaktien gleich groß, nicht „müssen gleich groß sein". Es gibt also keine unterschiedlich großen Stückaktien. So legt § 8 Abs. 3 AktG auch nach der Regierungsbegründung zum Stückaktiengesetz die wesentlichen Eigenschaften der Stückaktie fest[29]; § 8 Abs. 3 S. 1 AktG begründet die Konzeption der Stückaktie als einen veränderlichen Anteil, dessen „anteiliger Betrag des Grundkapitals" sich stets nach dem Verhältnis von Grundkapitalziffer und Aktienzahl richtet. Auch wenn Grundkapital und Aktienzahl nicht, wie gemäß § 182 Abs. 1 S. 5 AktG vorgesehen, im gleichen Verhältnis erhöht werden, ändert dies nichts daran, dass sämtliche Aktien, sowohl die neuen als auch die alten, weiterhin gleich groß sind. Dies hat vielmehr zur Folge, dass nunmehr der „anteilige Betrag des Grundkapitals" der einzelnen Aktie geringer ist. Gegen die Definitionsnorm des § 8 Abs. 3 S. 1 AktG wird dabei nicht verstoßen (vgl. auch oben Kap. 2 II 3).

---

[28]lediglich ein kurzer Hinweis bei Hüffer, AktG, § 182 Rn. 17, der von einer bloßen Anfechtbarkeit ausgeht.
[29]Regierungsbegründung StückAG, BT-Drs. 13/ 9573 vom 7.1.98, S. 14.

Damit sind hier lediglich die Verstoßfolgen des § 182 Abs. 1 S. 5 AktG zu untersuchen. In Betracht käme vorliegend möglicherweise eine Nichtigkeit gem. § 241 Nr. 3, 1. oder 3. Alt. AktG.

Gem. § 241 Nr. 3, 1. Alt. AktG ist ein Beschluss der Hauptversammlung nichtig, wenn er mit dem Wesen der Aktiengesellschaft nicht zu vereinbaren ist; gem. § 241 Nr. 3, 3. Alt. AktG ist er nichtig, wenn er durch seinen Inhalt Vorschriften verletzt, die im öffentlichen Interesse gegeben sind. Dabei liegt nach herrschender Meinung das Hauptgewicht der Norm bei der Verletzung von Vorschriften, die im öffentlichen Interesse gegeben sind, während der Unvereinbarkeit mit dem Wesen der Aktiengesellschaft lediglich eine Auffangfunktion zukommt, die der Beeinträchtigung des aktienrechtlichen ordre public entspricht[30]. Unabhängig davon, ob ein Verstoß gegen § 182 Abs. 1 S. 5 AktG unter § 241 Nr. 3, 1. oder 3. Alt AktG eingeordnet wird, stellt sich die grundsätzliche Frage, ob bei einem Verstoß gegen zwingende Vorschriften des Aktienrechts – als eine solche ist § 182 Abs. 1 S. 5 AktG angesichts § 23 Abs. 5 AktG zweifellos einzuordnen[31] - generell Nichtigkeit anzunehmen ist, oder ob auch die Rechtsfolge der Anfechtbarkeit als Sanktion genügen kann.

Diese Frage, ob satzungsändernde Beschlüsse, die gegen die zwingenden Vorschriften des Gesetzes verstoßen, generell nach § 241 Nr. 3 AktG nichtig sind, ist umstritten. Der BGH hat diese Frage bislang offen gelassen[32].

Die früher wohl herrschende Ansicht ist der Auffassung, dass bei Verstoß gegen zwingende aktienrechtliche Vorschriften stets Nichtigkeit des satzungsändernden Beschlusses anzunehmen ist[33]. Zur Begründung wird an-

---

[30]Baumbach/ Hueck, AktG, § 241 Rn. 7 ff.; Godin/ Wilhelmi, AktG, § 241 Anm. 8 ff.; Zöllner in: Kölner Komm., AktG, § 241 Rn. 96 ff.; Hüffer, AktG, § 241 Rn. 16; Hüffer in: Geßler/ Hefermehl, AktG, § 241 Rn. 41; aA: Röhricht in: GroßKomm., AktG, § 23 Rn. 202 f.; K. Schmidt in: GroßKomm., AktG, § 241 Rn. 54 ff.; Würdinger, AktG, § 30 II 3 c; Scheuerle, AcP 163 [1963], 429 (438); Huber in: FS für Coing, Bd. II 1981, S. 167 (184 ff.).

[31]vgl. auch Röhricht in: GroßKomm., AktG, § 23 Rn. 167 m.w.N.: alle Vorschriften des Aktienrechts sind zwingendes Recht.

[32]BGHZ 99, 211 (217); BGH NJW 1988, 260; 1988, 1214.

[33]OLG Düsseldorf, AG 1968, 19 (22); Godin/ Wilhelmi, AktG, § 241 Anm. 10; K. Schmidt in: GroßKomm., AktG, § 241 Rn. 56; Schilling in: GroßKomm., AktG (Vorauflage), § 241 Anm. 22; Würdinger, AktR, § 30 II 3 c; U. Huber in: FS Coing, Bd. II, S. 167 (184ff.); Geßler, ZGR 1980, 427, 440 ff.

geführt, dass dies der ursprünglichen Intention des § 241 Nr. 3 AktG entspreche[34] und dass jedenfalls § 23 Abs. 5 AktG eine überwiegend im öffentlichen Interesse liegende Vorschrift sei, gegen die mit dem satzungsändernden Beschluss verstoßen werde[35]. Außerdem wirke die Satzung als in der Zukunft geltende Regelung zum Nachteil künftiger Aktionäre, auf deren Schutz die gegenwärtigen Aktionäre nicht verzichten könnten[36]. Nach dieser Ansicht würde ein Verstoß gegen die zwingende Vorschrift des § 182 Abs. 1 S. 5 AktG die Nichtigkeit des Kapitalerhöhungsbeschlusses zur Folge haben.

Demgegenüber ist nach einer neueren Ansicht eine differenzierte Betrachtungsweise angezeigt[37]. Nichtigkeit des Beschlusses sei auch bei Verstoß gegen zwingende Vorschriften nur dann anzunehmen, wenn diese zu dem von einem öffentlichen Interesse getragenen Regelungskern gehörten[38] bzw. wenn es sich um einen Eingriff in eine nicht verzichtbare Position der Aktionäre handele[39]. Ist dies nicht der Fall, sei lediglich Anfechtbarkeit anzunehmen. Zur Begründung wird ausgeführt, dass diese differenzierende Sichtweise vom Wortlaut des § 241 Nr. 3 AktG vorausgesetzt werde, der nicht von zwingenden Bestimmungen, sondern vom öffentlichen Interesse spreche, und auch dem auf Rechtssicherheit gerichteten Regelungszweck entspreche[40]. Insbesondere widerspreche es dem Anliegen der Norm („nur dann nichtig"), im Interesse der Rechtssicherheit die Fälle der Nichtigkeit einzuschränken, wenn im Ergebnis jeder Verstoß gegen zwingendes Aktienrecht Nichtigkeit des Hauptversammlungsbeschlusses begründe[41]. Schließlich wird der früher herrschenden Ansicht entgegengehalten, dass künftige Aktionäre möglicherweise von der Geltung der eingetragenen Satzungsregelung ausgehen und dass die Nichtigkeit für sie eine nachteilige Überraschung bedeuten könne, zumal die im Aktienerwerb liegende Unterwerfung unter die Satzung der Aktiengesellschaft ebenso eine Billi-

---

[34]vgl. U. Huber in: FS Coing, Bd. II, S. 167 (184ff.).
[35]so OLG Düsseldorf, AG 1968, 19 (22).
[36]Schilling in: GroßKomm., AktG (Vorauflage), § 241 Anm. 22.
[37]vgl. Zöllner in: Kölner Komm, AktG, § 241 Rn. 114 ff., 116; Hüffer in: Geßler/ Hefermehl, AktG, § 241 Rn. 50; Hüffer, AktG, § 241 Rn. 19; im Ergebnis jetzt auch Semler in: MüchHdb. AG, § 41 Rn. 15; Hüffer in: MüKo, AktG, § 241 Rn. 61.
[38]Hüffer in: Geßler/ Hefermehl, AktG, § 241 Rn. 15; Hüffer in: MüKo, AktG, § 241 Rn. 49.
[39]Zöllner in: Kölner Komm., AktG, § 241 Rn. 116.
[40]vgl. Hüffer, AktG, § 241 Rn. 19; Hüffer in: MüKo, AktG, § 241 Rn. 61.
[41]Hüffer, AktG, § 241 Rn. 16; Hüffer in: Geßler/ Hefermehl, AktG, § 241 Rn. 40; vgl. a. Zöllner in Kölner Komm., AktG, § 241 Rn. 3; Hüffer in: MüKo, AktG, § 241 Rn. 50.

gung der Satzungsregelung darstellen könne wie die Unterlassung der Anfechtung durch gegenwärtige Aktionäre[42]. Es käme also nach dieser Ansicht im vorliegenden Fall darauf an, ob § 182 Abs. 1 S. 5 AktG überwiegend im öffentlichen Interesse liegt bzw. ob die Aktionäre auf dessen Einhaltung verzichten können.

Der neueren differenzierten Ansicht ist zu folgen. Das Vorschriften des Aktiengesetzes sind gem. § 23 Abs. 5 AktG grundsätzlich zwingend[43]. Es kann daher in der Tat nicht angenommen werden, dass fast sämtliche Vorschriften des Gesetzes zum Wesen der Aktiengesellschaft gehören oder im öffentlichen Interesse liegen. Der Wortlaut des § 241 Nr. 3 AktG wäre so nicht verständlich. Auch würde die Unterscheidung zwischen Nichtigkeit und Anfechtbarkeit in diesem Falle nahezu gegenstandslos. Ein Verstoß gegen § 23 Abs. 5 AktG liegt zudem bei einem gegen § 182 Abs. 1 S. 5 AktG verstoßenden Kapitalerhöhungsbeschluss gar nicht vor. Die Satzung selbst verstößt nämlich in diesem Fall nicht gegen § 182 Abs. 1 S. 5 AktG. In der Satzung wird lediglich die Zahl der Aktien und die Grundkapitalziffer geändert, vgl. § 23 Abs. 3 Nr. 3 und 4 AktG. Der Verstoß gegen § 182 Abs. 1 S. 5 wird in der Satzung selbst nicht dokumentiert. Es verstößt nur der Erhöhungsbeschluss im Sinne der Anweisung des Vorstandes und die daraufhin vom Vorstand vorgenommene Durchführung der Kapitalerhöhung gegen § 182 Abs. 1 S. 5 AktG. Für die Fehlerhaftigkeit von Hauptversammlungsbeschlüssen gilt aber allein § 241 AktG. Es ist also richtigerweise zu fragen, ob § 182 Abs. 1 S. 5 AktG zu den Normen gehört, die überwiegend im öffentlichen Interesse liegen oder die zum Wesen der Aktiengesellschaft gehören. Schutzzweck des § 182 Abs. 1 S. 5 AktG ist die Verhinderung einer Kapitalverwässerung der Alt-Aktionäre[44]. § 182 Abs. 1 S. 5 AktG schützt daher ausschließlich mitgliedschaftliche Interessen. Zwar zählen gemäß der amtlichen Begründung zum AktG 1937[45] grundsätzlich auch Vorschriften des Aktienrechts, die den Schutz der Aktionäre bezwecken, zu den Vorschriften, die im öffentlichen Interesse gegeben sind. Dabei muss jedoch differenziert werden. Dies gilt unstreitig für Vorschriften, die den Schutz der künftigen Aktionäre bezwecken, weil diese weder an der Beschlussfassung beteiligt sind noch rechtswidrige Beschlüs-

---

[42] Zöllner in: Kölner Komm., AktG, § 241 Rn. 115.

[43] Penz in: MüKo, AktG, § 23 Rn. 152 ff.; Hüffer, AktG, § 23 Rn. 36; Röhricht in: GroßKomm., AktG, § 23 Rn. 167.

[44] vgl. Regierungsbegründung StückAG, BT-Drs. 13/ 9573 vom 7.1.98, S. 17.

[45] amtliche Begründung zu § 195 Nr. 3, AktG 1937, Reichsanzeiger 1937 Nr. 28, 2. Beil. S. 1.

se anfechten können[46]. Anders ist die Situation jedoch bei Vorschriften, die dem Schutz der beschließenden Alt-Aktionäre dienen. Diese können entweder den Beschluss verhindern, indem sie dagegen stimmen oder sie können den Beschluss anfechten. Damit sind die Alt-Aktionäre nicht schutzbedürftig in dem Sinne, dass zwingend eine Nichtigkeit bei Verstoß gegen die Vorschrift eintreten müsste.

Es könnte daher eine solche Bestimmung, die lediglich den Schutz der gegenwärtigen Aktionäre bezweckt, nur dann bei Verletzung die Nichtigkeit des Hauptversammlungsbeschlusses begründen, wenn die gegenwärtigen Aktionäre auf den Schutz nach dem Willen des Gesetzgebers nicht verzichten dürfen[47].

Die Generalklausel des § 241 Nr. 3 AktG muss dabei vor dem Hintergrund des § 243 Abs. 1 AktG gesehen werden, wonach die bloße Gesetzeswidrigkeit noch keine Nichtigkeit zur Folge hat, sondern im Interesse der Rechtssicherheit nur zur Anfechtung berechtigt[48]. Insbesondere die ungleiche Behandlung von Aktionären, also ein Verstoß gegen das Gleichbehandlungsgebot gem. § 53 a AktG, genügt nach allgemeiner Ansicht nicht für die Nichtigkeit, so sehr man darin auch einen „Wesensverstoß" erblicken könnte[49]. § 182 Abs. 1 S. 5 AktG ist aber letztlich nur ein Ausfluss des Gleichbehandlungsgebotes; die neuen Aktionäre sollen nicht auf Kosten der Alt-Aktionäre Vorteile erhalten. Dies spricht daher dafür, § 182 Abs. 1 S. 5 AktG im Einzelfall als für den Aktionär verzichtbar anzusehen und bei Verstoß lediglich eine Anfechtbarkeit des Beschlusses anzunehmen. Auch entsteht kein dauerhafter Verstoß gegen § 8 Abs. 3 S. 2 AktG.

---

[46] vgl. Baumbach/ Hueck, AktG, § 241 Rn. 9; Godin/ Wilhelmi, AktG, § 241 Rn. 10; Zöllner in: Kölner Komm., AktG, § 241 Rn. 110; Hueck, Anfechtbarkeit, S. 77 f; vgl. a. amtl. Begründung zu § 195 Nr. 3 AktG 1937, Reichsanzeiger Nr. 28, 2. Beil. S. 1.

[47] amtliche Begründung zu § 195 Nr. 3 AktG 1937, Reichsanzeiger Nr. 28, 2. Beil. S. 1; vgl. a. Zöllner in: Kölner Komm., AktG, § 241 Rn. 111; Baumbach/ Hueck, AktG, § 241 Rn. 9; Godin/ Wilhelmi, AktG, § 241 Anm. 10; Hüffer in: Geßler/ Hefermehl, AktG, § 241 Rn. 46; Hueck, Anfechtbarkeit, S. 77 f.; Hüffer, AktG, § 241 Rn. 18.

[48] Zöllner in: Kölner Komm., AktG, § 241 Rn. 3; Hüffer, AktG, § 241 Rn. 1; Hüffer in: Geßler/ Hefermehl, AktG, § 241 Rn. 5; Baumbach/ Hueck, AktG, § 241 Rn. 2 f.; Semler in: MünchHdb. AG, § 41 Rn. 25; K. Schmidt, Gesellschaftsrecht, § 28 IV 5 c, S. 865.

[49] ganz hM vgl. RGZ 118, 67 f.; RG JW 1935, 1776; LG Köln, AG 1981, 81 f.; Lutter/ Zöllner in: Kölner Komm., AktG, § 53 a Rn. 32 f.; Hefermehl/ Bungeroth in: Geßler/ Hefermehl, AktG, § 53 a Rn. 22; Baumbach/ Hueck, AktG, § 243 Rn. 7; Godin/ Wilhelmi, AktG, § 11 Anm. 8; Hüffer, AktG, § 243 Rn. 29; K. Schmidt, Gesellschaftsrecht, § 28 IV 5 c, S. 865; G. Hueck, Der Grds. der gleichmäßigen Behandlung, S. 309 ff.

Dieser besagt, dass alle Aktien gleich groß sind und könnte als wesensbestimmend für eine Gesellschaft mit Stückaktien angesehen werden. Durch die automatische Angleichung der Anteile ist dieser Grundsatz stets gewahrt; wie oben gesehen[50] stellt § 8 Abs. 3 S. 2 AktG keine Verbotsnorm dar, sondern definiert die Stückaktie. Ein weiteres Argument für die bloße Anfechtbarkeit ist der Vergleich mit § 255 Abs. 2 AktG. Dieser bestimmt für andere Fallgestaltungen, die ebenfalls eine Kapitalverwässerung zur Folge haben, gleichfalls nur eine Anfechtbarkeit des Beschlusses unter bestimmten Voraussetzungen. Schließlich spricht gegen eine Unverzichtbarkeit und damit Nichtigkeit, dass eine Kapitalerhöhung zu Lasten der Alt-Aktionäre im Einzelfall von den Alt-Aktionären durchaus gewollt sein kann. Denkbar ist etwa, dass eine Kapitalerhöhung bei ansonsten höheren Mindestausgabebeträgen scheitern würde und die Gesellschaft dringend neues Kapital benötigt. Es muss dann den Alt-Aktionären die Entscheidung überlassen bleiben, diesen Nachteil hinzunehmen und den Beschluss nicht anzufechten oder sich im Wege der Anfechtung dagegen zu wehren.

Im Ergebnis ist daher Folge eines Verstoßes des Kapitalerhöhungsbeschlusses gegen § 182 Abs. 1 S. 5 AktG lediglich die Anfechtbarkeit des Beschlusses gem. § 243 Abs. 1 AktG[51].

bb) Weitere Rechtsfolgen

Der Beschluss kann dann gem. § 246 Abs. 1 AktG von den gem. § 245 AktG zur Anfechtung Befugten innerhalb eines Monats angefochten werden. Daran ändert auch eine vorher fälschlicherweise im Handelsregister eingetragene Durchführung der Kapitalerhöhung nichts. Die Eintragung der Durchführung hat grundsätzlich keine Wirkung auf die Anfechtbarkeit des Kapitalerhöhungsbeschlusses[52], es tritt keine Heilung ein.

(1) Nach unterbliebener Anfechtung

Wird innerhalb dieser Frist nicht angefochten, so ist die Kapitalerhöhung endgültig wirksam. Folge ist, dass mit Eintragung der Kapitalerhöhung wegen der in § 8 Abs. 3 S. 2 AktG vorgeschriebenen Größengleichheit

---

[50] vgl. Kap. 2 II 3.

[51] so im Ergebnis auch Hüffer, AktG, § 182 Rn. 17.

[52] RGZ 124, 279 (288 f.); Hefermehl/ Bungeroth in: Geßler/ Hefermehl, AktG, § 189 Rn. 31; Lutter in: Kölner Komm., AktG, § 189 Rn. 6; Godin/ Wilhelmi, AktG, § 189 Rn. 1; Wiedemann in: GroßKomm., AktG, § 189 Rn. 25 ff.; Hüffer, AktG, § 189 Rn. 5.

sämtlicher Stückaktien sich die „anteiligen Beträge des Grundkapitals" aller Aktien angleichen und sich die auf die alten Aktien entfallende Beteiligungsquote entsprechend überproportional vermindert. Zu den daraus folgenden Ansprüchen der Aktionäre vergleiche unten[53].

(2) Nach erfolgter Anfechtung

Wurde die Kapitalerhöhung innerhalb der Frist angefochten, so kommt dem rechtskräftigen Anfechtungsurteil grundsätzlich Rückwirkung zu[54]. Nach neuerer Ansicht erlöschen die Mitgliedschaftsrechte allerdings nicht ex tunc, sondern entsprechend der Lehre von der fehlerhaften Gesellschaft nur ex nunc mit Rechtskraft des Urteils[55]. Die Zeichner sind dann nach herrschender Meinung nicht mehr Aktionäre, selbst wenn Aktienurkunden ausgegeben wurden[56]. Nach herrschender Ansicht kommt aus wertpapierrechtlicher Sicht wegen des Fehlens eines wirksamen Mitgliedschaftsrechts auch ein gutgläubiger Erwerb nicht in Betracht[57].

Etwas anderes hat jedoch, wie oben bereits gesehen[58], für Stückaktien zu gelten. Die aktienrechtlichen Besonderheiten, die bei Nennbetragsaktien eine Überlagerung des Wertpapierrechts rechtfertigen, greifen für den Fall der Stückaktie nicht ein[59]. Dies hat zur Folge, dass bei Gesellschaften mit Stückaktien im Falle der Anfechtung des Kapitalerhöhungsbeschlusses wegen Verstoßes gegen § 182 Abs. 1 S. 5 AktG gutgläubig die ausgegebenen Aktien erworben werden können. Damit tritt die befürchtete Kapital-

---

[53] Kap. 5 II 1 c).

[54] K. Schmidt in: Großkomm., AktG, § 248 Rn. 7; Hüffer, AktG, § 248 Rn. 7 a; Hüffer in: Geßler/ Hefermehl, AktG, § 248 Rn. 15; Baumbach/ Hueck, AktG, § 248 Rn. 4; Stein-Jonas, Komm. ZPO, vor § 253 Anm. II 3 e; Rosenberg/ Schwab, ZPR, § 95 II 2.

[55] vgl. K. Schmidt in: Großkomm., AktG, § 248 Rn. 7; Hüffer, AktG, § 248 Rn. 7a; Zöllner, AG 1993, 68 ff.; Zöllner/ Winter, ZHR 158 (1994), 59 (61); Kort, ZGR 1994, 291 (305 f.); Huber in: FS für H.P. Claussen, S. 147 ff.; vgl. auch schon RGZ 120, 363 (369).

[56] Hefermehl/ Bungeroth in: Geßler/ Hefermehl, AktG, § 189 Rn. 36; Hüffer, AktG, § 189 Rn. 6; Lutter in: Kölner Komm., AktG, § 189 Rn. 4; Huber in: FS für H.P. Claussen, S. 147 (151); Schleyer, AG 1957, 145 (146).

[57] Lutter in: Kölner Komm., AktG, § 189 Rn. 6; Bungeroth in: Geßler/ Hefermehl, AktG, § 189 Rn. 25 ff., 36; Hüffer, AktG, § 189 Rn. 4 ff.; Krieger in: MünchHdb. AG, § 56 Rn. 121; Huber in: FS für H.P. Claussen, S. 147 (151); Kort, ZGR 1994, 291 (303 f.); vgl. auch schon oben Kap. 3 II 3.

[58] vgl. Kap. 3 II 3.

[59] vgl. o. Kap. 3 II 3.

verwässerung der Altaktionäre unumstößlich ein. Dies gilt jedoch nur für den gutgläubigen Dritterwerb; denn die Zeichner selbst hätten den zu geringen Ausgabebetrag ihrer Aktien im Vergleich zu den Altaktien den Angaben des Handelsregisters entnehmen können und sind damit nicht schutzwürdig. Allerdings sind dennoch Manipulationen denkbar, indem etwa zunächst die Aktien mit dem zu geringen „unechten Nennwert" von einem Aktionär oder Vorstandsmitglied gezeichnet werden, um sie anschließend gleich an gutgläubige Dritte zu veräußern. Im Gegensatz zur unterbliebenen rechtzeitigen Anfechtung ist im Falle des rechtskräftigen Anfechtungsurteils nicht einmal das Grundkapital wirksam erhöht. Außerdem sind nach Nichtigerklärung des Kapitalerhöhungsbeschlusses infolge des Anfechtungsurteils gemäß § 158 Abs. 2 BGB auch die Zeichnungen und Zeichnungsverträge unwirksam[60], so dass zusätzlich keine Einlagen mehr gezahlt werden müssen bzw. gezahlte Einlagen gemäß § 812 Abs. 1 BGB zurückverlangt werden können[61]. Die gutgläubigen Zweiterwerber sind angesichts der fehlenden Kennzeichnung der ausstehenden Einlagen auf der Aktienurkunde ebenfalls nicht zur Einlageleistung verpflichtet[62]. Damit sinkt der „unechte Nennbetrag" bei einem gutgläubigen Erwerb vieler Aktien zusätzlich beträchtlich.

b) Eingetragene Durchführung entspricht nicht Kapitalerhöhungsbeschluss

Des weiteren ist die Fallgestaltung vorstellbar, dass der Kapitalerhöhungsbeschluss zwar mit § 182 Abs. 1 S. 5 AktG in Einklang steht, die durchgeführte Kapitalerhöhung jedoch nicht mit dem Inhalt des Beschlusses übereinstimmt und tatsächlich mehr Aktien ausgegeben werden.

Für den Fall der Ausgabe von Nennbetragsaktien wird von der wohl herrschenden Meinung vertreten, dass dann grundsätzlich nur die Zeichnungs-

[60]vgl. Hüffer, AktG, § 185 Rn. 27; Hefermehl/ Bungeroth in: Geßler/ Hefermehl, AktG, § 185 Rn. 101; Lutter in: Kölner Komm., AktG, § 185 Rn. 36; Krieger in: MünchHdb. AG, § 56 Rn. 106; vgl. auch Wiedemann in: GroßKomm., AktG, § 185 Rn. 67 zur Vorgehensweise nach der Lehre vom fehlerhaften Organisationsakt.

[61]Die ursprünglichen Zeichner können allenfalls entsprechend § 277 Abs. 2 AktG zur Leistung der Einlage verpflichtet sein, wenn dies zur Erfüllung von Gesellschaftsverbindlichkeiten erforderlich ist, die nach Eintragung begründet worden sind, vgl. RGZ 143, 394 (399); 144, 138 (141); Hüffer, AktG, § 185 Rn. 27; Hefermehl/ Bungeroth in: Geßler/ Hefermehl, AktG, § 185 Rn. 104; Lutter in: Kölner Komm., AktG, § 185 Rn. 36; Krieger in: MünchHdb. AG, § 56 Rn. 121; Schleyer, AG 1957, 145 (146).

[62]vgl. oben Kapitel 3 II 3.

verträge wirksam sind, die bis zur Ausschöpfung des Erhöhungsbetrags geschlossen werden; alle danach geschlossenen Zeichnungsverträge seien, weil auf einen von Anfang an unmöglichen Erfolg gerichtet, in entsprechender Anwendung des § 306 BGB nichtig; denn es können nur so viele Aktien gezeichnet werden, wie die Summe deren Nennbeträge der Erhöhungsziffer des Grundkapitals entspreche[63]. Vorrangig seien nur die Verträge von Inhabern mit gesetzlichen Bezugsrechten zu bedienen; im übrigen gelte der Prioritätsgrundsatz[64]. Der Zeichner mit unwirksamen Zeichnungsvertrag werde auch bei Eintragung der Durchführung in das Handelsregister (§§ 188, 189 AktG) und Ausgabe von Aktienurkunden nicht Aktionär[65]. Eine neuere Ansicht hält dagegen bei Nennbetragsaktien alle Zeichnungsverträge für wirksam und vertritt nach vorrangiger Bedienung der Bezugsrechte eine Verteilung nach Gleichbehandlungsgesichtspunkten[66]. Es bestehe wie bei einer beschränkten Gattungsschuld eine Gefahren- bzw. Risikogemeinschaft zwischen allen Zeichnern; das Überzeichnungsrisiko habe jeder Zeichner anteilig zu tragen[67]. Der Zeichner, der wegen der Überzeichnung nicht in dem im Zeichnungsvertrag vereinbarten Umfang an der Kapitalerhöhung teilnimmt, habe gegen die Aktiengesellschaft einen Anspruch auf Ersatz des Vertrauensschadens analog § 122 BGB[68].

Im Falle der Ausgabe von Stückaktien kann ein derartiges Problem nicht auftreten. Durch das Fehlen eines Nennbetrags und durch die jeweilige Anpassung des „anteiligen Betrags des Grundkapitals" der einzelnen Stückaktie gemäß § 8 Abs. 3, Abs. 4 AktG entsprechend der tatsächlichen

---

[63]Hefermehl/ Bungeroth in: Geßler/ Hefermehl, AktG, § 185 Rn. 105; Hüffer, AktG, § 185 Rn. 26; Krieger in: MünchHdb. AG, § 56 Rn. 101; Lutter in: Kölner Komm., AktG, Vorauflage, § 185 Rn. 25; Ritter, AktienR, § 30 AktG 1937 Anm. 3b.

[64]Hüffer, AktG, § 185 Rn. 26; Hefermehl/ Bungeroth in: Geßler/ Hefermehl, AktG, § 185 Rn. 106; Lutter in: Kölner Komm., AktG (Vorauflage), § 185 Rn. 26; Krieger in: MünchHdb. AG, § 56 Rn. 101.

[65]Hefermehl/ Bungeroth in: Geßler/ Hefermehl, AktG, § 185 Rn. 107; Hüffer, AktG, § 185 Rn. 26; Lutter in: Kölner Komm., AktG (Vorauflage), § 185 Rn. 27.

[66]Lutter in: Kölner Komm., AktG, § 185 Rn. 27 ff; Wiedemann in: GroßKomm., AktG, § 185 Rn. 39 f. unter Bezugnahme auf RGZ 84, 125 (128); 95, 264 (268); 100, 134 (137).

[67]Lutter in: Kölner Komm., AktG, § 185 Rn. 28; Wiedemann in: GroßKomm., AktG, § 185 Rn. 39.

[68]Lutter in: Kölner Komm., AktG, § 185 Rn. 30; abweichend Wiedemann in: GroßKomm., AktG, § 185 Rn. 40: AG haftet analog § 325 BGB auf Schadensersatz wegen Nichterfüllung.

Grundkapitalziffer und der tatsächlichen Aktienzahl kann ein Überschuss nach Deckung der Grundkapitalziffer nicht entstehen. Da alle Aktien stets gleich groß sind und sich der „anteilige Grundkapitalbetrag“ der einzelnen Aktie nicht nach der in der Satzung angegebenen sondern der tatsächlich wirksam entstandenen Zahl der Aktien richtet[69], entspricht die Grundkapitalziffer stets der Summe der jeweiligen „anteiligen Beträge des Grundkapitals“. Auch wenn nach der Konzeption des Gesetzes eine Veränderung dieser anteiligen Grundkapitalbeträge, außer in den geregelten Fällen, nicht eintreten soll und darf, ändert dies nichts daran, dass dies bei Verstoß gegen Regelungen wie § 182 Abs. 1 S. 5 AktG die zwingende Folge der Stückaktie ist. Daher kann etwa eine Unmöglichkeit für die letzten Zeichner bei Stückaktien gar nicht auftreten. Auch kommt eine sonstige Kürzung der Zuteilung nicht in Betracht. Vielmehr sind sämtliche Zeichnungsverträge nach allgemeinen zivilrechtlichen Grundsätzen wirksam. Der Vorstand ist nach außen gemäß § 78 AktG auch bei Überschreitung seiner Befugnisse im Innenverhältnis zur Vertretung der Aktiengesellschaft befugt. Allenfalls im Falle einer entsprechenden Kenntnis bzw. grob fahrlässigen Unkenntnis der Zeichner von der Überzeichnung kann sich wegen Missbrauchs der Vertretungsmacht ausnahmsweise etwas anderes ergeben. Folge ist, dass durch die erhöhte Zahl von Aktien im Verhältnis zum Grundkapital der „anteilige Betrag des Grundkapitals“ der einzelnen Aktie entsprechend sinkt. Zur Lösung und den Ansprüchen der Aktionäre vergleiche unten[70].

c) Kritik und Versuch einer Lösung

Die voranstehenden Fälle haben gezeigt, dass es auch im Rahmen von Kapitalerhöhungen mit Stückaktien zu problematischen Folgen kommen kann. Werden unter Verstoß gegen § 182 Abs. 1 S. 5 AktG zu viele neue Aktien ausgegeben, so führt dies bei den Neuaktionären dazu, dass sie Aktien mit einem geringeren „anteiligen Betrag des Grundkapitals“ erhalten als für den Ausgabebetrag vereinbart wurde. Darüber hinaus hat dies jedoch zur Folge, dass zusätzlich eine Kapitalverwässerung im Sinne eines nachträglichen Herabsinkens des „anteiligen Betrags des Grundkapitals“ der Aktien der Alt-Aktionäre eintritt. Diese Folgen sind zudem problematisch, weil der unerfahrene Anleger den Verstoß gegen § 182 Abs. 1 S. 5 AktG und den sich daraus ergebenden Nachteil möglicherweise gar nicht

---

[69] Vgl. dazu eingehend Kap. 2 II 3.
[70] Kap. 5 II 1 c).

erkennt; denn der Unterschied der „unechten Nennbeträge“ der Aktien vor und nach der Kapitalerhöhung lässt sich nur ermitteln, indem man das bisherige Grundkapital durch die bisherige Gesamtaktienzahl teilt und diesen Betrag mit dem Quotienten aus Erhöhungsbetrag des Grundkapitals und neuen Aktien vergleicht. Auch die Annahme einer dementsprechenden Offenlegungspflicht des Vorstands würde dieses Problem nicht lösen, da ein Verstoß dagegen nur zu einem Schadensersatzanspruch führen würde.

aa) Ansprüche der Alt-Aktionäre

Sowohl im Falle der unterbliebenen Anfechtung des gegen § 182 Abs. 1 S. 5 AktG verstoßenden Kapitalerhöhungsbeschlusses als auch im Falle des gutgläubigen Erwerbs nach rechtskräftigem Anfechtungsurteil und nach Ausgabe zu vieler Aktien tritt bei den Alt-Aktionären eine Kapitalverwässerung ein. Der „anteiligen Betrag des Grundkapitals“ sinkt entsprechend der höheren Zahl an Aktien im Verhältnis zur Grundkapitalziffer gem. § 8 Abs. 3 AktG. Dabei wird im Gegensatz zum Fall der Gründung, bei der der Aktionär von vornherein eine Aktie mit geringerer Beteiligung erhält, im Rahmen der Kapitalerhöhung die bereits bestehende Aktie der Alt-Aktionäre entwertet.

Es fragt sich nun, welche Ansprüche den Alt-Aktionären im Falle einer derartigen Kapitalverwässerung zustehen.

(1) Kapitalerhöhung aus Gesellschaftsmitteln

Es wäre zunächst an eine Pflicht zur nominellen Kapitalerhöhung zu denken[71]. Da in diesem Fall Alt- und Neuaktionäre gleichmäßig betroffen sind, kann aus der Treuepflicht grundsätzlich eine Pflicht der Aktionäre zur Kapitalerhöhung angenommen werden. Fraglich ist dabei jedoch bereits, ob genügend Kapitalrücklagen vorhanden sind, um das Grundkapital entsprechend aufzustocken. Denn zumindest im Falle des gutgläubigen Zweiterwerbs von Aktien fehlt es an der Einlageleistung für die neuen Aktien. Außerdem könnte dies zwar eine Anhebung des „fiktiven Nennbetrags“ der Alt- (und der Neu-) Aktionäre auf den ursprünglichen Mindestausgabebetrag bewirken, würde aber nicht rückgängig machen, dass die quotale Beteiligung der einzelnen Aktie an der Gesellschaft nun niedriger ist. Zudem haben die neuen Aktionäre dem Gesellschaftsvermögen angesichts

---

[71] vgl. oben Kap. 4 II 5 b) aa) im Rahmen der Gründung und Kap. 5 I.

des nunmehr geringeren „Mindestausgabebetrags“ gemäß § 9 Abs. 1 AktG möglicherweise weniger zugeführt, wodurch auch der Anteil am Gesellschaftsvermögen verhältnismäßig geringer ist.

(2) Zusammenlegung von Aktien

Auch eine Zusammenlegung von Aktien bietet in diesem Fall keinen Ausweg. Zum einen ist eine Zusammenlegung gemäß § 222 Abs. 4 S. 2 AktG nur zulässig, soweit der auf die einzelne Aktie entfallende anteilige Betrag des herabgesetzten Grundkapitals den Mindestbetrag nach § 8 Abs. 3 S. 3 AktG unterschreiten würde. Aber selbst wenn eine Zusammenlegung von Stückaktien zulässig wäre, würde sie die Nachteile der Aktionäre nicht ausgleichen. Die Zusammenlegung trifft alle Aktionäre gleichmäßig; auch die Quote am gesamten Grundkapital bleibt im alten Umfange bestehen[72]. Es könnte durch eine Zusammenlegung zwar ebenso wie durch eine Kapitalherabsetzung ohne Zusammenlegung bei Stückaktien der anteilige Grundkapitalbetrag der einzelnen Aktie wieder erhöht werden. Die geringere quotale Beteiligung und der verhältnismäßig geringere Anteil am Gesellschaftsvermögen blieben aber weiterhin bestehen.

(3) Schadensersatzanspruch gegen den Verantwortlichen

Es bleiben den Altaktionären daher nur Schadensersatzansprüche gegen den Verantwortlichen (z.B. Vorstandsmitglied) nach allgemeinen Regeln. In Betracht kommt zum einen § 826 BGB, der jedoch eine vorsätzliche sittenwidrige Schädigung voraussetzt. Weiterhin kann §§ 823 Abs. 2 BGB i.V.m. § 182 Abs. 1 S. 5 AktG eingreifen. Insbesondere bezweckt § 182 Abs. 1 S. 5 AktG ausdrücklich den Schutz der Alt-Aktionäre vor Kapitalverwässerung und ist daher als Schutzgesetz im Sinne des § 823 Abs. 2 BGB anzusehen. Schließlich kommt auch ein Anspruch aus § 823 Abs. 1 BGB wegen Verletzung der Mitgliedschaft in Betracht, vgl. dazu sogleich unter (4). Diese Ansprüche greifen jedoch nur dann durch, wenn der Verantwortliche, dem ein entsprechendes Verschulden vorgeworfen werden kann, auch auffindbar und liquide ist.

---

[72]vgl. Lutter in: Kölner Komm., AktG, § 222 Rn. 24; Hüffer, AktG, § 222 Rn. 21 b; Godin/ Wilhelmi, AktG, § 222 Anm. 7; Hefermehl in: Geßler/ Hefermehl, AktG, § 222 Rn. 13; Krieger in: MünchHdb. AG, § 60 Rn. 4.

(4) Schadensersatzanspruch gegen die Aktiengesellschaft

Fraglich ist, ob den Alt-Aktionären auch ein Schadensersatzanspruch gegen die Aktiengesellschaft zusteht.

Vertragliche Ansprüche scheiden bei den Alt-Aktionären aus. Die Übernahme wurde bereits im Rahmen der Gründung mit den Mitgründern vereinbart. Weitere Anhaltspunkte für vertragliche Ansprüche der Alt-Aktionäre sind nicht ersichtlich.

Es stellt sich in diesem Zusammenhang jedoch die Frage, ob den Alt-Aktionären nicht ein Schadensersatzanspruch gem. § 823 Abs. 1 AktG wegen Verletzung der Mitgliedschaft zusteht, der ggf. nicht nur gegen die Verantwortlichen, sondern auch gegen die Gesellschaft gerichtet sein könnte. Denn im Gegensatz zu der Problematik im Rahmen der Gründung, wird im Falle der Ausgabe von einer zu großen Zahl von Aktien im Rahmen der Kapitalerhöhung durch das Absinken des „anteiligen Betrags des Grundkapitals" sämtlicher Aktien in die bestehende Mitgliedschaft der Alt-Aktionäre eingegriffen.

Zunächst steht der Grundsatz der Kapitalaufbringung einem derartigen Anspruch gegen die Gesellschaft nicht im Wege (vgl. bereits Kap. 4 II 5 b cc), denn es handelt sich hier nicht um einen verdeckten Erfüllungsanspruch, sondern es wird lediglich der Schaden, der durch die Schmälerung der bereits vor der Kapitalerhöhung bestehenden Mitgliedschaft entstanden ist, geltend gemacht.

Nach allgemeiner Ansicht stellt die Mitgliedschaft, d.h. im Falle der Aktiengesellschaft „die Aktie", ein sonstiges Recht im Sinne von § 823 Abs. 1 BGB dar[73]. Denn die Mitgliedschaft als verbandsrechtliches Teilhaberecht stellt ein Herrschaftsrecht, mithin ein subjektives Recht dar, das dem Berechtigten eine unmittelbare Herrschaftsmacht über einen Rechtsgegenstand gibt, und kann daher als absolutes Recht im Sinne von § 823 Abs. 1

[73]RGZ 100, 274 (278) (zum Anteil an einer GmbH); 158, 248 (255) (zur Aktie); BGHZ 90, 92 (95); 110, 323 (zur Mitgliedschaft allgemein); vgl. nur aus der Literatur: Wiedemann, GesellschaftsR I, § 7 III 2 a; Schneider in: Scholz, GmbHG, § 43 Rn. 216; Mertens in: MüKo, BGB, § 823 Rn. 152; Zeuner in: Soergel, BGB, § 823 Rn. 60; Hager in: Staudinger, BGB, § 823 Rn. B 142 ff.; Brändel in: GroßKomm., AktG, § 1 Rn. 82; Lutter, AcP 180 (1980), 130 f.; Mertens in: FS Fischer, 1979, 468 ff.; K. Schmidt, JZ 1991, 157 ff.

BGB angesehen werden[74]. Während über diese Ausgangsfrage weitgehend Einigkeit herrscht, ist die im Einzelfall entscheidende Frage, unter welchen Voraussetzungen dieses Recht als verletzt angesehen werden kann, noch nicht vollständig geklärt. Fraglich ist also der Zuweisungsgehalt des absoluten Rechts der Mitgliedschaft in der Aktiengesellschaft. Als gesicherte Erkenntnis gilt in diesem Zusammenhang, dass die rechtswidrige Beseitigung oder Schmälerung der Mitgliedschaft in ihrer Substanz eine unerlaubte Handlung darstellt, während die bloße Verletzung von Pflichten gegenüber dem Mitglied oder schlichte Vermögensschäden grundsätzlich nicht ausreichen[75].

Ein Schadensersatzanspruch aus § 823 Abs. 1 BGB käme also jedenfalls dann in Betracht, wenn das Absinken des „anteiligen Grundkapitalbetrags" der einzelnen Aktie durch Zeichnung zu vieler neuer Aktien für die Alt-Aktionäre eine Substanzverletzung ihrer Mitgliedschaft darstellen würde. Dies soll namentlich dann der Fall sein, wenn die deliktische Verhaltensweise das Mitglied selbst betrifft, indem sie ihm die Wahrnehmung seiner in der Mitgliedschaft verkörperten Rechte erschwert oder unmöglich macht[76] bzw. wenn die in der Mitgliedschaft zusammengefassten Herrschafts-, Teilhabe- und Vermögenszuständigkeiten beseitigt oder verkürzt sind[77]. Wie in Kapitel 2 I dargestellt, ist der „anteilige Betrag des Grundkapitals" der Stückaktie maßgeblich für die Gewinnverteilung (§ 60 Abs. 1 S. 1 AktG), für die Verteilung des Liquidationserlöses (§ 271 Abs. 1 und 2 AktG) sowie für das Erreichen des Quorums für die Geltendmachung von Minderheitsrechten. Durch die Verringerung dieses „anteiligen Betrags des Grundkapitals" der Aktien der Alt-Aktionäre wird somit das sich aus der Mitgliedschaft ergebende Teilhabe- und Vermögensrecht dieser Alt-Aktionäre verkürzt. Damit wird in die Substanz der Mitgliedschaft der Alt-

---

[74]vgl. Hager in: Staudinger, BGB, § 823 Rn. B 141; K. Schmidt, JZ 1991, 157 (158); Larenz/ Canaris, Schuldrecht II, § 76 II 4e; Habersack, S. 143.

[75]vgl. Mertens in: MüKo, BGB, § 823 Rn. 152; Hager in: Staudinger, BGB, § 823 Rn. B 142 f.; Zeuner in: Soergel, BGB, § 823 Rn. 60; K. Schmidt, JZ 1991, 157 (159); Mertens in: FS Fischer, S. 469 ff.; Grunewald, Gesellschafterklage, S. 99; Larenz/ Canaris, Schuldrecht II, § 76 II 4e.

[76]vgl. Hadding, FS für Kellermann, 1991, 99, (101); Grunewald, Gesellschafterklage, S. 99.

[77]vgl. Hager in: Staudinger, BGB, § 823 Rn. B 144; Mertens in: MüKo, BGB, § 823 Rn. 152; Mertens in: Hachenburg, GmbHG, § 43 Rn. 105 ff.; K. Schmidt, JZ 1991, 157 (159) Fn. 44; Mertens in: FS für Fischer, S. 471.

Aktionäre eingegriffen, und es stehen diesen Schadensersatzansprüche gemäß § 823 Abs. 1 BGB zu.

Zu beachten ist jedoch, dass bei Bejahung einer Schadensersatzpflicht geprüft werden muss, ob der Aktionär seiner Pflicht zur Schadensabwendung oder -minderung gemäß § 254 Abs. 2 S. 1 BGB nachgekommen ist. So ist etwa im Falle der unterlassenen Anfechtung des Kapitalerhöhungsbeschlusses und des nachfolgenden gutgläubigen Erwerbs der Anspruch der Alt-Aktionäre gemäß § 254 Abs. 2 S. 1 BGB zu mindern.

Den Alt-Aktionären steht der Anspruch zunächst gegen den unmittelbar schuldhaft Handelnden, in der Regel also den Vorstand, zu[78]. Die Haftung soll aber darüber hinaus auch die Gesellschaft als solche treffen, wie der BGH in einer jüngeren Entscheidung bestätigte[79]. Zurechnungsnorm ist § 31 BGB, wonach der Verein für den vom Vorstand einem Dritten zugefügten Schaden haftet. Dies ist konsequent, zumal § 31 BGB nach ganz herrschender Meinung[80] entsprechend auch für die Aktiengesellschaft gilt. Ansatzpunkt der Kritik ist lediglich der Begriff des „Dritten" in § 31 BGB[81]. Es ist jedoch kein Grund ersichtlich, den Aktionär schlechter zu stellen als jeden Außenstehenden, wenn der Vorstand ihm gegenüber eine unerlaubte Handlung begeht. Die Alt-Aktionäre können daher auch von der Gesellschaft Ersatz des ihnen entstandenen Schadens verlangen. Anhaltspunkte für die Berechnung des Schadens können etwa die geringeren Dividenden sein, die die Alt-Aktionäre angesichts ihres geringeren „anteiligen Betrags am Grundkapital" erhalten oder auch ein entsprechend geringerer Liquidationserlös.

bb) Ansprüche der Zeichner

Auch den Zeichnern, die durch die Überzeichnung ja ebenfalls Aktien mit einem geringeren „anteiligen Betrag des Grundkapitals" erhalten haben als

---

[78]hM; vgl. Reuter in: MüKo, BGB, § 31 Rn. 28; Mertens in: MüKo, BGB, § 823 Rn. 152; K. Schmidt, JZ 1991, 157 (160).

[79]vgl. BGHZ 110, 323 (für den Verein); Reuter in: MüKo, BGB, § 31 Rn. 25 (für Mitglieder); Hager in: Staudinger, BGB, § 823 Rn. B 148; Hadding in: Soergel, BGB, § 31 Rn. 26; K. Schmidt, JZ 1991, 157 (161); Kowalski, Der Ersatz von Gesellschafts- und Gesellschafterschaden, 1990, S. 220 f. ; Habersack, S. 209 ff.; aA: Mertens in: MüKo, BGB, § 823 Rn. 152 mwN.

[80]vgl. RG JW 1930, 2967; Reuter in: MüKo, BGB, § 31 Rn. 7.

[81]vgl. Mertens in: MüKo, BGB, § 823 Rn. 152.

vorgesehen, stehen Schadensersatzansprüche gegen die Verantwortlichen zu, vgl. o unter aa) (3). Ein Anspruch aus § 823 Abs. 1 BGB gegen den Verantwortlichen und gegen die Aktiengesellschaft kommt bei ihnen jedoch nicht in Betracht. Da sie von vornherein eine geringere Beteiligung erhalten haben, liegt bei ihnen kein Eingriff in eine bestehende Mitgliedschaft vor.

Fraglich ist jedoch, ob die Zeichner nicht aufgrund des Vertragsverhältnisses mit der Aktiengesellschaft (Zeichnungsvertrag) einen Schadensersatzanspruch gegen diese geltend machen können. Anders als im Rahmen der Gründung, bei der die Gründer den Übernahme- und Gesellschaftsvertrag mit ihren Mitgründern abschließen, wird der Zeichnungsvertrag bei einer späteren Kapitalerhöhung mit der Aktiengesellschaft selbst geschlossen.

Grundsätzlich wird vertreten, dass der Zeichner im Falle eines fehlerhaften Zeichnungsvertrages keinen Anspruch gegen die Aktiengesellschaft auf Schadensersatz hat, um die Kapitalaufbringung nicht zu gefährden[82].

Dieser allgemein vertretene Ausschluss von Schadensersatzansprüchen wegen Willensmängeln nach Eintragung bedeutet zunächst nur, dass eine Einlagenrückgewähr nicht auf dem Umweg über einen Schadensersatzanspruch gegen die Gesellschaft erfolgen darf. Letztlich geht es den benachteiligten Zeichnern im vorliegenden Fall aber gar nicht darum, dass sie überhaupt Zeichner infolge einer irrtumsbedingten Beitrittserklärung geworden sind. Ihr Nachteil besteht vielmehr darin, dass sie durch die Zeichnung insgesamt zu vieler Aktien zu einem geringeren Anteil an der Gesellschaft beteiligt sind als vereinbart. Es stellt sich daher die Frage, ob in einem solchen Fall nicht doch ein Schadensersatzanspruch gegen die Aktiengesellschaft selbst gerichtet auf das Vertrauensinteresse in Betracht kommt. Ansatzpunkt ist im vorliegenden Fall, wie bereits erwähnt, der Zeichnungsvertrag. Der Zeichnungsvertrag wird - im Gegensatz zur Übernahme im Rahmen der Gründung - im Falle einer Kapitalerhöhung von den künftigen Aktionären mit der Aktiengesellschaft abgeschlossen[83]. In die-

[82]RGZ 88, 187 (188) betr. GmbH; Hefermehl/ Bungeroth in: Geßler/ Hefermehl, AktG, § 185 Rn. 100; Lutter in: Kölner Komm., AktG, § 185 Rn. 18; Hüffer, AktG, § 185 Rn. 28; aA: Wiedemann in: GroßKomm., AktG, § 185 Rn. 40: Schadensersatz wegen Nichterfüllung gemäß § 325 BGB, der aber das Problem der Kapitalaufbringung nicht erwähnt.

[83] Hüffer, AktG, § 185 Rn. 4; Hefermehl/ Bungeroth in: Geßler/ Heferemhl, AktG, § 185 Rn. 48f.; Lutter in: Kölner Komm., AktG, § 185 Rn. 5; Baumbach/ Hueck, AktG, §

sem Zeichnungsvertrag wurde die Zeichnung einer bestimmten Anzahl von Aktien der Aktiengesellschaft vereinbart und sowohl der Erhöhungsbetrag des Grundkapitals als auch die gedachte Gesamtzahl der Aktien angegeben. Damit wurde gleichzeitig auch ein bestimmter „anteiliger Betrag des Grundkapitals" der einzelnen übernommenen Aktie vereinbart. Ist dieser im nachhinein nun niedriger als vereinbart, so hat die Gesellschaft den Vertrag nicht ordnungsgemäß erfüllt. Eine Erfüllungshaftung scheidet aber aus, da dies letztlich zu einer verdeckten Einlagenrückgewähr führen würde und die Kapitalaufbringung gefährdete (vgl. dazu soeben oben). Insoweit ist der herrschenden Meinung Recht zu geben. Wegen des Grundsatzes der Kapitalaufbringung, der zum Schutze der Gläubiger Vorrang genießen muss, kann der Gründer daher den Erfüllungsschaden nicht geltend machen und beispielsweise zurücktreten und Schadensersatz wegen Nichterfüllung verlangen.

In Betracht könnte aber ein Anspruch auf Ersatz des Vertrauensschadens analog § 122 BGB kommen. Die Haftung aus § 122 BGB analog ohne Verschulden gründet nämlich auf dem Gedanken, dass derjenige, der einem anderen sein Wort gibt, die Verantwortung dafür trägt, dass der andere nicht durch das Vertrauen auf das ihm gegebene Wort Schaden erleidet[84]. Auch wird die Zurechnung im Risikoprinzip gesehen: Das Risiko für im Verantwortungsbereich des Erklärenden liegende Mängel muss dieser selbst tragen[85]. § 122 BGB enthält daher einen verallgemeinerungsfähigen Rechtsgedanken und ist über seinen unmittelbaren Anwendungsbereich hinaus immer anwendbar, wenn ein Vertragspartner durch gesetzliche Regelungen von dem Erfüllungsrisiko aus einem Rechtsgeschäft freigestellt wird, obwohl der Grund für die Freistellung der Risikosphäre des Erklärenden zuzurechnen ist[86]. Genau dies trifft auf den hier behandelten Fall zu. Hier konnten die Zeichner beim Abschluss des Zeichnungsvertrags darauf vertrauen, dass die Aktiengesellschaft Vorkehrungen gegen die Überzeichnung getroffen hat, also seine Vertragsposition nicht aus Gründen beeinträchtigt wird, die der Sphäre der Aktiengesellschaft zuzu-

---

185 Rn. 3; Wiedemann in: GroßKomm., AktG, § 185 Rn. 31; Krieger in: MünchHdb. AG, § 56 Rn. 100.

[84]Flume, AT § 10, 5.

[85]Canaris, Vertrauenshaftung, S. 537.

[86]vgl. RGZ 170, 65 (69); Canaris, Vertrauenshaftung, S. 537; Kramer in: MüKo, BGB, § 122 Rn. 4; Lutter in: Kölner Komm., AktG, § 185 Rn. 30; i.E. wohl auch BGH JZ 1976, 132; BGH WM 1986, 608 (610); aA: Heferemhl in: Soergel, BGB, § 122 Rn. 2.

rechnen sind und die von dieser beherrscht werden können[87]. Auch können die Zeichner wegen der vorrangigen Kapitalaufbringung einen Schadensersatzanspruch wegen Nichterfüllung nicht geltend machen, obwohl die Überzeichnung als Grund der nicht ordnungsgemäßen Erfüllung in der Sphäre der Aktiengesellschaft liegt. Es liegt daher ein Fall der Vertrauenshaftung vor. Der vermeintlich Bezugsberechtigte ist so zu stellen, wie er stehen würde, wenn er nicht darauf vertraut hätte, dass die AG eine Überzeichnung unterlassen werde[88]. Ersatzfähig sind insbesondere der verhältnismäßig zur geringeren Beteiligung zuviel gezahlte Mindesteinlageteil und Zinsen, die der Zeichner aufgrund der Finanzierung dieses Mindesteinlageteils zahlen musste[89]. Dem steht auch nicht der Grundsatz der Kapitalaufbringung entgegen, da der „anteilige Betrag des Grundkapitals" durch die Überzeichnung entsprechend gesunken ist und nun durch das Mehr an Zeichnern jeder einzelne eine geringere Mindesteinlage aufbringen muss. Ersatzfähig sind aber auch Gewinne aus Geschäften, die der Zeichner im Vertrauen auf die ordnungsgemäße Durchführung der Kapitalerhöhung nicht abgeschlossen hat[90], nutzlose Aufwendungen und der Schaden, der entsteht, weil sich der Bezugsberechtigte gegenüber Dritten zur Beschaffung von Aktien verpflichtet hat und diese nun zum Börsenpreis zukaufen muss[91].

### 2. Ausgabe zu weniger Aktien im Verhältnis zur Grundkapitalerhöhung

Es kann nun gleichsam auch der umgekehrte Fall eintreten, dass im Rahmen einer Kapitalerhöhung entgegen § 182 Abs. 1 S. 5 AktG zu wenige Aktien im Verhältnis zur Grundkapitalerhöhung ausgegeben werden. Der Unterschied zum vorangegangenen Fall ist, dass sich die „anteiligen Beträge des Grundkapitals" sämtlicher Aktien, sowohl der Alt- als auch der Neu-Aktien, entsprechend erhöhen. Dies ist wiederum Folge der Konzeption der Stückaktien als jeweils gleichgroße Anteile am Grundkapital, deren „anteiliger Betrag des Grundkapitals" sich aus dem Verhältnis Grund-

---

[87] vgl. Lutter, in: Kölner Komm., AktG, § 185 Rn. 30 zur Überzeichnung bei Nennwertaktien.

[88] vgl. BGH NJW 1984, 1950 (1951); Flume, AT, § 21, 7; Larenz, AT, § 20 I 1 c; Kramer in: MüKo, BGB, § 122 Rn. 8.

[89] vgl. Lutter in: Kölner Komm., AktG, § 185 Rn. 30 zur Überzeichnung bei Nennwertaktien.

[90] vgl. BGH NJW 1984, 1950 f.

[91] vgl. Lutter in: Kölner Komm., AktG, § 185 Rn. 30 zur Überzeichnung bei Nennwertaktien.

kapitalziffer und Zahl der -wirksam entstandenen- Aktien ergibt[92]. Hier stellt sich dann die Frage, wer die volle Kapitalaufbringung gewährleisten muss.

a) Kapitalerhöhungsbeschluss verstößt gegen § 182 Abs. 1 S. 5 AktG

Im Fall der Ausgabe zu vieler Aktien im Verhältnis zur Grundkapitalerhöhung hat der Verstoß des Hauptversammlungsbeschlusses gegen § 182 Abs. 1 S. 5 AktG lediglich dessen Anfechtbarkeit zur Folge[93]. Fraglich ist, ob dies auch im umgekehrten Fall eines Kapitalerhöhungsbeschlusses, der eine verhältnismäßig zu geringe Anhebung der Aktienzahl festsetzt, anzunehmen ist. Maßgeblich für die Frage der Rechtsfolge des Verstoßes ist, ob die Vorschrift überwiegend im öffentlichen Interesse besteht und die Aktionäre auf den Schutz verzichten können[94]. Die Vorschrift des § 182 Abs. 1 S. 5 AktG dient hauptsächlich dem Schutz der Aktionäre vor einer Veränderung ihrer Beteiligung an der Aktiengesellschaft. Im Falle eines Beschlusses, der die Ausgabe von verhältnismäßig zu wenigen Aktien vorsieht, erhöht sich der „anteilige Betrag des Grundkapitals" sämtlicher Aktien, ohne dass von den Alt-Aktionären dieser Unterschiedsbetrag im Nachhinein eingefordert werden kann[95]. Damit sind in diesem Falle auch Gläubigerinteressen betroffen. Deshalb zieht der Verstoß gegen § 182 Abs. 1 S. 5 AktG in diesem Falle die Nichtigkeit des Beschlusses nach sich. Wollen die Aktionäre bewusst den „anteiligen Betrag des Grundkapitals" der Aktien erhöhen, so steht ihnen der Weg über die Kapitalerhöhung aus Gesellschaftsmitteln ohne Aktienausgabe gemäß § 207 Abs. 2 S. 2 HS. 2 AktG zur Verfügung.

b) Weitere Fälle

Im übrigen kann das Ergebnis einer Kapitalerhöhung mit Ausgabe von verhältnismäßig zu wenigen Aktien auch dann entstehen, wenn der Kapitalerhöhungsbeschluss zwar § 182 Abs. 1 S. 5 AktG entspricht, aber entgegen dem Beschluss zu wenige Aktien gezeichnet werden. Die Rechtsfolgen sind dann die gleichen. Der „anteilige Betrag des Grundkapitals" aller Aktien steigt.

---

[92] vgl. o. Kap. 2 II 3.
[93] vgl. oben Kap. 5 II 1 a).
[94] Kap. 5 II 1 a).
[95] vgl. dazu unten Kap. 5 II 2 c) bb).

c) Versuch einer Lösung

Werden bei einer Gesellschaft mit Stückaktien im Falle einer Kapitalerhöhung entgegen § 182 Abs. 1 S. 5 AktG zu wenige Aktien ausgegeben, so führt dies aufgrund der automatischen Angleichung der „unechten Nennwerte" zu einem Absinken der „anteiligen Beträge des Grundkapitals" sämtlicher Aktien.

aa) Ausfallhaftung der Zeichner

Durch die automatische Angleichung der „anteiligen Beträge des Grundkapitals" entsprechend der tatsächlichen Grundkapitalziffer und Aktienzahl tritt auch im Rahmen der Kapitalerhöhung das bereits im Rahmen der Gründung behandelte Problem der Entstehung einer Art „Ausfallhaftung" der Zeichner auf. Durch das Steigen der „anteiligen Beträge des Grundkapitals" erhöht sich gleichzeitig auch der von den Neu-Aktionären zu leistende „Mindestausgabebetrag" gemäß § 9 Abs. 1 AktG.

bb) Nachschusspflicht der Alt-Aktionäre ?

Doch sind im Rahmen der Kapitalerhöhung nicht nur die Zeichner betroffen sondern auch die Alt-Aktionäre. Im Rahmen der Kapitalerhöhung verändert sich nicht nur der „anteilige Betrag des Grundkapitals" der Aktien der restlichen Zeichner. Da gemäß § 8 Abs. 3 S. 2 AktG alle Stückaktien stets gleich groß sind, ändert sich der Grundkapitalbetrag sämtlicher Aktien, auch derjenigen der Alt-Aktionäre, entsprechend. Hat beispielsweise eine Gesellschaft ein Grundkapital von 1.000.000 Euro fällt bei 20.000 Aktien auf jede Aktie ein „anteiliger Betrag des Grundkapitals" von 50 Euro. Erhöht die Aktiengesellschaft das Grundkapital um 1.000.000 Euro auf 2.000.000 Euro, werden aber nur 10.000 neue Aktien gezeichnet anstatt 20.000, so führt dies dazu, dass auf jede Aktie - Alt- und Neuaktien - ein „anteiliger Betrag des Grundkapitals" von nunmehr 66,66 Euro entfällt. Diesen höheren Betrag müssen die neuen Aktionäre nun gemäß § 9 Abs. 1 AktG als Mindesteinlage leisten. Erfolgt eine Aktienübernahme ohne Agio, so sind damit aber nur 666.666 Euro des Erhöhungsbetrags aufgebracht, obwohl das Grundkapital um 1.000.000 Euro erhöht wurde. Dies führt zu einem weiteren Problem: Die von den Zeichnern gem. § 9 Abs. 1 AktG zu zahlende und entsprechend höhere Mindesteinlage deckt nicht den Erhöhungsbetrag des Grundkapitals. Damit wäre aber zu Lasten der Gläubiger das Kapital nicht voll aufgebracht. Es stellt sich daher die Frage, wer die fehlenden Einlagen zu zahlen hat. Diese könnten entweder voll von den Neu-Aktionären aufzubringen sein oder die Alt-Aktionäre könnten verpflichtet sein, einen der Erhöhung des „anteiligen Betrags des Grundkapitals" ihrer Aktien entsprechenden Nachschuss zu leisten. Schließlich könnte es auch dabei bleiben, dass das erhöhte Grundkapital zu Lasten der Gläubiger nicht voll aufgebracht wird.

Fraglich ist, wie dieser Interessenkonflikt zu lösen ist. Einer Verpflichtung der Zeichner, den Erhöhungsbetrag alleine voll aufzubringen, stehen Bedenken entgegen. Eine derartige isolierte Interessenverfolgung der Alt-Aktionäre ist gerade im Hinblick auf den aktienrechtlichen Gleichbehandlungsgrundsatz zu missbilligen, denn die Neu-Aktionäre würden in diesem Fall ebenfalls den Teil der Einlage zahlen, der der Erhöhung des Anteils der Alt-Aktionäre entspricht. Zwar folgt aus dem aktienrechtlichen Gleichbehandlungsgebot nicht, dass alle die gleichen Lasten zu tragen hätten[96], wohl aber, dass unter gleichen Bedingungen jeder den gleichen Anteil entsprechend der kapitalmäßigen Beteiligung zu tragen hat. Auch aus der heute anerkanntermaßen bestehenden Treuepflicht der Aktionäre untereinander kann ein derartiger Solidaritätsgedanke abgeleitet werden. Die Neuaktionäre sind daher nicht verpflichtet, eine höhere Einlage als die sich gemäß § 9 Abs. 1 AktG ergebende Mindesteinlage zu zahlen. Ein anderes Ergebnis widerspräche auch dem Gleichlauf von Mindesteinlage gem. § 9 Abs. 1 AktG und „anteiligen Betrag des Grundkapitals" gem. § 8 Abs. 4 AktG.

Es bleibt daher nur die Entscheidung zwischen einer nicht vollen Aufbringung des Grundkapitals oder einer entsprechenden Nachschusspflicht der Alt-Aktionäre. Für eine Nachschusspflicht der Alt-Aktionäre spricht zum einen, dass der Grundsatz der Kapitalaufbringung und damit einhergehend der Gläubigerschutz eines der Grundprinzipien des Aktienrechts darstellt[97] und dies auch von den Aktionären oder dem Vorstand einer Aktiengesellschaft grundsätzlich nicht unterlaufen werden darf. Des weiteren scheint eine Belastung der Alt-Aktionäre im Gegensatz zu den Gläubigern auch deshalb eher gerechtfertigt, weil sich die Aktionäre das Handeln des Vor-

---

[96] zum aktienrechtlichen Gleichbehandlungsgrundsatz vgl. G. Hueck, Der Grundsatz der gleichmäßigen Behandlung im Privatrecht, 1958; Henn, Die Gleichbehandlung der Aktionäre in Theorie und Praxis, AG 1985, 240 ff.; Voges, Zum Grundsatz der Gleichbehandlung im Aktienrecht, AG 1975, 197 ff.

[97] vgl. Heider in: MüKo, AktG, § 1 Rn. 64; Hirte, Kapitalgesellschaftsrecht, Rn. 605 ff.; Wiedemann, Gesellschaftsrecht I, S. 557 f.

stands mit Wirkung für ihre Rechtsstellung im Verband zurechnen lassen müssen[98]. Als Begründung kann sowohl auf die Handlungskompetenz des Vorstands verwiesen als auch auf die mittelbar durch die Aktionäre erfolgte Vorstandsbestellung abgestellt werden.[99]. Schließlich spricht auch der Aspekt der Risikogemeinschaft der Aktionäre dafür, diesen und nicht den Gläubigern die Belastung aufzuerlegen. Unter dem Terminus der Interessen- oder Risikogemeinschaft fasst man alle diejenigen Fälle zusammen, bei denen zumindest eine gewisse Interessengleichrichtung festzustellen ist, die nicht aus der gemeinschaftlichen Innehabung eines Rechts resultiert, sondern aus der Gemeinsamkeit der Aussichten und Gefahren[100]. Die Gemeinschaft der Aktionäre bildet zwar keine Bruchteilsgemeinschaft oder BGB-Gesellschaft, kann aber durchaus als eine derartige Risikogemeinschaft angesehen werden: die Interessen der Aktionäre sind insoweit gleichgerichtet, als das Ziel aller Aktionäre der wirtschaftliche Erfolg der Gesellschaft ist. Damit bilden sie aber gleichzeitig auch eine Risikogemeinschaft. Kann man den Vorgang der Kompetenzeinräumung hinsichtlich des Vorstands aber dem Verantwortungsbereich der Aktionäre zuordnen, so können diese aufgrund des somit geschaffenen Vertrauenstatbestandes auch für die Risiken verantwortlich gemacht werden. Schließlich sind die Alt-Aktionäre auch die durch die nicht vollständige Zeichnung neben den Neu-Aktionären - wenn auch unfreiwillig - Begünstigten. Da der „anteiliger Betrag des Grundkapitals" auch ihrer Aktien sich erhöht, scheint es gerechtfertigt, dass sie gemäß § 9 Abs. 1 AktG den Unterschiedsbetrag nachzahlen.

Andererseits räumt das Gesetz den Gläubigerinteressen keineswegs einen absoluten Vorrang vor den Interessen der Aktionäre ein. So erkennt der Gesetzgeber bestimmte Fallkonstellationen an, in denen der Aktionär schutzwürdig ist, selbst wenn dies eine Einschränkung des Gläubigerschutzes bewirkt. Ein Beispiel hierfür ist der Rückgewähranspruch gemäß § 62 Abs. 1 S. 1 AktG gegen den Aktionär bei verbotener Einlagenrückgewähr und dessen Ausschluss gemäß § 62 Abs. 1 S. 2 AktG im Falle des gutgläubigen Bezugs von Dividenden. Die vom Gesetzgeber dort ins Auge gefasste Fallkonstellation ist durchaus mit dem hier vorliegenden Problem vergleichbar. § 57 AktG verbietet eine offene oder verdeckte Rückgewähr von Einlagen an Aktionäre. Nach allgemeiner Ansicht wird hiermit über

---

[98]vgl. Canaris, Vertrauenshaftung, S. 253; Canaris, WertpapierR, S. 195.
[99]vgl. Canaris, Vertrauenshaftung, S. 253; Lütticke, S. 57.
[100]vgl. Esser, Schuldrecht II, S. 304 ff (305).

den Wortlaut hinaus allgemein eine Grenzverschiebung zwischen Gesellschafts- und Aktionärsvermögen verboten, sofern diese nicht ausdrücklich gesetzlich zugelassen ist[101] . In der hier untersuchten Fallkonstellation erhält der Altaktionär einen höheren „anteiligen Betrag des Grundkapitals" pro Aktie, ohne hierfür einen entsprechenden Betrag in das Grundkapital einzuzahlen. Da dies für den Alt-Aktionär nicht im Rahmen der Begründung von Einlagepflichten geschieht, kann der Vorgang durchaus als eine Art „Einlagenrückgewähr" verstanden werden, denn es ist die auch in § 185 Abs. 1 S. 5 AktG verankerte Vermögensbindung betroffen.

Der in § 62 AktG verankerte Rückgewähranspruch ist vom Verschulden des Beteiligten unabhängig. Zum Schutze der Anleger macht das Gesetz hiervon in § 62 Abs. 1 S. 2 AktG praktisch eine Ausnahme: Wurde die verbotene Leistung „als Gewinnanteil" bezogen, so entfällt der Rückgewähranspruch bei Gutgläubigkeit des Aktionärs. Die Regelung trägt dem Umstand Rechnung, dass Dividenden die einzigen Leistungen der Gesellschaft sind, die ein Aktionär rechtens ohne Gegenleistung erwarten darf[102]. Für gutgläubige Empfänger nimmt § 62 Abs. 1 S. 2 AktG damit den Gläubigerschutz ein Stück zurück.

Die in § 62 Ab. 1 S. 2 AktG geregelte Situation ähnelt in gewisser Hinsicht dem hier untersuchten Fall. Werden weniger Aktien im Zuge einer Kapitalerhöhung übernommen als vorgesehen und erhöht sich dadurch infolge der „automatischen Angleichung" der Stückaktien der „anteilige Grundkapitalsbetrag" der einzelnen Aktien, so ist dies für den Alt-Aktionär in keiner Weise vorhersehbar. Er muss mit einer derartigen Erhöhung nicht rechnen und hat womöglich selbst im Nachhinein nicht einmal Kenntnis davon erlangt. Der Aktionär erhält hier eine Leistung, die er eventuell gar nicht will und von der er nichts weiß, die ihm quasi „aufgedrängt" wird. Es ist daher auch hier gerechtfertigt, dem Schutz des Aktionärs ausnahmsweise Vorrang gegenüber dem Gläubigerschutz einzuräumen.

Diese Lösung, dass zugunsten der gutgläubigen Alt-Aktionäre eine nicht volle Aufbringung des Grundkapitals hinzunehmen ist, entspricht auch dem Gedanken der Praktikabilität. Zumindest im Falle von Publikumsgesellschaften wäre eine „Nachschusspflicht" der Alt-Aktionäre, insbesonde-

---

[101] vgl. Lutter in: Kölner Komm., AktG, § 57 Rn. 8; Hefermehl/ Bungeroth in: Geßler/ Hefermehl, AktG, § 57 Rn. 9; RGZ 1, 84 (93); 149. 385 (400).

[102] Lutter in: Kölner Komm., AktG, § 62 Rn. 30.

re bei Ausgabe von Inhaberaktien, praktisch nicht durchführbar. Die Aktiengesellschaft wäre nicht in der Lage, sämtliche Aktionäre zum Zeitpunkt der Kapitalerhöhung zu ermitteln. Auch im Falle der üblichen Einschaltung von Großbanken würde einer Auskunft über die Person der Aktionäre von Seiten der Banken das Bankgeheimnis entgegenstehen.

Sind einzelne Aktionäre an einer bewussten Manipulation im Rahmen der Kapitalerhöhung beteiligt, so ist bei diesen eine „Nachschuss- bzw. Rückzahlungspflicht" in Anlehnung an §§ 57, 62 AktG neben allgemeinen Schadensersatzansprüchen zu erwägen.

cc) Lösungsmöglichkeiten

Die Ausfallhaftung der Zeichner kann - wie bereits im Rahmen der Gründung in Kap. 4 gezeigt - weder durch eine Ausnahme von § 9 Abs. 1 AktG noch durch eine Geltendmachung von Willensmängeln nach Eintragung oder einer analogen Anwendung von § 179 BGB vermieden werden. Es bleibt wie dort nur die Möglichkeit, weitere Zeichner zu suchen oder nachträglich eine entsprechende Herabsetzung des Grundkapitals zu beschließen. Auch hier gilt, da alle Neu- und Alt-Aktionäre gleichmäßig betroffen sind, dass aus der gesellschaftlichen Treuepflicht gegebenenfalls eine Pflicht zur Kapitalherabsetzung resultiert. Im übrigen bleiben nur Schadensersatzansprüche der Zeichner gegen den Verantwortlichen[103]. Ein Schadensersatzanspruch gemäß § 823 Abs. 1 BGB gegenüber der Aktiengesellschaft bzw. dem Verantwortlichen scheidet jedoch aus, da hier nicht in die Mitgliedschaft der Alt-Aktionäre eingegriffen wird; es kommt nicht zu einer Schmälerung oder Substanzverletzung der Mitgliedschaft. Vertragliche Beziehungen der Alt-Aktionäre zur Aktiengesellschaft bestehen nicht. Ein Anspruch der Zeichner gegen die Aktiengesellschaft aus § 122 BGB analog kommt in Betracht, denn die Zeichner dürfen auf eine volle Zeichnung vertrauen. Es muss den Zeichnern jedoch ein Schaden entstanden sein, etwa durch Zinsen für einen Kredit, um die höhere Einlage zu bezahlen.

Die fehlende Deckung des Grundkapitals in Höhe der auf die Alt-Aktionäre entfallenden erhöhten „anteiligen Beträge des Grundkapitals" kann ebenfalls durch eine entsprechende Kapitalherabsetzung beseitigt werden. Eine wesentlich einfachere Lösung hält für diesen Fall jedoch der

---

[103] vgl. Kap. 5 II 1 c).

neugeschaffene § 207 Abs. 2 S. 2 AktG bereit. Wie bereits unter Kapitel 5 I erläutert, wurde mit der Einführung der Stückaktie auch die Möglichkeit der Kapitalerhöhung aus Gesellschaftsmitteln ohne Aktienausgabe geschaffen. Diese Maßnahme stellt eine reine Buchungsmaßnahme dar[104]. Voraussetzung ist jedoch, dass die Gesellschaft über ausreichende freie Reserven oder ausgewiesene Gewinne verfügt. In diesem Fall kann die Kapitalerhöhung hinsichtlich des Grundkapitalbetrags, für den keine Aktien wirksam übernommen wurden, als Kapitalerhöhung aus Gesellschaftsmitteln verstanden und das ursprüngliche Verhältnis von Grundkapitalziffer und Aktienzahl wiederhergestellt werden. Eine Pflicht zur Fassung des entsprechenden Beschlusses ist aus der gesellschaftlichen Treuepflicht der Aktionäre gegenüber der Aktiengesellschaft und dem Grundsatz der Kapitalaufbringung zum Schutze der Gläubiger abzuleiten. Im übrigen bleiben hier nur Schadensersatzansprüche der Aktiengesellschaft gegen die Verantwortlichen. Insbesondere haften die Mitglieder des Vorstands nach § 93 Abs. 2 bzw. Abs. 3 Nr. 1 sowie die Mitglieder des Aufsichtsrats nach § 116 AktG als Gesamtschuldner auf den bei der Aktiengesellschaft entstandenen Schaden: das ist in diesem Fall der Betrag, der aufgrund der fehlenden Übernahme eines Teils der Aktien nicht in das Grundkapital eingezahlt wurde.

3. Besonderheiten bei der bedingten Kapitalerhöhung

Gem. § 192 Abs. 3 S. 2 AktG gilt § 182 Abs. 1 S. 5 AktG für die bedingte Kapitalerhöhung sinngemäß, d.h. auch hier muss die Zahl der Aktien in dem gleichen Verhältnis erhöht werden wie die Grundkapitalziffer. In gleichem Maße kann daher auch im Rahmen des bedingten Kapitals die Problematik einer erfolgten Ausgabe von zu vielen oder zu wenigen Aktien im Verhältnis zur Erhöhung des Grundkapitals auftreten. Für die Lösung des Problems kann im wesentlichen auf die Ausführungen im Rahmen der regulären Kapitalerhöhung verwiesen werden[105]. Es ergeben sich dennoch einige Abweichungen:

---

[104] vgl. obern Kap. 5 I 1 c).
[105]vgl. Kap. 5 II 1 und 2.

a) Ausgabe zu vieler neuer Aktien

aa) Beschluss verstößt gegen §§ 192 Abs. 3 S. 2, 182 Abs. 1 S. 5 AktG

Beschließt die Hauptversammlung eine bedingte Kapitalerhöhung, bei der im Verhältnis zum Erhöhungsbetrag des Grundkapitals entgegen §§ 192 Abs. 3 S. 2, 182 Abs. 1 S. 5 AktG zu viele neue Aktien ausgegeben werden sollen, so ist dieser Beschluss gem. § 243 AktG anfechtbar[106]. Auch hinsichtlich der weiteren Rechtsfolgen kann auf die Ausführung im Rahmen der regulären Kapitalerhöhung verwiesen werden[107].

bb) Vorstand räumt zu viele Bezugsrechte ein

Im Falle des bedingten Kapitals ist nun zusätzlich möglich, dass der Vorstand entgegen einer korrekten Angabe im Erhöhungsbeschluss zu viele Bezugsrechte einräumt.

Nach einhelliger Ansicht in der Literatur sind im Falle von Nennbetragsaktien die nach Erreichung der Kapitalziffer abgeschlossenen Bezugsverträge unwirksam, wenn der Vorstand mehr Bezugsrechte begründet als aus dem bedingten Kapital bedient werden können[108]. Dies wird auch von den Autoren vertreten, die noch im Rahmen der regulären Kapitalerhöhung bei einer Überzeichnung die volle Wirksamkeit aller Verträge und eine anteilige Zuteilung vertreten haben[109].

Hat eine Gesellschaft nun Stückaktien, so müssten hier eigentlich die gesamten Bezugsrechte wirksam sein, da eine Übersteigung der Erhöhungsziffer infolge des automatischen Absinkens der „fiktiven Nennbeträge" der Bezugsaktien nicht in Betracht kommt. Problematisch ist jedoch, dass hier nicht wie im Falle der regulären Kapitalerhöhung das Grundkapital sofort vollständig erhöht und alle Aktien gezeichnet werden. Vielmehr tritt im Rahmen des bedingten Kapitals die Erhöhung des Grundkapitals gemäß der Ausnahmevorschrift des § 200 AktG nur schrittweise mit Ausgabe einer jeden Bezugsaktie ein. Gemäß § 200 AktG ist das Grundkapital mit Ausgabe der Bezugsaktien erhöht. Dies bedeutet im Fall von Nennbetrags-

---

[106] vgl. Kap. 5 II 1 a) aa).
[107] vgl. Kap. 5 II 1 a) bb).
[108] Hüffer, AktG, § 198 Rn. 5; Lutter in: Kölner Komm., AktG, § 197 Rn. 8; Bungeroth in: Geßler/ Hefermehl, AktG, § 198 Rn. 52.
[109] so Lutter in Kölner Komm., AktG, § 185 Rn. 28 und § 197 Rn. 8.

aktien, dass sich das Grundkapital um den jeweiligen Nennwert der ausgegebenen Aktie erhöht. Im Gegensatz zur regulären Kapitalerhöhung, bei der das Grundkapital insgesamt erst mit Eintragung der Durchführung ins Handelsregister erhöht ist, hat die Ausgabe bei der bedingten Kapitalerhöhung unmittelbare Wirkung; die darauf folgende Eintragung der Erhöhung gemäß § 201 AktG hat lediglich deklaratorische Bedeutung[110]. Im Falle der Ausgabe von Stückaktien wird § 200 AktG laut Gesetzesbegründung so ausgelegt, dass sich das Grundkapital mit Ausgabe der Bezugsaktien schrittweise um den auf sie entfallenden jeweiligen „anteiligen Betrag des Grundkapitals" (§ 8 Abs. 3 S. 3 AktG) erhöht[111]. Diese Wirkung ist dem System der Stückaktie jedoch eigentlich fremd. Als reine Verhältniszahl ergibt sich der „anteiligen Betrag des Grundkapitals" gemäß § 8 Abs. 3 S. 3 AktG stets aus dem Verhältnis von Grundkapitalziffer und Zahl der Stückaktien. Werden neue Aktien ausgegeben, ohne dass das Grundkapital parallel mit erhöht wird, hätte dies eigentlich zur Folge, dass durch die größere Anzahl von Stückaktien der „anteilige Betrag des Grundkapitals" der einzelnen Aktie sinkt. Soll nun entgegen diesem System der automatischen Angleichung der „anteilige Betrag des Grundkapitals" wie bei Nennbetragsaktien als feststehende Größe angesehen werden, um die sich das Grundkapital mit Ausgabe der Aktie erhöht, so hätte dies der Gesetzgeber ausdrücklich bestimmen müssen. So hätte § 200 AktG etwa lauten können: „Mit der Ausgabe der Bezugsaktien ist das Grundkapital um ihren jeweiligen Gesamtnennbetrag oder bei Stückaktien um den auf sie entfallenden jeweiligen anteiligen Betrag des Grundkapitals erhöht." So wird auch im umgekehrten Fall der Einziehung von Aktien in § 238 AktG ausdrücklich angeordnet, dass mit Eintragung des Beschlusses bzw. der Einziehung das Grundkapital um den „auf die eingezogenen Aktien entfallenden Betrag des Grundkapitals" herabgesetzt ist. Gleichwohl wird man § 200 AktG im Wege der Auslegung diese Bedeutung zumessen können. Denn sie ergibt sich eindeutig aus dem gesetzgeberischen Willen und lässt sich auch aus der Tatsache ableiten, dass bereits zuvor gemäß § 192 AktG ein Hauptversammlungsbeschluss über die Kapitalerhöhung stattgefunden haben muss. Dies darf jedoch nicht darüber hinwegtäuschen, dass eine derartige Ausnahme vom System der Stückaktie eigentlich hätte ausdrücklich statuiert werden müssen.

---

[110] Hüffer, AktG, § 201 Rn. 2; Lutter in: Kölner Komm., AktG, § 201 Rn. 2; Bungeroth in: Geßler/ Hefermehl, AktG, § 201 Rn. 1; Baumbach/ Hueck, AktG, § 200 Rn. 2; Godin/ Wilhelmi, AktG, § 201 Anm. 1; Schilling in: GroßKomm., AktG, § 201 Anm. 1;Krieger in: MünchHbd. AG, § 57 Rn. 48.

[111] vgl. auch Hüffer, AktG, § 192 Rn. 4.

Bei der bedingten Kapitalerhöhung wird der Stückaktie also ein ganz bestimmter „anteiliger Grundkapitalbetrag“ in der Art eines Nennbetrags zugeordnet, um den sich das Grundkapital mit Ausgabe jeder Aktie erhöht. Bis zum Erreichen der beschlossenen Erhöhungsziffer tritt daher diese schrittweise Erhöhung des Grundkapitals ein. Fraglich ist, was nun geschieht, wenn zudem weitere Bezugsrechte begründet und auch ausgeübt werden. Die Annahme eines sofortigen Absinkens des „anteiligen Betrags des Grundkapitals“ aller Aktien entsprechend der größeren Anzahl an Bezugsrechten kommt nicht in Betracht, da nicht notwendigerweise alle Bezugsrechte auch ausgeübt werden müssen. Für dieses Problem hält vielmehr das Aktiengesetz selbst eine Lösung bereit. Gemäß § 187 Abs. 2 AktG, der nach § 193 Abs. 1 S. 3 AktG auch im Rahmen des bedingten Kapitals gilt, können nämlich vor Beschluss über die bedingte Kapitalerhöhung Bezugsrechte nicht wirksam begründet werden. Daraus wird von der herrschenden Meinung geschlossen, dass zwar eine derartige Zusicherung bereits vor dem Erhöhungsbeschluss möglich ist, diese aber stets unter dem Vorbehalt des entsprechenden Beschlusses stehen[112]. Dieser Vorbehalt sei kraft Gesetzes als Inhalt der entsprechenden Zusicherung des Bezugsrechts anzusehen[113]. Damit soll die Freiheit der Aktiengesellschaft gesichert werden, indem sie vor einer Verpflichtung zu künftiger Kapitalerhöhung bzw. vor künftigen Schadensersatzansprüchen bewahrt wird[114]. Diese Situation ist aber vergleichbar mit der hier behandelten Situation, dass der Vorstand zu viele Bezugsrechte begründet. In diesem Fall liegt eben nur für einen Teil der Bezugsrechte ein wirksamer Kapitalerhöhungsbeschluss vor, während die übrigen Bezugsrechte nicht davon gedeckt sind. Steht die rechtsgeschäftliche Begründung der Bezugsrechte durch den Vorstand gemäß §§ 193 Abs. 1 S. 3, 187 Abs. 2 AktG aber stets unter dem Vorbehalt eines entsprechenden Kapitalerhöhungsbeschlusses, so sind diese bis zu einem erneuten Kapitalerhöhungsbeschluss über ein bedingtes Kapital schwebend unwirksam. Diese Rechtsfolge ist auch deshalb ange-

---

[112]Lutter in: Kölner Komm., AktG, § 187 Rn. 19; Hüffer, AktG, § 187 Rn. 4; Hefermehl/ Bungeroth in: Geßler/ Hefermehl, AktG, § 187 Rn. 22; Godin/ Wilhelmi, AktG, § 187 Anm. 2; Loos, DB 1960, 515 (517); aA: Wiedemann in: GroßKomm., AktG, § 187 Rn. 8; Baumbach/ Hueck, AktG, § 187 Rn. 3: endgültig unwirksam.

[113]vgl. Hefermehl/ Bungeroth in: Geßler/ Hefermehl, AktG, § 187 Rn. 22; Lutter in: Kölner Komm., AktG, § 187 Rn. 19; Godin/ Wilhelmi, AktG, § 187 Anm. 2; Loos, DB 1960, 515 (117).

[114]vgl. Lutter in: Kölner Komm., AktG, § 187 Rn. 17; Wiedemann in: GroßKomm., AktG, § 187 Rn. 8; Hüffer, AktG, § 187 Rn. 5; Hefermehl/ Bungeroth in: Geßler/ Hefermehl, AktG, § 187 Rn. 20; aA: Godin/ Wilhelmi, AktG, § 187 Anm. 3.

messen, da § 187 Abs. 2 AktG die Gesellschaft grundsätzlich auch vor Schadensersatzansprüchen wegen Nichterfüllung der Zeichner schützt[115]. Kann der nicht berücksichtigte Zeichner wegen des schuldhaften Handelns des Vorstandes von der Gesellschaft über § 31 BGB schon nicht den Nichterfüllungsschaden verlangen, so muss ihm wenigstens das Recht zustehen, bei einer späteren bedingten Kapitalerhöhung zu verlangen, berücksichtigt zu werden. Hat nun die Hauptversammlung ein bestimmtes Erhöhungsvolumen beschlossen und erfolgt die Erhöhung auch für Stückaktien ausnahmsweise nur entsprechend dem in diesem Beschluss quasi mit festgelegten „anteiligen Betrag des Grundkapitals“ der einzelnen Stückaktie, so stehen die Bezugsrechte unter dem Vorbehalt einer entsprechenden Kapitalerhöhung. Die über diesen Betrag hinausgehenden Bezugsrechte sind daher auch im Falle von Stückaktien schwebend unwirksam.

Diese der Nennbetragsaktie entsprechenden Konsequenzen folgen hier daraus, dass im Rahmen der bedingten Kapitalerhöhung durch § 200 AktG der Stückaktie systemwidrig ein ganz bestimmter und für die Phase der bedingten Kapitalerhöhung unveränderlicher „unechter Nennwert“ beigemessen wird. Dies kann jedoch nicht als Argument gegen die „automatische Angleichung“ benutzt werden, denn § 200 AktG stellt auch für die Nennbetragsaktie eine Ausnahmevorschrift dar. Grundsätzlich erfolgt die Kapitalerhöhung erst mit Eintragung der Durchführung ins Handelsregister und zwar in ihrem gesamten Umfang. Eine Ausnahmevorschrift, die eine Erhöhung mit Ausgabe jeder einzelnen Aktie vorsieht, eignet sich nicht als Gegenargument für ein ansonsten in sich geschlossenes System.

Den Aktionären, die keine wirksamen Bezugsrechte begründen konnten, steht nunmehr gegebenenfalls ein Schadensersatzanspruch gegen das schuldhaft handelnde Organ, in der Regel den Vorstand, zu. Dabei ist jedoch in den meisten Fällen eine Anspruchsgrundlage fraglich. Vertragspartner des Vertrags zur Einräumung des Bezugsrechts ist allein die Aktiengesellschaft. Ein Anspruch gegen den Vorstand selbst kommt allenfalls aus dem Aspekt der Eigenhaftung des Vertreters in Betracht. Die Voraussetzungen des § 826 BGB werden in den seltensten Fällen nachweisbar

---

[115] Wiedemann in: GroßKomm., AktG, § 187 Rn. 8; Hüffer, AktG, § 187 Rn. 5; Hefermehl/ Bungeroth in: Geßler/ Hefermehl, AktG, § 187 Rn. 20; Lutter in: Kölner Komm., § 187 Rn. 17, § 185 Rn. 29.

sein, genauso wie ein Anspruch aus § 823 Abs. 2 BGB i.V.m. § 263 StGB.

Fraglich ist daher auch hier, ob den nicht berücksichtigten Aktionären nicht ein Anspruch gegen die Aktiengesellschaft selbst zusteht, die grundsätzlich gemäß § 31 BGB für das Handeln ihrer Organe einzustehen hat. Zwar wird allgemein vertreten, dass § 187 Abs. 2 AktG im Interesse der Erhaltung der Entscheidungsfreiheit der Gesellschaft über den Beschluss einer Kapitalerhöhung einen Schadensersatzanspruch gegen die Aktiengesellschaft auf das Erfüllungsinteresse ausschließt[116]. Das bedeutet jedoch nicht zwingend, dass den Zeichnern gar kein Schadensersatzanspruch gegen die Gesellschaft zusteht. Auch hier ist vielmehr ein auf das Vertrauensinteresse gerichteter Anspruch der benachteiligten Zeichner gemäß § 122 BGB analog gegen die Aktiengesellschaft gegeben. § 122 BGB enthält, wie oben[117] bereits gesehen, den allgemeinen Rechtsgedanken, dass ein Anspruch auf Ersatz des Vertrauensschadens stets dann besteht, wenn ein Vertragspartner durch eine gesetzliche Regelung von dem Erfüllungsrisiko aus dem Rechtsgeschäft freigestellt wird, obwohl der Grund für die Freistellung der Risikosphäre des Erklärenden zuzurechnen ist[118]. Diese Voraussetzungen sind aber im vorliegenden Fall erfüllt. Durch § 187 Abs. 2 AktG wird die Aktiengesellschaft von dem Nichterfüllungsrisiko freigestellt. Auch kann der Zeichner beim Abschluss des Vertrages bezüglich der Einräumung des Bezugsrechts darauf vertrauen, dass die Aktiengesellschaft Vorkehrungen gegen die Überzeichnung getroffen hat. Zu den weiteren Einzelheiten vergleiche oben[119].

cc) Ausgabe zu vieler Aktien

Gibt der Vorstand dennoch Bezugsaktien aus, die nicht durch einen entsprechenden Kapitalerhöhungsbeschluss gedeckt werden, so sind diese gemäß § 197 S. 3 AktG nichtig. Die bei Stückaktien gegebene Möglichkeit eines gutgläubigen Zweiterwerbs besteht jedoch auch hier[120].

---

[116] Hefermehl/ Bungeroth in: Geßler/ Hefermehl, AktG, § 187 Rn. 20; Wiedemann in: GroßKomm., AktG, § 187 Rn. 8; Lutter in: Kölner Komm., AktG, § 187 Rn. 17; Hüffer, AktG, § 187 Rn. 5.

[117] Kap. 5 II 1 c).

[118] vgl. RGZ 170, 65 (69); Kramer in: MüKo, BGB, § 122 Rn. 4; Canaris, Vertrauenshaftung, S. 537; Lutter in: Kölner Komm., AktG, § 185 Rn. 30.

[119] Kap. 5 II 1 c).

[120] vgl. Kap. 3 II 3; Kap. 4 II 4.

b) Ausgabe zu weniger Aktien im Verhältnis zur Grundkapitalerhöhung

Ein Beschluss der Hauptversammlung über eine bedingte Kapitalerhöhung, bei der zu wenige neue Aktien im Verhältnis zur Erhöhungsziffer des Grundkapital begründet werden sollen, ist im Rahmen des bedingten Kapitals wegen Verstoßes gegen § 192 Abs. 3 S. 2 AktG im Gegensatz zur regulären Kapitalerhöhung[121] lediglich anfechtbar. Die bloße Anfechtbarkeit als Rechtsfolge genügt in diesem Falle, weil eine Gläubigerbeeinträchtigung im Rahmen des bedingten Kapitals nicht eintreten kann.

Eine tatsächliche Ausgabe zu weniger neuer Aktien ohne entsprechende Ermächtigung mit der Folge einer automatischen Anhebung des „unechten Nennwerts" ist im Rahmen des bedingten Kapitals nicht möglich. Da die Aktien nach und nach ausgegeben werden können und sich das Grundkapital nur entsprechend dem „anteiligen Betrag des Grundkapitals" der ausgegebenen Aktien mit der Aktienausgabe erhöht (§ 200 AktG), tritt, wenn weniger Aktien ausgegeben werden als gem. § 192 Abs. 3 S. 2 AktG möglich, lediglich eine geringere Kapitalerhöhung ein. Mit Ausgabe jeder Aktie wird das Grundkapital um den sich aus § 202 Abs. 3 S. 3 AktG ergebenden fiktiven Nennbetrag der Alt-Aktien erhöht. Eine darüber hinausgehende Erhöhung ist nicht möglich und kann vom Vorstand auch nicht angeordnet werden. Denn dann müsste der Vorstand Aktien mit einem größeren „fiktiven Nennbetrag" ausgeben können. Dies ist aber gem. § 8 Abs. 3 S. 2 AktG nicht möglich. Ein höherer oder niedrigerer „unechter Nennbetrag" kann sich nur aus der Verknüpfung eines bestimmten Erhöhungsbetrags mit einer bestimmten Aktienzahl ergeben. Da sich hier das Grundkapital ausnahmsweise mit Ausgabe jeder Aktie um deren „unechten Nennwert" erhöht, bleibt dieser stets gleich. Werden weniger Aktien ausgegeben als möglich, so erhöht sich das Grundkapital - so wie sonst stets bei Nennbetragsaktien - nur um den jeweiligen „fiktiven Nennbetrag" der Alt-Aktien je ausgegebener neuer Aktie. Dieser Gleichlauf mit der Nennbetragsaktie lässt sich auch hier wieder nur mit der systemwidrigen Festschreibung eines festen „unechten Nennwertes" der Stückaktie für die Dauer der bedingten Kapitalerhöhung durch § 200 AktG begründen. Rechtssystematisch wird im Rahmen des bedingten Kapitals mit dem Kapitalerhöhungsbeschluss gemäß § 192 AktG für die Dauer der bedingten Kapitalerhöhung ausnahmsweise ein bestimmter „anteiliger Betrag des

[121] vgl. Kap. 5 II 1 a).

Grundkapitals“ der Stückaktien festgesetzt, um den sich das Grundkapital mit der Ausgabe einer jeden Aktie erhöhen soll.

4. Besonderheiten im Rahmen des genehmigten Kapitals

Gem. § 202 Abs. 3 S. 3 AktG gilt die Vorgabe des § 182 Abs. 1 S. 5 AktG, dass sich die Zahl der Aktien in demselben Verhältnis wie das Grundkapital erhöhen muss, auch im Rahmen des genehmigten Kapitals. Die neuen Aktien müssen also auch hier denselben „anteiligen Betrag des Grundkapitals“ besitzen wie die Alt-Aktien. Unterschiede im Falle einer fehlerhaften Ausgabe von zu vielen oder zu wenigen neuen Aktien im Verhältnis zur Grundkapitalerhöhung könnten sich im Falle des genehmigten Kapitals im Vergleich zur regulären Kapitalerhöhung deshalb ergeben, weil an die Stelle eines Hauptversammlungsbeschlusses eine Ermächtigung in der Satzung tritt und der Vorstand damit zur selbständigen Entscheidung befugt ist.

a) Ausgabe zu vieler neuer Aktien

Es sind auch hier verschiedene Fallgruppen denkbar, die zu einer Ausgabe von verhältnismäßig zu vielen neuen Aktien im Vergleich zur Grundkapitalerhöhung führen können.

aa) Verstoß der Satzung gegen §§ 202 Abs. 3 S. 3, 182 Abs. 1 S. 5 AktG

Zunächst kann bereits die Satzung gegen §§ 202 Abs. 3 S. 3, 182 Abs. 1 S. 5 AktG verstoßen, indem sie den Vorstand zur Grundkapitalerhöhung in bestimmter Höhe durch Ausgabe verhältnismäßig zu vieler neuer Aktien ermächtigt. Dabei kann entweder die ursprüngliche Satzung bereits gegen § 202 Abs. 3 S. 3 AktG verstoßen (§ 202 Abs. 1 AktG), oder es kann im Wege einer nachträglichen Satzungsänderung eine Ermächtigung entgegen § 202 Abs. 3 S. 3 AktG erteilt worden sein (§ 202 Abs. 2 AktG).

Enthält die ursprüngliche Satzung eine gegen § 202 Abs. 3 S. 3 AktG verstoßende Ermächtigung, so liegt im Unterschied zur Situation bei der regulären Kapitalerhöhung und beim bedingten Kapital ein Verstoß gegen § 23 Abs. 5 AktG vor, wonach die Satzung von den Vorschriften des Aktiengesetzes nur abweichen darf, wenn es ausdrücklich zugelassen ist. Ist die Aktiengesellschaft dennoch eingetragen, so sind die Rechtsfolgen eines Verstoßes gegen § 23 Abs. 5 AktG weitgehend ungeklärt.

(1) Herrschende Meinung

Nach herrschender Meinung liegt Nichtigkeit der jeweiligen Satzungsbestimmung vor[122]. Zwar ergebe sich diese Rechtsfolge nicht unmittelbar aus dem Wortlaut des § 23 Abs. 5 AktG. Jedoch folge dies aus dem Sinn und Zweck dieser Vorschrift, den Vorrang des Gesetzesrechts sicherzustellen[123]. Teilweise wird die Nichtigkeit auch damit begründet, dass § 23 Abs. 5 AktG im öffentlichen Interesse im Sinne von § 241 Nr. 3 AktG liege[124]. Nach der herrschenden Ansicht wäre also die Satzungsbestimmung in der ursprünglichen Satzung nichtig.

(2) Gegenauffassung

Nach der Gegenauffassung sind die Rechtsfolgen eines Verstoßes gegen § 23 Abs. 5 AktG auch dann aus § 241 Nr. 3 AktG zu entnehmen, wenn der Mangel bereits in der ursprünglichen Satzung enthalten ist[125]. Die Wertung des § 241 Nr. 3 AktG sei hier zu übertragen. Danach kann Nichtigkeit nur vorliegen, wenn die Satzungsregelung nach ihrem konkreten Inhalt gegen eine Einzelnorm verstößt, die zum aktienrechtlichen Regelungskern gehört, insbesondere vom öffentlichen Interesse getragen wird[126]. Dies ist bei § 202 Abs. 3 S. 3, der auf § 182 Abs. 1 S. 5 AktG verweist, wie oben bereits gesehen[127], nicht der Fall. Es läge damit bloße Anfechtbarkeit vor.

---

[122]Röhricht in: GroßKomm., AktG, § 23 Rn. 202; K. Schmidt in: GroßKomm., AktG, § 241 Rn. 56 und 60; Eckardt in: Geßler/ Hefermehl, AktG, § 23 Rn. 121; Godin/ Wilhelmi, AktG, § 23 Anm. 15, § 241 Anm. 10; Wiesner in: MünchHdb. AG, § 6 Rn. 12; Geßler, ZGR 1980, 427, 444; Würdinger, § 10 III 3, S. 45; OLG Düsseldorf, AG 1968, 22.

[123]Röhricht in: GroßKomm., AktG, § 23 Rn. 202; Geßler, ZGR 1980, 427 (440).

[124]OLG Düsseldorf, AG 1968, 22; Eckardt in: Geßler/ Hefermehl, AktG, § 23 Rn. 121; Godin/ Wilhelmi, AktG, § 23 Anm. 13.

[125]Hüffer, AktG, § 23 Rn. 43, § 241 Rn.15; Hüffer in: MüKo, AktG, § 241 Rn. 52 ff; Hüffer in: Geßler/ Hefermehl, AktG, § 241 Rn. 50: je nach Mangel zu differenzieren, ob Nichtigkeit oder bloß Anfechtbarkeit; ähnlich Zöllner in: Kölner Komm., AktG (Vorauflage), § 241 Rn. 115 f.

[126]Hüffer, AktG, § 23 Rn. 43; Hüffer in: MüKo, AktG, § 241 Rn. 52 ff.; Hüffer in: Geßler/ Hefermehl, AktG, § 241 Rn. 50; Zöllner in: Kölner Komm., AktG (Vorauflage), § 241 Rn. 116, der auf Verzichtbarkeit der Aktionärsposition abstellt.

[127]Kap. 5 II 1 a).

Die herrschende Ansicht bringt dagegen vor, der notwendige Gleichlauf zwischen § 23 Abs. 5 AktG und § 241 Nr. 3 AktG sei nicht dadurch sicherzustellen, dass man die Nichtigkeit gegen § 23 Abs. 5 AktG verstoßender Regelungen der Gründungssatzung in Frage stelle; er ergebe sich vielmehr daraus, daß auch spätere satzungsändernde Hauptversammlungsbeschlüsse nach § 241 Nr. 3 AktG als mit dem Wesen der grundsätzlich auf zwingendes Recht gegründeten Aktiengesellschaft (§ 241 Nr. 3, 1. Fall AktG) unvereinbar nichtig sind, wenn sie Verstöße gegen § 23 Abs. 5 AktG zum Inhalt haben[128].

(3) Stellungnahme

Der herrschenden Meinung ist in diesem Fall zu folgen. § 241 Nr. 3 AktG lässt sich seinem Wortlaut nach eindeutig nicht auf die Gründungssatzung übertragen. Auch würde eine Anfechtung nicht durchgreifen, da nach einer erfolgten Eintragung der Gründungssatzung in das Handelsregister die Monatsfrist des § 246 Abs. 1 AktG regelmäßig abgelaufen sein wird. Damit liefe aber auch der das Aktienrecht prägende Grundsatz des § 23 Abs. 5 AktG ins Leere. Es ist daher eine Nichtigkeit der gegen § 23 Abs. 5 AktG verstoßenden Satzungsbestimmung anzunehmen. Enthält die Gründungssatzung also eine Ermächtigung des Vorstands zur Kapitalerhöhung, die gegen §§ 202 Abs. 3 S. 3, 182 Abs. 1 S. 5 AktG verstößt, so ist diese nichtig. Genauso muss aber dann auch eine nachträgliche Satzungsänderung nichtig sein, die eine derartige Ermächtigung des Vorstands einfügt.

Dies steht in keinem Widerspruch zu dem Ergebnis, dass der Beschluss einer regulären oder bedingten Kapitalerhöhung, der gegen § 182 Abs. 1 S. 5 AktG verstößt, lediglich anfechtbar ist. Zwar stellt auch die Kapitalerhöhung eine Satzungsänderung dar. Sie führt jedoch zu keinem Verstoß gegen § 23 Abs. 5 AktG. Bei der regulären Kapitalerhöhung, die entgegen § 182 Abs. 1 S. 5 AktG beschlossen wird, verstößt letztlich nur der Beschluss zur Kapitalerhöhung im Sinne einer Anweisung des Vorstandes und die Durchführung der Kapitalerhöhung durch den Vorstand gegen § 182 Abs. 1 S. 5 AktG. Die Satzung selbst enthält keinen unmittelbaren Verstoß gegen § 182 Abs. 1 S. 5 AktG und verstößt damit auch nicht gegen § 23 Abs. 5 AktG. Die Satzung wird lediglich in der Hinsicht geändert,

---

[128] K. Schmidt in: GroßKomm., AktG, § 241 Rn. 56, 60; Röhricht in: GroßKomm., AktG, § 23 Rn. 203; Godin/ Wilhelmi, AktG § 23 Anm. 15, § 241 Anm. 10; Eckardt in: Geßler/ Hefermehl, AktG, § 23 Rn. 121; Geßler, ZGR 1980, 443 (444); OLG Düsseldorf, AG 1968; 19 (22); dahingestellt gelassen in BGH WM 1087, 207.

dass die Grundkapitalziffer und die Stückaktienzahl nunmehr eine höhere ist, vgl. § 23 Abs. 3 Nr. 3, 4 AktG. Damit haben sich aber die anteiligen Grundkapitalbeträge der Aktien automatisch angeglichen. Die Satzung enthält nur das Ergebnis der Kapitalerhöhung. Aus der geänderten Satzung ist der Verstoß gegen § 182 Abs.1 S. 5 AktG jedoch nicht ersichtlich. Ein Gesetzesverstoß der Satzung liegt lediglich dann vor, wenn der „anteilige Betrag des Grundkapitals" der einzelnen Aktie unter einen Euro sinkt. Dann liegt aber zugleich ein Verstoß gegen § 7 Abs. 3 S. 3 AktG vor, der nach § 7 Abs. 3 S. 4, Abs. 2 S. 2 AktG ausdrücklich zur Nichtigkeit der Aktien führt.

Anders ist dies im Falle des genehmigten Kapitals. Hier enthält die Satzung selbst die konkrete Ermächtigung des Vorstandes zur Kapitalerhöhung; verstößt diese gegen § 202 Abs. 3 S. 3 AktG, so verstößt auch die Satzung selbst gegen diese Vorschrift. Die Satzung wird also nicht nur durch die Kapitalerhöhung hinsichtlich der Höhe des Grundkapitals und der Zahl der Aktien geändert, sondern zusätzlich zumindest temporär dahingehend neu gefasst, dass sie eine entsprechende Ermächtigung des Vorstands zu dieser Kapitalerhöhung und damit eine Übertragung von Kompetenzen enthält. Es hat daher in diesem Fall auch der satzungsändernde Beschluss einen Verstoß gegen § 23 Abs. 5 AktG zum Inhalt.

Als Ergebnis ist festzuhalten, dass ein Verstoß der Gründungssatzung bzw. der nachträglichen Satzungsänderung gegen §§ 202 Abs. 3 S. 3, 182 Abs. 1 S. 5 AktG die Nichtigkeit der Ermächtigung des Vorstandes zur Folge hat.

Führt der Vorstand trotz des Verstoßes die Kapitalerhöhung aus und wird die Durchführung im Handelsregister eingetragen, so entstehen dennoch keine Mitgliedschaftsrechte[129]. Dem Handeln des Vorstands fehlte jegliche Rechtsgrundlage. Wiederum ist jedoch entgegen der herrschenden Meinung zur Nennbetragsaktie im Falle von Stückaktien ein gutgläubiger Dritterwerb der ausgegebenen Aktien möglich. Anders als bei Nennbetragsaktien stehen hier keine zwingenden aktienrechtlichen Grundsätze der Anwendung der wertpapierrechtlichen Gutglaubensvorschriften entgegen[130].

---

[129]Lutter in: Kölner Komm., AktG, § 202 Rn. 22; Hüffer, AktG, § 202 Rn. 19; Hefermehl/ Bungeroth in: Geßler/ Hefermehl, AktG, § 202 Rn. 21; Krieger in: MünchHdb. AG, § 58 Rn. 57; aA: wohl Schilling in: GroßKomm., AktG, § 202 Rn. 13; Godin/ Wilhelmi, AktG, § 202 Anm. 3.

[130]vgl. o. Kap. 3 II 3.

Hat ein gutgläubiger Erwerb stattgefunden, so tritt wiederum eine Kapitalverwässerung für die Alt-Aktionäre ein. Die neuen Aktien werden mit einem der nichtigen Ermächtigung entsprechenden geringeren anteiligen Grundkapitalbetrag ausgegeben; das Grundkapital erhöht sich damit verhältnismäßig geringer als die Zahl der Stückaktien. Zur weiteren Lösung vgl. oben Kap. 5 II 1 die Ausführungen zur regulären Kapitalerhöhung.

bb) Satzung enthält keine Angabe über Stückzahl oder Ausgabe entgegen Ermächtigung

Des weiteren kann der Fall eintreten, dass die Satzung den Vorstand zwar zur Kapitalerhöhung bis zu einem bestimmten Gesamtnennbetrag des Grundkapitals ermächtigt, jedoch keine Festsetzung über die Zahl der Aktien enthält, die dabei neu ausgegeben werden sollen. Die Satzung selbst verstößt damit nicht gegen § 202 Abs. 3 S. 3 AktG. Es könnte aber nun der Vorstand entgegen dieser Vorschrift verhältnismäßig zu viele Aktien ausgeben. Das gleiche Problem kann entstehen, wenn die Satzung zwar eine § 202 Abs. 3 S. 3 AktG entsprechende Ermächtigung enthält, der Vorstand aber gleichwohl die Kapitalerhöhung entgegen dieser Ermächtigung durchführt und verhältnismäßig zu viele Aktien ausgibt.

Es stellt sich dann die Frage, ob dies eine Aktienausgabe ohne Ermächtigung oder nur eine inhaltlich fehlerhafte Entscheidung des Vorstands darstellt. Eine fehlerhafte Entscheidung des Vorstandes wirkt als Maßnahme der Geschäftsführung nicht auf das Außenverhältnis[131]. Wird die Durchführung der Kapitalerhöhung trotz fehlerhafter Entscheidung des Vorstands ins Handelsregister eingetragen, so ist das Kapital erhöht und die betreffenden Mitgliedschaftsrechte sind entstanden[132]. Es träte dann in jedem Fall eine Kapitalverwässerung der Alt-Aktionäre ein. Nimmt man dagegen an, dem Vorstand fehlt in diesem Fall ganz die Ermächtigung für die

---

[131]Lutter in: Kölner Komm, AktG, § 204 Rn. 24; Hefermehl/ Bungeroth in: Geßler/ Hefermehl, AktG, § 204 Rn. 4; Hüffer, AktG, 204 Rn. 8; Krieger in: MünchHbd. AG, § 58 Rn. 57; Klette, BB 1968, 1101 (1102); aA: Godin/ Wilhelmi, AktG, § 202 Anm. 3; Schilling in: GroßKomm., AktG, § 202 Anm. 13, die Unwirksamkeit der Zeichnung, aber Heilung durch Eintragung annehmen.

[132]Lutter in: Kölner Komm., AktG, § 204 Rn. 25; Godin/ Wilhelmi, AktG, § 202 Anm. 3; Krieger in: MünchHdb. AG, § 58 Rn. 57; Hefermehl/ Bungeroth in: Geßler/ Hefermehl, AktG, § 204 Rn. 4; Würdinger, AktienR, S. 185 (187 f.); aA: Baumbach/ Hueck, AktG, § 202 Rn. 8.

Ausgabe der über die § 202 Abs. 3 S. 3 AktG entsprechende Zahl hinausgehenden Aktien, so wäre diese Ausgabe nichtig, und die über § 202 Abs. 3 S. 3 AktG hinausgehenden Mitgliedschaftsrechte nicht entstanden.

Ein Handeln des Vorstands ohne Ermächtigung wird im allgemeinen angenommen, wenn entweder die ermächtigende Satzungsbestimmung oder ein solcher Beschluss der Hauptversammlung nichtig oder unwirksam ist oder wenn die Ermächtigung durch Zeitablauf erloschen ist, aber auch wenn der Vorstand den darin genannten Höchstnennbetrag der Grundkapitalerhöhung überschreitet[133]. Beachtet der Vorstand hingegen die Vorgaben der Ermächtigung nicht oder missachtet er sonstige Bestimmungen des Gesetzes oder der Satzung, sofern sie verbindliche Regelungen oder Vorgaben zum Aktieninhalt oder zur Aktienausgabe enthalten, so liegt lediglich eine inhaltlich fehlerhafte Entscheidung der Vorstands vor[134].

Die Ausgabe von zu vielen Aktien im Verhältnis zur Grundkapitalerhöhung ist richtigerweise als inhaltlicher Mangel einzuordnen. Solange der Vorstand den in der Satzung enthaltenen Höchstbetrag der Kapitalerhöhung einhält, handelt er aufgrund einer Ermächtigung. Durch die automatische Angleichung der „anteiligen Beträge des Grundkapitals" führt die Ausgabe einer größeren Anzahl von neuen Aktien auch nicht zu einer Überschreitung des angegebenen Erhöhungsvolumen, selbst wenn dieses vollständig ausgeschöpft wird. Der Vorstand bestimmt innerhalb des von der Hauptversammlung vorgegebenen Höchstbetrags, in welcher Höhe das Grundkapital erhöht werden soll[135]. Er setzt damit das konkrete Erhöhungsvolumen und die konkrete Aktienzahl fest. Entspricht dies nicht § 202 Abs. 3 S. 3 AktG, so verstößt der Vorstand gegen eine von ihm zu beachtende Norm, er handelt jedoch nicht ohne Ermächtigung. Nur wenn das Erhöhungsvolumen über den von der Hauptversammlung festgesetzten Betrag hinausgeht, handelt er insoweit ohne Ermächtigung; diese Frage ist jedoch unabhängig von einem Verstoß gegen § 202 Abs. 3 S. 3 AktG.

---

[133]vgl. Hefermehl/ Bungeroth in: Geßler/ Hefermehl, AktG, § 202 Rn. 21; Lutter in: Kölner Komm., AktG, § 202 Rn. 21; Baumbach/ Hueck, AktG, § 202 Rn. 8; Hüffer, AktG, § 202 Rn. 19; Krieger in: MünchHdb. AG, § 58 Rn. 57.

[134]vgl. Hüffer, AktG, § 204 Rn. 3; Lutter in: Kölner Komm., AktG, § 204 Rn. 22; Krieger in: MünchHdb. AG, § 58 Rn. 57.

[135]Hüffer, AktG, § 202 Rn. 20; Lutter in: Kölner Komm., AktG, § 202 Rn. 10; Hefermehl/ Bungeroth in: Geßler/ Hefermehl, AktG, § 202 Rn. 1; Godin/ Wilhelmi, AktG, § 202 Anm. 2; Krieger in: MünchHdb. AG, § 58 Rn. 1.

Folge eines derartigen Verstoßes des Vorstands gegen § 202 Abs. 3 S. 3 AktG ist, dass der Entschluss des Vorstands zur entsprechenden Kapitalerhöhung unwirksam ist[136]. Die unwirksame Entscheidung des Vorstands hat jedoch keinen Einfluss auf die Wirksamkeit etwa danach geschlossener Zeichnungsverträge; als Maßnahme der Geschäftsführung wirkt die fehlerhafte Entscheidung nicht auf das Außenverhältnis[137]. Wird die Durchführung der Kapitalerhöhung trotz der unwirksamen Entscheidung des Vorstands im Handelsregister eingetragen, so ist das Kapital erhöht und sind die betroffenen Mitgliedschaftsrechte entstanden[138]. Die Begründung einer verhältnismäßig zu großen Anzahl von neuen Mitgliedschaftsrechten führt dazu, dass der „anteilige Betrag des Grundkapitals" aller Aktien entsprechend sinkt. Zu den weiteren Rechtsfolgen vergleiche oben[139].

b) Ausgabe zu weniger neuer Aktien

Eine Ermächtigung zur Ausgabe von einer verhältnismäßig zu geringen Anzahl von Aktien im Vergleich zur Grundkapitalerhöhung ist ebenfalls wegen Verstoßes gegen § 202 Abs. 3 S. 3 AktG nichtig. Zu den Rechtsfolgen vergleiche oben[140].

Wird vom Vorstand entgegen der Ermächtigung der Hauptversammlung das Grundkapital um einen bestimmten Betrag erhöht und zu wenige Aktien ausgegeben, so stellt dies ebenfalls einen inhaltlichen Mangel der Entscheidung des Vorstandes dar. Die daraufhin geschlossenen Zeichnungsverträge sind wirksam, bei Eintragung der Durchführung ins Handelsregister ist das Grundkapital entsprechend erhöht, und die Mitgliedschaftsrechte sind begründet. Als Folge steigt der „anteilige Betrag des Grundkapitals" aller Aktien gemäß § 8 Abs. 3 AktG, so dass alle Aktien gleich groß bleiben. Zu den weiteren Rechtsfolgen vergleiche oben zur regulären Kapitalerhöhung[141].

---

[136]Lutter in: Kölner Komm., AktG, § 204 Rn. 23; Hüffer, AktG, § 204 Rn. 8; Krieger in: MünchHdb. AG, § 58 Rn. 57.
[137]Lutter in: Kölner Komm., AktG, § 204 Rn. 24; Hefermehl/ Bungeroth in: Geßler/ Hefermehl, AktG, § 204 Rn. 4; Krieger in: MünchHdb. AG, § 58 Rn. 57; Hüffer, AktG, § 204 Rn. 8; Klette, BB 1968, 1101 (1102).
[138]Hefermehl/ Bungeroth in: Geßler/ Hefermehl, AktG, § 204 Rn. 4; Lutter in: Kölner Komm., AktG, Rn. 25; Würdinger, AktienR, S. 185, 187 f.
[139] Kap. 5 II 1.
[140]Kap. 5 II 2.
[141] Kap. 5 II 2.

### III. Weitere Fälle nicht ordnungsgemäßer Kapitalerhöhung

Neben der Kapitalerhöhung entgegen § 182 Abs. 1 S. 5 AktG sind weitere Fälle denkbar, die zur der bereits beschriebenen Problematik durch die „automatische Angleichung“ der „unechten Nennbeträge“ führen.

#### 1. Ausgabebetrag niedriger als „geringster Ausgabebetrag“

Irrt der Zeichner bei Abgabe seiner Zeichnungserklärung über den gemäß § 9 Abs. 1 AktG tatsächlich zu leistenden Mindestbetrag seiner Einlage, so kann er sich nach Eintragung der Kapitalerhöhung gem. § 189 AktG nach herrschender Meinung nicht mehr darauf berufen, er sei nur zur Leistung des festgesetzten Ausgabebetrags verpflichtet[142]. Vielmehr muss er zur Sicherung der Kapitalaufbringung eine Einlage in Höhe des geringsten Ausgabebetrags der gezeichneten Aktien leisten[143]. Auch hier gilt wieder, dass der Aktionär im Falle der Ausgabe von Stückaktien besonders aufmerksam sein muss. Da im Zeichnungsschein lediglich die Aktienzahl enthalten sein muss (vgl. § 185 AktG), ist der Zeichner gefordert, den „anteiligen Betrag des Grundkapitals“ der einzelnen Aktie durch eine Division des Grundkapitalbetrags durch die Gesamtaktienzahl selbst zu errechnen und so den Mindesteinlagebetrag zu ermitteln. Enthält der Kapitalerhöhungsbeschluss und die Zeichnungserklärung ausdrücklich einen Ausgabebetrag, der unterhalb der Schwelle des § 9 Abs. 1 AktG liegt, so sind nach einer neueren Ansicht sowohl der Beschluss als auch die Zeichnung unheilbar nichtig[144]. Die Kapitalerhöhung ist dann gescheitert und es gibt keine neuen Aktien und grundsätzlich auch keine Einlagepflichten außer zur Befriedigung von Gläubigern der Aktiengesellschaft analog § 277 Abs. 3 AktG.

#### 2. Keine vollständige Zeichnung

Auch im Rahmen der Kapitalerhöhung kann es passieren, dass entgegen der Angaben im Erhöhungsbeschluss (vgl. § 182 AktG) die vorgesehenen neuen Aktien nicht alle wirksam gezeichnet werden, sei es aufgrund einer

---

[142] Brändel in: GroßKomm., AktG, § 9 Rn. 21, 22; Kraft in: Kölner Komm., AktG, § 9 Rn. 19; Baumbach/ Hueck, AktG, § 9 Rn. 2; Godin/ Wilhelmi, AktG, § 9 Anm. 3; Ritter, AktG, § 9 Anm. 2 a und b; Lutter, Kapitalaufbringung, S. 161.

[143] Kraft in: Kölner Komm., AktG, § 9 Rn. 19; Baumbach/ Hueck, AktG, § 9 Rn. 2; Brändel in: GroßKomm., AktG, § 9 Rn. 21; Godin/ Wilhelmi, AktG, § 9 Anm. 3; Lutter, Kapitalaufbringung, S. 161.

[144] Heider in: MüKo, AktG, § 9 Rn. 33; Hüffer, AktG, § 9 Rn. 7.

versehentlich nicht wirksamen Zeichnung gem. § 185 AktG oder einem Rechenfehler, sei es weil die vollständige Zeichnung absichtlich einem Zeichner nur vorgetäuscht wird. Es kann auch hier entweder ein Teil der Aktien gar nicht gezeichnet werden oder die Zeichnung aufgrund eines Zurechenbarkeitsmangels nichtig sein. Folge davon ist, dass weniger neue Aktien gezeichnet werden als vereinbart und als im Verhältnis das Grundkapital erhöht wurde.

a) Vor Eintragung

Vor Eintragung der Durchführung der Kapitalerhöhung in das Handelsregister gemäß § 189 AktG gelten für die Zeichnungserklärungen sowie für den Zeichnungsvertrag insgesamt die allgemeinen Regeln des bürgerlichen Rechts über Willenserklärungen und Rechtsgeschäfte[145]. Der Zeichner, der die Zeichnungserklärung nicht in zurechenbarer Weise abgegeben hat, wird nicht verpflichtet. Die Übrigen können ihre Erklärungen gem. § 119 Abs. 1 bzw. § 123 BGB anfechten. Durch die tatsächlich geringere Zahl an Zeichnern wäre der „anteilige Betrag des Grundkapitals" der einzelnen Aktie höher als vereinbart, es liegt daher ein Irrtum bzw. ggf. eine Täuschung über den tatsächlichen „anteiligen Betrag des Grundkapitals" der einzelnen gezeichneten Aktie vor[146]. Die Eintragung hat gem. § 38 AktG zu unterbleiben. Der anfechtende Zeichner kann der Vorlage seines Zeichnungsscheins beim Handelsregister mit einer einstweiligen Verfügung entgegentreten und den Zeichnungsschein sowie etwaige Einlageleistungen zurückfordern[147].

Im übrigen steht es den Aktionären frei, bis zur Eintragung der Durchführung gem. § 189 AktG im Handelsregister den Fehler zu heilen, indem sie eine Änderung des Kapitalerhöhungsbeschlusses beschließen[148]. Sie kön-

---

[145]Allg. Ansicht, vgl. RGZ 127, 186 (191); Wiedemann in: GroßKomm., AktG, § 185 Rn. 59; Hefermehl/ Bungeroth in: Geßler/ Hefermehl, AktG, § 185 Rn. 90; Hüffer, AktG, § 185 Rn. 28; Lutter in: Kölner Komm., AktG, § 185 Rn. 13; Krieger in: MünchHdb. AG, § 56 Rn. 103; Würdinger, AktR, § 21 V, S. 103.

[146] vgl. dazu oben Kap. 4 II 2 a).

[147]vgl. Lutter in: Kölner Komm., AktG, § 185 Rn. 16; Hefermehl/ Bungeroth in: Geßler/ Hefermehl, AktG, § 185 Rn. 92; Wiedemann in: GroßKomm., AktG, § 185 Rn. 59; Baumbach/ Hueck, AktG, § 185 Rn. 6. Zur Rechtslage im Falle von Nennbetragsaktien vgl. oben Kap. 4 II 2 a).

[148]vgl. Hefermehl/ Bungeroth in: Geßler/ Hefermehl, AktG, § 182 Rn. 50; Hüffer, AktG, § 182 Rn. 16; Lutter in: Kölner Komm., AktG, § 202 Rn. 7; Krieger in: MünchHdb. AG, § 56 Rn. 56.

nen den Erhöhungsbeschluss insoweit ändern, als die Erhöhungsziffer des Grundkapitals niedriger festgesetzt wird, so dass der „anteilige Betrag des Grundkapitals" der wirksam gezeichneten Aktien wieder dem der ursprünglichen Aktien entspricht. Der Änderungsbeschluss der Hauptversammlung bedarf jedoch, weil er auf eine andere als die ursprünglich beschlossene Kapitalerhöhung abzielt, erneut der nach Gesetz oder Satzung für Kapitalerhöhungsbeschlüsse vorgeschriebenen Mehrheiten und sonstigen Erfordernisse[149].

b) Nach Eintragung

Nach der Eintragung der Durchführung der Kapitalerhöhung ins Handelsregister gemäß § 189 AktG ist zu unterscheiden: Grundsätzlich kann sich der Zeichner nach Eintragung auf die Fehlerhaftigkeit seiner Zeichnungserklärung nicht mehr berufen[150]. Der Zeichner wird mit Eintragung Aktionär mit allen Rechten und Pflichten; Willensmängel kann er nicht mehr geltend machen. Dies setzt nach der herrschenden Rechtsscheinslehre jedoch voraus, dass die vermeintliche Willenserklärung dem dadurch verpflichteten Schuldner zugerechnet werden kann[151]. Das ist nicht der Fall, wenn der Zeichner überhaupt keine Erklärung abgeben wollte, der Zeichnungsschein vielmehr gefälscht oder ohne Vollmacht oder sonst ohne seinen Willen in die Hände der Gesellschaft gelangt ist[152].

Es kann also auch im Rahmen der Kapitalerhöhung der bereits bei Erörterung der Gründung[153] behandelte Fall auftreten, dass einzelne oder eine Vielzahl von Aktien nicht in zurechenbarer Weise übernommen wurden.

---

[149] vgl. Lutter in: Kölner Komm., AktG, § 202 Rn. 7; Krieger in: MünchHdb. AG, § 56 Rn. 56; Hefermehl/ Bungeroth in: Geßler/ Hefermehl, AktG, § 182 Rn. 50; Hüffer, AktG, § 182 Rn. 16.

[150] vgl. RGZ 124, 279 (287 f.); 147, 257 (270) zur Genossenschaft; Hüffer, AktG, § 185 Rn. 28; Lutter in: Kölner Komm., AktG, § 185 Rn. 15; Hefermehl/ Bungeroth in: Geßler/ Hefermehl, AktG, § 185 Rn. 97; Krieger in: MünchHdb. AG, § 56 Rn 103; Godin/ Wilhelmi, AktG, § 198 Anm. 7; Baumbach/ Hueck, AktG, § 185 Rn. 7; etwas anders: Lehre vom fehlerhaften Organisationsakt, vgl. Wiedemann, GroßKomm., AktG, § 185 Rn. 64 ff.

[151] vgl. oben Kap. 4 II 2 b).

[152] vgl. RGZ 68, 344 (352); 147, 257 (271) zur Genossenschaft; Wiedemann in: GroßKomm., AktG, § 185 Rn. 61; Hefermehl/ Bungeroth in: Geßler/ Hefermehl, AktG, § 185 Rn. 93; Lutter in: Kölner Komm., AktG, § 185 Rn. 14; Baumbach/ Hueck, AktG, § 185 Rn. 7; Godin/ Wilhelmi, AktG, § 188 Anm. 7.

[153] Kap. 4 II 2 b).

Für eine Gesellschaft mit Nennbetragsaktien hätte dies zur Folge, dass der Erhöhungsbetrag des Grundkapitals nicht voll gezeichnet ist. Der vermeintliche Zeichner schuldet der Gesellschaft nichts und kann etwaige Einlageleistungen gem. § 812 Abs. 1 BGB zurückfordern[154]. Dann müssen entweder ein oder mehrere zusätzliche Zeichner gefunden oder das Grundkapital herabgesetzt werden. Insbesondere im Rahmen der Kapitalerhöhung wird teilweise vertreten, die Mitgliedschaften seien dennoch entstanden und ständen der Aktiengesellschaft selbst zu[155]. Diese sei aber entsprechend § 71 c Abs. 1, Abs. 3 AktG verpflichtet, die Aktien zu verwerten oder den Ausfall im Wege der Kapitalherabsetzung durch Einziehung (§ 237 AktG) zu beseitigen[156].

Fraglich ist, welche Folgen der Zurechenbarkeitsmangel im Falle der Ausgabe von Stückaktien nach Eintragung hat. Durch das geringere Vorhandensein von wirksam entstandenen Aktien trotz der gleichbleibenden Erhöhungsziffer des Grundkapitals ändert sich automatisch der „anteilige Betrag des Grundkapitals“ der wirksamen Aktien. Da eine Berufung auf Willensmängel nach Eintragung der Durchführung der Kapitalerhöhung ausscheidet, können sich die übrigen Zeichner auch nicht mehr von der Gesellschaft lösen. Die Rechte aus dem nicht wirksam gezeichneten Anteil wachsen den anderen Gesellschaftern an[157]. Eine unbesetzte Mitgliedschaft gibt es nicht; die automatische Anpassung der „anteiligen Beträge des Grundkapitals“ macht dies deutlich.

Im Rahmen der Kapitalerhöhung hat dies jedoch nicht nur eine Veränderung der „unechten Nennwerte“ der Aktien der Zeichner zu Folge, sondern es kommt zu einer Erhöhung des „anteiligen Betrags des Grundkapitals“ sämtlicher Aktien, auch derjenigen der Alt-Aktionäre. Es müssen daher zum einen die Zeichner eine höhere Mindesteinlage gemäß § 9 Abs. 1

---

[154]Wiedemann in: GroßKomm., AktG, § 185 Rn. 62; .Hüffer, AktG, § 185 Rn. 29; Lutter in: Kölner Komm., AktG, § 185 Rn. 17; Baumbach/ Hueck, AktG, § 185 Rn. 6.
[155]vgl. Lutter in: Kölner Komm., § 185 Rn. 17; Hüffer, AktG, § 185 Rn. 29; Hefermehl/ Bungeroth in: Geßler/ Hefermehl, AktG, § 185 Rn. 96; Lutter, Kapitalaufbringung, S. 65 f.; Würdinger, AktienR, S. 182.
[156]vgl. Hüffer, AktG, § 185 Rn. 16, 29; Lutter in: Kölner Komm., AktG, § 185 Rn. 17; Hefermehl/ Bungeroth in: Geßler/ Hefermehl, AktG, § 185 Rn. 96; Lutter, Kapitalaufbringung, S. 65 f..
[157]vgl. auch Priester in: FS Kellermann, S. 356 für die GmbH

AktG aufbringen, zum anderen führt dies zu einer teilweisen fehlenden Deckung des Grundkapitals zum Nachteil der Gläubiger[158].

Dies kann, wie bereits im Rahmen der Gründung gezeigt[159], auch nicht durch eine Ausnahme von § 9 Abs. 1 AktG, einer Geltendmachung von Willensmängeln nach Eintragung oder einer analogen Anwendung von § 179 BGB vermieden werden. Es bleibt wie dort nur die Möglichkeit, weitere Zeichner zu suchen oder eine entsprechende Herabsetzung des Grundkapitals zu beschließen. Das Verhältnis von Grundkapitalziffer und Aktienzahl kann auch im Wege einer Kapitalerhöhung aus Gesellschaftsmitteln ohne Aktienausgabe gemäß § 207 Abs. 2 S. 2 HS. 2 AktG wiederhergestellt werden[160]. Im übrigen bleiben allenfalls schwer durchsetzbare Schadensersatzansprüche gegen den Verantwortlichen.

Im Rahmen einer bedingten Kapitalerhöhung kann das Problem der nicht vollständigen Zeichnung allerdings nicht in der Weise auftreten. Zwar begründen auch hier die Bezugsrechtserklärung (§ 189 AktG) und die korrespondierende Willenserklärung der Aktiengesellschaft den Zeichnungsvertrag[161]. Gem. § 200 AktG wird das Grundkapital jedoch schrittweise mit Ausgabe einer jeden Aktie um den Betrag deren „unechten Nennwertes" erhöht[162]. Ist der Zeichnungsvertrag nun fehlerhaft, so sind bis zum Wirksamwerden der bedingten Kapitalerhöhung gemäß § 200 AktG durch Ausgabe der Aktien die allgemeinen Regel des bürgerlichen Rechts, insbesondere auch die § 119 ff. BGB Anwendung. Nach Ausgabe der Aktien gemäß § 200 AktG kann der Zeichner aus der Fehlerhaftigkeit grundsätzlich keine Rechte herleiten, es sei denn, der Erklärer ist nicht (voll) geschäftsfähig oder hat die Bezugsrechtserklärung nicht zurechenbar veranlasst. Jedoch erhöht sich das Grundkapital gem. § 200 AktG nur soweit wirksam Aktien gezeichnet werden. Im Falle eines Zurechenbarkeitsmangels ist damit das Grundkapital auch nicht um diesen Betrag der Aktien wirksam erhöht. Die nicht vollständige Übernahme hat damit nicht die gleichen Konsequenzen wie im Falle der regulären Kapitalerhöhung, da

---

158 vgl. dazu bereits oben Kap. 5 II 2 c) cc).
159 Kap. 4 II 5 a).
160 vgl. oben Kap. 5 II 2 c) cc).
161 vgl. Hüffer, AktG, § 198 Rn. 15; Lutter in: Kölner Komm., AktG, § 185 Rn. 5, 7; Baumbach/ Hueck, AktG, § 185 Rn. 3; Wiedemann in: GroßKomm., AktG, § 185 Rn. 31; Hefermehl/ Bungeroth in: Geßler/ Hefermehl, AktG, § 185 Rn. 42; Krieger in: MünchHdb. AG, § 56 Rn. 100.
162 vgl. Kap. 5 II 3.

Grundkapitalerhöhung und wirksame Aktienausgabe stets parallel laufen, § 200 AktG. Der „anteilige Betrag des Grundkapitals bleibt deshalb immer gleich.

Das gleiche wie im Rahmen der regulären Kapitalerhöhung gilt jedoch für das genehmigte Kapital, bei dem sich die Zeichnung und Anmeldung der Durchführung zum Handelsregister gemäß § 203 Abs. 1 AktG nach den Vorschriften über die reguläre Kapitalerhöhung vollzieht. Auch hier kann die oben dargestellte Problematik entstehen.

3. Falsche Angabe der Aktienzahl

Des weiteren kann auch im Rahmen der Kapitalerhöhung das Problem auftreten, dass in der Satzung die Zahl der tatsächlich bestehenden Aktien falsch angegeben wurde. Da sich der „anteilige Betrag des Grundkapitals" der von den Neu-Aktionären zu zeichnenden Aktien gemäß § 182 Abs. 1 S. 5 AktG nach dem der Alt-Aktien richtet, kann es geschehen, dass der tatsächliche „anteilige Betrag des Grundkapitals" der neuen Aktien höher oder niedriger ist, als von den Neu-Aktionären angenommen. Es gilt hier das im Rahmen der Gründung zu diesem Problem Gesagte[163]. Vor Wirksamwerden der Kapitalerhöhung mit Eintragung (189 AktG) bzw. Ausgabe beim bedingten Kapital (§ 200 AktG) kann der Zeichner seine Zeichnungserklärung anfechten gem. § 119 Abs. 1 BGB bzw. § 123 BGB. Danach kann er sich nicht mehr von der Gesellschaft lösen; bei einem zu hohen „anteiligen Betrag des Grundkapitals" kann allenfalls eine Kapitalherabsetzung helfen. Im Gegensatz zu dem bei der Gründung behandelten Fall, dass tatsächlich mehr Aktien ausgegeben werden als in der Satzung angegeben und somit *alle* Gründer von den gleichen falschen Voraussetzungen ausgehen - sowie dem noch zu behandelnden Fall der Erhöhung von Grundkapital und Aktienzahl in ungleichem Verhältnis, wovon ebenfalls alle Aktionäre betroffen sind - geht es hier nur darum, dass die *neuen* Aktionäre von einer falschen Aktienzahl ausgehen. Ein derartiger Irrtum bzw. eine derartige Täuschung nur einzelner Aktionäre kann keine Pflicht der übrigen Aktionäre zur Kapitalherabsetzung aus der Treuepflicht begründen. In diesem Fall kann nicht verlangt werden, dass die Alt-Aktionäre auf den tatsächlichen „anteiligen Betrag des Grundkapitals" ihrer Aktien verzichten müssen und mit einer Kapitalherabsetzung die Garantieziffer für die Gläubiger und damit auch die Kreditwürdigkeit der Ge-

[163] Vgl. Kap. 4 II.

sellschaft verringern. Ihre Aktien genießen Bestandsschutz, der als schutzwürdiges Interesse den Interessen der Neu-Aktionäre gegenübersteht. Ist der „anteilige Betrag des Grundkapitals" niedriger als angenommen kommt allenfalls eine Kapitalerhöhung aus Gesellschaftsmitteln in Betracht. Auch hier ist aber aus den gleichen Gründen eine Pflicht zur Kapitalerhöhung aus der Treuepflicht abzulehnen, zumal bei einem bloßen Irrtum oder Täuschung der Neu-Aktionäre auch in der Regel nicht die notwendige Kapitalrücklage dafür vorhanden sein wird.

### 4. Nichtige Kapitalerhöhung

Schließlich ist der Fall denkbar, dass aufgrund einer nichtigen Kapitalerhöhung Aktien ausgegeben werden. Die herrschende Meinung verneint in diesem Fall die Möglichkeit eines gutgläubigen Erwerbs, da die ausgegebenen Aktienurkunden keine Mitgliedschaft verbriefen[164]. Wie in Kapitel 3 II 3 bereits dargestellt wurde, spricht zumindest im Falle von Stückaktien zwingendes Aktienrecht nicht gegen die Zulassung eines gutgläubigen Erwerbs. Folge ist, dass die Neu-Aktionäre eine wirksame Mitgliedschaft in der Aktiengesellschaft erwerben, obwohl das Grundkapital aufgrund des nichtigen Kapitalerhöhungsbeschlusses nicht wirksam heraufgesetzt wurde. Dadurch sinkt der „anteilige Betrag des Grundkapitals" der einzelnen Aktie entsprechend. Dies kann wiederum nur durch eine Anhebung des Grundkapitals im Wege der Kapitalerhöhung aus Gesellschaftsmitteln ohne Ausgabe von Aktien gem. § 207 Abs. 2 S. 2 AktG entsprechend ausgeglichen werden[165]. Die Aktionäre sind zur Zustimmung zu diesem Beschluss aus der gesellschaftlichen Treuepflicht verpflichtet. Durch die „automatische Angleichung" aller Aktien sind alle Aktionäre betroffen. Durch den vorherigen - wenn auch nichtigen - Kapitalerhöhungsbeschluss haben auch die Alt-Aktionäre ihre grundsätzliche Bereitschaft zu einer Kapitalerhöhung bereits manifestiert.

## IV. Kapitalherabsetzung

Verfügt eine Gesellschaft über Stückaktien, so tritt bei der Kapitalherabsetzung eine wesentliche Vereinfachung ein. Die nennwertlose Stückaktie macht eine Denomination, d.h. Herabsetzung der Nennwerte, überflüssig.

---

[164] Zöllner, WertpapierR, § 29 III; Würdinger, AktienR, § 12, 1 a; Baumbach/ Hueck, AktG, § 68 Rn. 18; Lutter in: Kölner Komm., AktG, Anh. nach § 68 Rn. 10 a.E.; Brändel in: GroßKomm., AktG, § 10 Rn. 21; Heider in: MüKo, AktG, § 10 Rn. 31.
[165] vgl. dazu bereits Kap. 4 II 5 b).

Es können also Änderungen der Grundkapitalziffer vorgenommen werden, ohne dass zugleich der Bestand der Aktien verändert werden müsste, insbesondere ist eine Abstempelung der Aktienurkunden nicht mehr erforderlich. Die Urkunden sind auch nach der Herabsetzung inhaltlich noch richtig.

Es wird lediglich ein bestimmter Betrag aus dem Grundkapital ausgebucht und entweder - bei der effektiven Kapitalherabsetzung - an die Aktionäre ausgeschüttet, oder - bei der nominellen Kapitalherabsetzung - in die Rücklage eingebucht. Dadurch verändert sich der „anteilige Betrag des Grundkapitals" der einzelnen Aktie, der in der Urkunde nicht in Erscheinung tritt. Dementsprechend beschränkt § 222 Abs. 4 AktG die Notwendigkeit der Anpassung der Mitgliedsrechte (Denomination) durch Herabsetzung des Nennbetrags auf Gesellschaften mit Nennbetragsaktien. Denn nur bei diesen muss die Summe der aufgedruckten Nennbeträge nach § 1 Abs. 2 AktG der Grundkapitalziffer entsprechen[166]. Zwar ist auch bei Stückaktien die Summe der anteiligen Beträge des Grundkapitals stets gleich der Grundkapitalziffer; jedoch sinken diese mit Herabsetzung des Grundkapitals automatisch ab, so dass es keiner Anpassung bedarf[167].

Allerdings gilt das Verbot, den Mindestnennbetrag nach § 8 Abs. 2 S. 2 AktG im Sinne eines „anteiligen Betrags des Grundkapitals" zu unterschreiten, gem. § 8 Abs. 3 S. 3 AktG entsprechend auch für die Stückaktie, so dass die in einem solchen Fall notwendige Zusammenlegung von Aktien auch bei Stückaktien nicht entbehrlich ist. § 222 Abs. 4 AktG stellt dies klar.

Im Rahmen der Kapitalherabsetzung mit Stückaktien können nun entsprechende Probleme wie bei der Kapitalerhöhung nicht entstehen. Die ordentliche und vereinfachte Kapitalherabsetzung gemäß § 222 AktG ist bei Stückaktien zu einer reinen Buchungsmaßnahme geworden, bei der auch keine Aktien vernichtet werden, die Aktienzahl also nicht verringert wird. Damit entsteht hier das Ungleichgewicht von Aktienzahl und Grundkapitalziffer ganz bewusst. Als vom Gesetzgeber beabsichtigte Folge sinkt dann der „anteilige Betrag des Grundkapitals" der einzelnen Aktie.

---

[166] Regierungsbegründung StückAG, BT-Drs. 13/ 9573 vom 7.1.98, S. 18.
[167] vgl. a. Hüffer, AktG, § 222 Rn. 21 a; Heider in: MüKo, AktG, § 8 Rn. 103.

Aber auch im Rahmen der Kapitalherabsetzung durch Einziehung, bei der sowohl das Grundkapital herabgesetzt wird als auch die Aktienzahl vermindert wird, entstehen bei Stückaktien keine Probleme. Ähnlich wie bei der bedingten Kapitalerhöhung bestimmt nämlich § 238 AktG ausdrücklich, dass das Grundkapital mit Einziehung einer jeden Aktie um den auf die eingezogene Aktie entfallenden Betrag herabgesetzt wird. Auch hier wird im Rahmen des Einziehungsbeschlusses quasi ein bestimmter „anteiliger Betrag des Grundkapitals" der Stückaktie für die Dauer der Kapitalherabsetzung festgesetzt, um den sich das Grundkapital absenkt. Der Stückaktie wird auch hier - eigentlich systemwidrig, aber durch ausdrückliche Regelung angeordnet - ein für die Dauer der Kapitalherabsetzung fester „unechter Nennwert" zugeordnet[168]. Das Wirksamwerden der Einziehung ist mit der Verringerung des Grundkapitals verbunden. Deshalb verändert sich der „anteilige Betrag des Grundkapitals" nicht, auch wenn etwa mehr oder weniger Aktien als vorgesehen eingezogen werden.

## V. Die Umstellung auf Euro

Obwohl die Stückaktie die Umstellung auf Euro gerade erleichtern sollte, ergeben sich einige Schwierigkeiten im Rahmen von Kapitalerhöhungen mit Stückaktien.

### 1. Umstellung der Grundkapitalziffer

Bei Aktiengesellschaften mit Stückaktien beschränkt sich der Umstellungsbedarf im Zuge der Euro-Einführung auf eine Umrechnung der Grundkapitalziffer in Euro. Die deutschen Börsen haben die Kursnotizen der Aktien bereits am 4.1.1999 auf Euro umgestellt[169]. Die DM-Beträge, die trotzdem über den Ablauf der Übergangsphase am 31.12.2001 hinaus beibehalten werden, gelten seit 1.1.2002 kraft unmittelbar geltenden EU-Rechts (Art. 14 EuroVO II) als Euro-Beträge, die nach Maßgabe des Umrechnungskurses von 1,95583 DM für 1 Euro zu berechnen sind. Seit dem 1.1.2002 handelt es sich bei der rein rechnerischen Umstellung lediglich um eine formale Änderung, so dass sie analog § 179 Abs. 1 S. 2 AktG bei

---

[168] vgl. dazu auch oben Kap. 5 II 3 bei der bedingten Kapitalerhöhung.

[169] Die Verordnung über die Feststellung des Börsenpreises von Wertpapieren wurde aufgehoben und dem BörsenG ein § 98 angefügt, wonach die Preise für Wertpapiere ab dem 1.1.1999 an der Börse in Euro festgestellt werden konnten, Art. 5 §§ 1 und 2 EuroEG. Entsprechende Regelungen der Börsenordnungen sind mittlerweile erfolgt, vgl. etwa § 27 Abs. 1 der Börsenordnung für die Frankfurter Wertpapierbörse.

der Aktiengesellschaft durch die Hauptversammlung dem Aufsichtsrat übertragen werden kann (§ 4 Abs.1 S.2 EGAktG)[170]. Die noch im Regierungsentwurf vorgesehene Bestimmung eines § 3 Abs. 5 S. 1 EGAktG, nach der börsennotierte Aktiengesellschaften zur Umstellung auf Euro bis zum Ablauf der Übergangsphase verpflichtet gewesen wären und dies mit einer Registersperre für jede Satzungsänderung sanktioniert worden wäre, ist nicht Gesetz geworden[171]. Es bleibt jedoch gemäß § 1 Abs. 2 S. 3 EGAktG bei einer Registersperre für alle Aktiengesellschaften, die nicht umgestellt haben, im Falle von kapitaländernden Beschlüssen nach Ablauf der Übergangsphase und davon ausgehend bei einem mittelbaren Anpassungszwang.

2. Problematik „krummer" Grundkapitalnennbeträge

Gem. § 3 Abs. 5 S. 1 EGAktG i.d.F. EuroEG müssen bei Nennwertaktien die Aktiennennbeträge nach der Währungsumstellung auf volle Euro lauten. Für den Nennbetrag des Grundkapitals, also die Grundkapitalziffer, ist ein derartiges Erfordernis jedoch nicht vorgesehen. Die Grundkapitalziffer kann auch auf einen „krummen", mehrere Stellen hinter dem Komma aufweisenden Euro-Nennwert lauten, erforderlich ist nur, dass das Grundkapital einen Mindestnennbetrag von 50.000 Euro erreicht (§ 7 AktG i.d.F. EuroEG). Der Vorteil der Stückaktie ist nun, dass sie zwar gem. § 8 Abs. 3 AktG einen „anteiligen Betrag des Grundkapitals" von mindestens 1 Euro ausweisen muss, oberhalb dieser Schwelle aber stufenlos ist[172]. Daher kann bei der Umstellung auf Euro einfach die Grundkapitalziffer in Euro umgerechnet werden. Die Stückaktien repräsentieren dann den ihnen zukommenden Anteil dieses Grundkapitals (Grundkapitalziffer / Anzahl ausgegebener Stückaktien).

Da der Euro-Umstellungsbetrag nicht einem glatten DM-Betrag entspricht, führt diese Umstellung mit Stückaktien jedoch dazu, dass sowohl die Grundkapitalziffer als auch der auf die einzelne Stückaktie entfallende Grundkapitalanteil nach der bloßen Umrechnung in Euro einen Euro-Betrag mit etlichen Nachkommastellen aufweisen werden. Dies ist grund-

---

[170] Kopp, BB 1998, 701 (702); Steffan/ Schmidt, DB 1998, 559 (561); Hüffer, AktG, § 6 Rn. 8.

[171] vgl. Empfehlung des Rechtsausschusses, Ausschuß B, DT-Drs. 13/ 10334, S. 10 (37f.).

[172] vgl. Regierungsbegründung StückAG, BT-Drs. 13/ 9573 vom 7.1.98, S. 11; Heider in: MüKo, AktG, § 6 Rn. 83; Hüffer, AktG, § 8 Rn. 22; Seibert, ZGR 1998, 1 (16).

sätzlich unschädlich[173]. Gem. Art. 5 VO (EG) Nr. 1103/97[174] ist die Grundkapitalziffer als zu verbuchender Betrag auf zwei Stellen hinter dem Komma zu runden.

a) Verstoß gegen § 185 Abs. 1 S. 5 AktG

Im Zusammenhang mit Kapitalmaßnahmen, insbesondere Kapitalerhöhungen gegen Einlagen, stellt sich jedoch die Frage, ob sich rechtlich bedenkliche Konsequenzen aus diesen „krummen" Beträgen ergeben.

aa) Ansicht in der Literatur

So wird etwa geltend gemacht, eine Kapitalerhöhung gegen Einlagen könne bei einem Grundkapitalzifferbetrag mit mehreren Stellen hinter dem Komma zu einem, wenn auch minimalen, Verstoß gegen § 182 Abs. 1 S. 5 AktG führen[175]. Gemäß dieser Vorschrift muss sich im Rahmen einer Kapitalerhöhung die Zahl der Stückaktien in demselben Verhältnis erhöhen wie das Grundkapital. Weist nun der auf die alten Aktien entfallende anteilige Betrag des Grundkapitals ebenfalls mehrere Nachkommastellen auf, so werde der auf zwei Stellen gerundete, in das Grundkapital einzubuchende Kapitalerhöhungsbetrag nicht exakt der Summe der auf die neuen Aktien entfallenden anteiligen Grundkapitalbeträge entsprechen, mit der Folge, dass sich Grundkapital und Aktienzahl nicht in genau gleichem Maße erhöhten[176].

Als Beispiel sei eine Gesellschaft mit einem Grundkapital von 1 Mrd., eingeteilt in 200 Mio. Aktien à 5 DM, angeführt. Bei einem Konversionskurs von 1,95583 wird das Grundkapital in 511.291.881,2 Euro umgerechnet. Bei einer Kapitalerhöhung im Verhältnis 5:1 müssten dann 40 Mio. Aktien ausgegeben werden. Deren anteiliger Betrag am Grundkapital betrüge 2,556459406 Euro. Der auf einen ganzen Cent gerundete Erhöhungsbetrag betrüge 102.258.376,00 Euro. Setze man diesen Erhöhungsbetrag ins Verhältnis zum ursprünglichen Grundkapital, dann ergebe sich eine Erhöhung

---

[173]vgl. Seibert, ZGR 1998, 1 (16); Schröer, ZIP 1998, 306 (310); Heider, AG 1998, 1 (7).
[174]Verordnung des Rates der EU über bestimmte Vorschriften im Zusammenhang mit der Einführung des Euro, Abl. EG vom 19.6.1997, L 162/1.
[175]vgl. Schröer, ZIP 1998, 306 (310); Ihring/ Streit, NZG 1998, 201 (207).
[176]Schröer, ZIP 1998, 306 (310).

um 19,99999995% im Gegensatz zur Zunahme der Aktienzahl um glatte 20%.

bb) Stellungnahme

Wie jedoch von gleicher Seite zutreffend bemerkt wird, sollte dieser Wirkung der krummen Grundkapitalziffer, die wirtschaftlich völlig bedeutungslos ist, auch keine rechtliche Bedeutung beigemessen werden. Dem ist hinzuzufügen, dass diese Folge allein deshalb eintritt, weil die Erhöhungsziffer des Grundkapitals als zu verbuchender Betrag gem. Art. 5 VO (EG) Nr. 1103/97 auf zwei Stellen hinter dem Komma zu runden ist. Da es sich hier um eine rein buchungstechnische Frage handelt, wäre es auch ohne weiteres möglich, den „krummen" Erhöhungsbetrag in die Bilanz einzustellen; dann würde sich die aufgezeigte Abweichung nicht ergeben. Es könnte etwa auch nur eine Rundung zu Darstellungszwecken ohne rechtliche Wirkung vorgenommen werden, so wie es in § 3 Abs. 4 EGAktG i.d.F. EuroEG vorgesehen ist. Beruht dieser minimale Verstoß also unmittelbar auf dem höherrangigen EG-Recht, so ist diese Folge zwangsläufig hinzunehmen.

b) Kapitalerhöhung zum Paribetrag

Davon zu unterscheiden ist die Frage, was tatsächlich für die Aktien gezahlt wird. Gezahlt werden kann natürlich nur ein mindestens voller Cent-Betrag. Dies leitet über zu der Problematik, die entsteht, wenn eine Aktiengesellschaft eine Kapitalerhöhung gegen Einlagen zum Paribetrag durchführen will.

Der auf die einzelnen jungen Aktien rechnerisch entfallende „krumme" Pari- Ausgabebetrag ist in Geld nicht darstellbar[177]. Da eine Abrundung wegen des auch für Stückaktien geltenden Verbots der Unterpariemission nicht zulässig ist (vgl. § 9 Abs. 1 AktG), kann die Einlage nur in Form des auf den nächsten vollen Cent-Betrag aufgerundeten Betrags geleistet werden[178]. Dies hat zur Folge, dass der Einlagebetrag und der auf die junge Aktie entfallende Anteil am Grundkapital trotz (gewollter) Ausgabe zu pari nicht übereinstimmen. Würde die Kapitalerhöhung trotzdem wie eine

[177] Heider, AG 1998, 1 (8); Heider in: MüKo, AktG, § 6 Rn. 100.
[178] vgl. Heider, AG 1998, 1 (8); Schröer, ZIP 1998, 306 (310); Heider in: MüKo, AktG, § 6 Rn. 100.

Erhöhung zu pari behandelt und daher die Summe dieser bei allen Aktien anfallenden Aufrundungen - wie teilweise vorgeschlagen[179] - in das Grundkapital gebucht, so führte dies zu einer verhältnismäßig höheren Grundkapitalziffer im Vergleich zum Anstieg der Aktienzahl und damit zu einem - wenn auch geringen - Anstieg des auf die einzelne Aktie entfallenden Grundkapitalanteils.

Ein derartiges Vorgehen ist jedoch abzulehnen. Zum einen ist in diesem Fall die Abweichung doch nicht so minimal wie im obigen Beispiel, bei dem nur die Endsumme gerundet wurde. Bei einem anteiligen Betrag von 2,556459406 Euro und einer Kapitalerhöhung von 5:1 durch Ausgabe von 40 Mio. neuer Aktien betrüge der neue anteilige Betrag zwar nur 2,556459405; die Summe, um die das Grundkapital zusätzlich erhöht würde, beliefe sich bei einer Rundung auf 2,56 immerhin auf 141.623,76 Euro. Weiterhin würde diese Vorgehensweise ebenfalls gegen § 182 Abs. 1 S. 5 AktGE verstoßen, wobei hier einer Erhöhung der Aktienzahl von 20% eine Erhöhung der Grundkapitalziffer um 20,02769916, also ca. 20,028% gegenübersteht, ein Wert, der nicht mehr mit gutem Gewissen völlig zu vernachlässigen ist.

Letztlich besteht jedoch auch gar kein Bedürfnis für eine Einbuchung des aufgerundeten Mehrbetrags jeder einzelnen Aktie im Grundkapitalkonto. Es ist nämlich ebenso möglich, den aufgerundeten Mehrbetrag als Agio bei der Kapitalrücklage zu verbuchen. Dies entspricht auch viel besser dem Wesen der Aufrundung. Da der Paribetrag in Geld nicht zahlbar ist, muss eine Überpariemission stattfinden. Bei der Verbuchung auf die verschiedenen Konten (Grundkapitalkonto und Kapitalrücklage) müsste es zwar gem. Art.5 VO (EG) Nr. 1103/97 ebenfalls zu einer (Auf- oder Ab-) Rundung kommen. Dies gilt aber nur für den zu buchenden Gesamtbetrag. Für die einzelne Aktie dagegen spielt es keine Rolle, dass der Grundkapital- und Aufgeldanteil jeweils „krumm“ ist. Die Rundung bei der Buchung würde zwar ebenfalls zu den geschilderten Folgen führen, jedoch in weitaus geringerem und zu vernachlässigenden Umfang (es wird nur einmal am Ende gerundet und nicht etwa bei jeder der 40 Mio. Aktien). Außerdem ist die Rundung wiederum nur unmittelbare Folge des EG-Rechts. Ohne die Verordnung könnten ohne weiteres auch „krumme“ Beträge verbucht werden.

---

[179]vgl. Schröer, ZIP 1998, 306 (310); ähnlich Ihring/ Streit, NZG 1998, 201 (207) sowie Regierungsbegründung StückAG, BT-Drs. 13/ 9573 vom 7.1.98, S. 34.

Es bleibt als Ergebnis festzuhalten, dass im Falle von „krummen" Grundkapitalziffern eine Kapitalerhöhung gegen Einlagen stets eine Überpariemission erforderlich macht, mindestens im Umfang bis zum nächsten vollen Cent-Betrag (oder beliebig darüber). Dies führt bei einer richtigen Verbuchung der krummen Beträge zu keinen rechtlichen Schwierigkeiten.

Es ist jedoch einzuräumen, dass die Berechnung und Handhabung der Kapitalerhöhung (und auch anderer Maßnahmen) einfacher ist, wenn der „unechte Nennwert" der Stückaktie wenigstens auf volle Cent lautet. Durch eine Umstellung des Grundkapitals auf einen glatten Betrag lassen sich komplizierte Rechnungen und Darstellungsprobleme aufgrund der Rundung, beispielsweise bei besonderen Mehrheitserfordernissen, die an das vertretene Grundkapital anknüpfen, vermeiden[180]. Eine derartige Glättung der Grundkapitalziffer und damit auch der anteiligen Grundkapitalbeträge der Stückaktien ist durch das Stückaktiengesetz wesentlich vereinfacht worden, indem für Stückaktien gemäß § 207 Abs. 2 S. 2 AktG die Kapitalerhöhung aus Gesellschaftsmitteln auch ohne Ausgabe neuer Aktien ermöglicht wurde[181]. Es genügt dann, aus den Rücklagen denjenigen Betrag in das Grundkapital umzubuchen, der erforderlich ist, um das Grundkapital nach der Umstellung in Euro auf das Produkt von Stückaktienanzahl und auf den nächsten Cent gerundeten Grundkapitalanteil pro Stückaktie aufzurunden[182]. Die Zahl der Stückaktien und die von der einzelnen Stückaktie verkörperte Beteiligungsquote blieben dann unverändert; es erhöht sich lediglich der „anteilige Betrag des Grundkapitals" einer jeden Stückaktie auf den gewünschten Betrag. Der hiermit verbundene Erhöhungsbetrag ist sehr gering (kaum eine Promille des Grundkapitals), so dass auch der gegen die Umstellung auf den Euro ohne Stückaktien vorgebrachte Einwand des zu hohen Kapitalaufwandes hier ins Leere geht[183]. Die Vorschriften über das Grundkapital wären in der Satzung dann entsprechend zu ändern, vgl. § 23 Abs. 3 Nr. 3 AktG.

3. Besonderheiten beim bedingten und genehmigten Kapital

Auch oder gerade im Zusammenhang mit bedingtem Kapital - insbesondere zum Zwecke der Befriedigung von Wandel- und Optionsanleihen - und

---

[180]Kopp, BB 1998, 701 (704).
[181]vgl. Kap. 5 I.
[182]Schröer, ZIP 1998, 306(310); Seibert, ZGR 1998, 1 (16); Heider in: MüKo, AktG, § 6 Rn. 101.
[183]vgl. Heider, AG 1998, 1 (8); Heider in: MüKo, AktG, § 6 Rn. 101 Fn. 160.

mit genehmigtem Kapital können bei der Umstellung auf Euro Probleme auftreten.

Die Probleme im Rahmen von Kapitalerhöhungen, die infolge der durch die Umrechnung der Grundkapitalziffer in Euro entstehenden gebrochenen „unechten Nennwerte" der Stückaktien entstehen, werden beim bedingten Kapital noch verschärft. Während bei einer regulären Kapitalerhöhung gegen Einlagen nur die zu verbuchende Gesamtsumme gerundet werden muss und daher die dadurch eintretenden Verschiebungen äußerst minimal sind, ist im Rahmen des bedingten Kapitals bei jeder einzelnen Ausgabe von Bezugsaktien die entsprechende Grundkapitalerhöhung zu verbuchen und damit auf ganze Cent zu runden[184]. Denn das Grundkapital stellt einen zu verbuchenden Betrag im Sinne von Art. 5 VO (EG) Nr. 1103/97 dar und mit jeder Ausgabe einer Bezugsaktie erhöht sich gem. § 200 AktG dieser Betrag.

Diese Wirkung tritt nicht nur bei einem bereits vor der Umstellung auf Euro vorgenommenen Beschluss über eine bedingte Kapitalerhöhung ein, dessen Volumen dann in Euro umzurechnen ist und eine gebrochene Ziffer ergibt[185]. Auch jeder erst nach der Umstellung getroffene Erhöhungsbeschluss würde ohne eine entsprechende Glättung von Grundkapitalziffer und „unechten Nennwerten" diese Wirkungen zeitigen. Denn wegen §§ 182 Abs. 1 S. 5, 192 Abs. 3 S. 2 AktG muss auch im Rahmen des bedingten Kapitals das Grundkapital stets im gleichen Verhältnis erhöht werden wie die Aktienzahl, d.h. der gebrochene „unechte Nennwert" (anteilige Betrag des Grundkapitals) bleibt stets gleich. Damit ist aber auch nach der Umstellung auf Euro das Erhöhungsvolumen stets ein ungerades, nämlich die Summe der neu zu emittierenden Stückaktien multipliziert mit dem gebrochenen „unechten Nennwert". Der Erhöhungsbetrag und der anteilige Grundkapitalbetrag der jungen Aktien wären also wieder „krumm". Das Problem besteht also auch für neue und künftige bedingte Kapitalerhöhungen fort.

Die Abweichungen zwischen dem tatsächlich gebuchten Kapital und der beschlossenen bedingten Kapitalerhöhung können hier weitaus größer sein als im Rahmen der regulären Kapitalerhöhung. Denn während dort nur der Gesamtbetrag bei der Verbuchung einmal zu runden ist, kann es hier sein,

---

[184] vgl. Schröer, ZIP 1998, 306 (309).

[185] so anscheinend Schröer, ZIP 1998, 306 (309, 310).

dass im Extremfall jedes Bezugsrecht einzeln ausgeübt wird[186]. Da dies in der Praxis allerdings nicht üblich ist, eine Verbuchung der Options- und Wandelpreise für ausgeübte Bezugsrechte auch höchstens einmal am Tag erfolgt und zusätzlich hier auch Abrundungen vorgenommen werden können - denn es geht hier nicht um die Frage einer Unterpariemission - , wird selbst im äußersten Fall die Rundungsdifferenz wohl nicht über 10 Euro liegen[187].

Folge dieser Rundungsdifferenz ist, dass das Verhältnis der Grundkapitalerhöhung nicht gleich dem der Erhöhung der Aktienstückzahl ist und es daher zu einer, wenngleich geringen Verschiebung des auf alle Stückaktien der Gesellschaft entfallenden „anteiligen Betrags des Grundkapitals“ kommt. Wie an anderer Stelle bereits erörtert[188], stellt dies einen Verstoß gegen § 182 Abs. 1 S. 5 AktG, der gem. § 192 Abs. 3 S. 2 AktG auch im Rahmen des bedingten Kapitals gilt, dar. Dieses rechtliche Hindernis wird jedoch dadurch überwunden, dass dies eine direkte Folge des unmittelbar geltenden und höherrangigen EU-Rechts ist und deshalb hinzunehmen ist. Denn ohne Art. 5 VO (EG) Nr. 1103/97 könnte im Grundkapitalkonto theoretisch auch ein gebrochener Wert verbucht werden (evtl. mit einer Rundung zu Darstellungszwecken ohne rechtliche Wirkung). In praktischer Hinsicht ist diese Abweichung wegen ihrer geringen Höhe ebenfalls zu vernachlässigen.

Auch hier gilt jedoch, dass zur Vereinfachung der Handhabung eine Glättung der Grundkapitalziffer im Wege einer Kapitalerhöhung aus Gesellschaftsmitteln ohne Ausgabe neuer Aktien gem. § 207 Abs. 2 S. 2 AktG möglich ist[189]. Zudem kann aus optischen Gründen das Gesamtvolumen des bedingten Kapitals gem. § 3 Abs. 4 EGAktG i.d.F. EuroEG analog auf ganze Cent gerundet werden[190]. § 3 Abs. 4 EGAktG i.d.F. EuroEG erlaubt die Rundung der Nennbeträge einzelner Aktien zu Darstellungszwecken. Dies muss erst recht für das Volumen eines bedingten Kapitals gelten, das die Summe der Nennwerte aller auf seiner Grundlage ausgebaren Aktien

---

[186]vgl. Beispiel bei Schröer, ZIP 1998, 306 (309); danach kann im Extremfall bei einer Kapitalerhöhung um 20.000 5-DM Aktien und 100.000.000 DM eine Differenz zwischen eingebuchtem Betrag und Erhöhungsbetrag von 53.004,22 Euro auftreten, wenn alle Bezugsrechte einzeln ausgeübt werden.
[187]so Schröer, ZIP 1998, 306 (309).
[188]vgl. Kap. 5 II 1 a).
[189]vgl. dazu genauer Kap. 4 I 4.
[190]vgl. Schröer, ZIP 1998, 306 (309).

darstellt[191]. Da eine derartige Rundung nur zur Vereinfachung der Darstellung erfolgt und keine materiellen Wirkungen zeigt, dürfte wohl nichts gegen eine entsprechende Anwendung des § 3 Abs. 4 EGAktG i.d.F. EuroEG auf den vorliegenden Fall sprechen, solange gleichzeitig auch ein entsprechender Hinweis darauf in der Satzung aufgenommen werden muss, wie ebenfalls in § 3 Abs. 4 S. 4 EGAktG i.d.F. EuroEG vorgesehen. Da diese Rundung jedoch keine Rechtswirkungen hat (§ 3 Abs. 4 S. 3 EGAktG i.d.F. EuroEG), beseitigt sie die oben ausgeführte Problematik nicht.

In der Praxis wird man der umständlichen Hantierung mit endlosen Ziffern hinter dem Komma wohl durch eine recht einfache Glättung im Wege des § 207 Abs. 2 S. 2 AktG abhelfen; zwar haftet der Stückaktie damit der „Makel" an, die Umstellung auf den Euro doch nicht ohne Kapitalanpassung vollziehen zu können. Jedoch ist der Kapitalbedarf hierbei im Gegensatz zur Anpassung von Nennwertaktien verschwindend gering (der unechte Nennwert muss nicht auf einen vollen Euro, sondern nur auf einen glatten Cent-Betrag angepasst werden).

Im Zuge einer Umstellung auf Euro würde auch das Erhöhungsvolumen des genehmigten Kapitals auf einen gebrochenen Betrag lauten. Dies gilt auch hier sowohl für bereits erfolgte Ermächtigungsbeschlüsse als auch wegen §§ 202 Abs. 3, 182 Abs. 1 S. 5, 8 Abs. 3 AktG für alle künftigen. Bei Ausnutzung des genehmigten Kapitals kann wegen Art. 5 VO (EG) Nr. 1103/97 wieder nur ein auf glatte Cent gerundeter Betrag in das Grundkapital eingebucht werden mit der Folge, dass es zu Auf- und Abrundungen kommt. Im Falle des genehmigten Kapitals sind diese jedoch ebenfalls verschwindend gering, da nur einmal sämtliche ausgegebenen Aktien gebucht werden und daher nur einmal gerundet wird. Dies würde wieder zu einer ganz geringen Verschiebung des „anteiligen Betrages des Grundkapitals" der Stückaktien führen und damit gegen §§ 202 Abs. 3, 182 Abs. 1 S. 5, 8 Abs. 3 AktG verstoßen, was jedoch als unmittelbare Folge des vorrangigen EU-Rechts hinzunehmen ist (s.o.).

Aus diesem Grunde ist auch bei vollständiger Ausnutzung des genehmigten Kapitals im Falle der Aufrundung weder ein Beschluss über eine entsprechende Aufstockung des genehmigten Kapitals notwendig noch liegt

---

[191]Schröer, a.a.O; mit einem Beispiel für eine Ermächtigung des Aufsichtsrates zu einer entsprechenden Ermächtigung.

im Falle der Abrundung eine Teilausübung der Ermächtigung vor[192]. Das in der Satzung ausgewiesene Volumen des genehmigten Kapitals kann nicht nach Art. 5 VO (EG= Nr. 1103/97 gerundet werden, da es weder ein zu zahlender noch ein zu verbuchender Geldbetrag ist. Es käme jedoch auch hier wieder eine nur darstellungsweise vorgenommene Rundung ohne materielle Wirkung analog § 3 Abs. 4 EGAktG i.d.F. EuroEG in Betracht[193].

## VI. Ergebnis

Der Beschluss einer Kapitalerhöhung entgegen § 182 Abs. 1 S. 5 AktG ist nicht nichtig, sondern nur anfechtbar. Lediglich im Falle einer verhältnismäßig zu geringen Anhebung der Aktienzahl sowie im Rahmen des genehmigten Kapitals führt ein Verstoß der Ermächtigung des Vorstands gegen §§ 202 Abs. 3 S. 3, 182 Abs. 1 S. 5 AktG zu deren Nichtigkeit.

Werden infolge eines gegen § 182 Abs. 1 S. 5 AktG verstoßenden Kapitalerhöhungsbeschlusses, der nicht angefochten wurde oder entgegen eines korrekten Beschlusses zu viele Aktien im Verhältnis zur Erhöhung der Grundkapitalziffer ausgegeben oder werden trotz Anfechtung oder Nichtigkeit des Beschlusses Mitgliedschaften gutgläubig erworben, so führt dies aufgrund der „automatischen Angleichung“ der „unechten Nennwerte“ zu einem Herabsinken der „anteiligen Beträge des Grundkapitals“.

Den Aktionären bleibt, wie im Falle der Gründung, nur eine Kapitalerhöhung aus Gesellschaftsmitteln ohne Aktienausgabe, die aber - selbst wenn sie durchführbar ist - nicht sämtliche Nachteile ausgleichen kann.

Im Gegensatz zur Gründung führt das nachträgliche Herabsinken des „anteiligen Betrags des Grundkapitals“ der Aktien bei den Alt-Aktionären jedoch zu einem Schadensersatzanspruch gemäß § 823 Abs. 1 BGB wegen Eingriffs in die Mitgliedschaft, der auch gegen die Gesellschaft selbst gerichtet ist. Die Neu-Aktionäre können aufgrund ihres Zeichnungsvertrags mit der Aktiengesellschaft einen Anspruch auf Ersatz des Vertrauensschadens gemäß § 122 BGB analog geltend machen (Grundsatz der Vertrauenshaftung).

---

[192] Schröer, ZIP 1998, 306 (310).

[193] so Schröer, ZIP 1998, 306 (310).

Werden verhältnismäßig zu wenige Aktien ausgegeben, weil der gegen § 182 Abs. 1 S. 5 AktG verstoßende Kapitalerhöhungsbeschluss nicht angefochten wurde, weil entgegen einem korrekten Beschluss zu wenige Aktien ausgegeben wurden oder weil einige Zeichnungen unter einem Zurechenbarkeitsmangel leiden, so steigt der „anteilige Betrag des Grundkapitals“ aller Aktien automatisch.

Dies hat im Rahmen der Kapitalerhöhung nicht nur eine Ausfallhaftung der Zeichner zur Folge, die gemäß § 9 Abs. 1 AktG eine entsprechend höhere Mindesteinlage zu zahlen haben. Der höhere „unechte Nennwert“ sämtlicher Aktien führt auch zu einer mangelhaften Aufbringung des erhöhten Grundkapitals, da eine Nachschusspflicht der Alt-Aktionäre vom Aktiengesetz nicht vorgesehen ist und auch dem erforderlichen Aktionärsschutz entgegenliefe.

Die Aktionäre können lediglich nachträglich eine entsprechende Kapitalherabsetzung beschließen. Im übrigen stehen den Zeichnern nur Schadensersatzansprüche gegen den Verantwortlichen zu. Die Zeichner können ihren Vertrauensschaden auch von der Aktiengesellschaft ersetzt verlangen. Der Aktiengesellschaft stehen hinsichtlich des nicht voll aufgebrachten Grundkapitalbetrags ebenfalls Schadensersatzansprüche gegen die Verantwortlichen zu. Das ursprüngliche Verhältnis von Grundkapital und Aktienzahl kann auch durch eine Kapitalerhöhung aus Gesellschaftsmitteln ohne Aktienausgabe wiederhergestellt werden.

Im Rahmen des bedingten Kapitals können diese Rechtsfolgen allerdings - mit Ausnahme im Falle eines gutgläubigen Erwerbs - nicht entstehen, da hier die Erhöhung des Grundkapitals ausnahmsweise mit Ausgabe einer jeden Aktie um deren „unechten Nennwert“ erfolgt. § 200 AktG stellt eine Ausnahmevorschrift vom System der „automatischen Angleichung“ dar.

Auch im Rahmen von Kapitalherabsetzungen können derartige Probleme nicht auftreten, da es sich um eine reine Buchungsmaßnahme handelt und § 222 AktG, bzw. im Falle der Einziehung § 238 AktG eine § 200 AktG entsprechende Regelung enthält.

Die für Stückaktien neu eingeführte Möglichkeit der Kapitalerhöhung aus Gesellschaftsmitteln ohne Aktienausgabe macht deutlich, dass die Kapitalerhöhung aus Gesellschaftsmitteln von ihrer Rechtsnatur her eine reine Buchungsmaßnahme darstellt. Wird diese Art der Kapitalerhöhung - mit oder ohne Aktienausgabe - im Erhöhungsbeschluss nicht angegeben, hat dies lediglich die Anfechtbarkeit des Beschlusses zur Folge.

Die Problematik der „krummen" Grundkapitalziffer nach Umstellung auf Euro stellt bei richtiger Handhabung der Kapitalerhöhung zwar kein rechtliches, jedoch ein praktisches Problem dar. Diesem Problem kann im Wege einer Kapitalerhöhung aus Gesellschaftsmitteln gem. § 207 Abs.2 S.2 AktG abgeholfen werden. Der Vorteil der Stückaktie, dass eine Umstellung auf Euro ohne Kapitalmaßnahmen erfolgen kann, wird damit jedoch zumindest teilweise zunichte gemacht. Im Gegensatz zur Nennbetragsaktie genügt bei Stückaktien allerdings eine sehr geringe Kapitalerhöhung.

## 6. Kapitel: Zusammenfassung der Ergebnisse

### I. Zusammenfassung

Die unechte nennwertlose Stückaktie unterscheidet sich von der Nennbetragsaktie nicht nur durch das Fehlen des Nennbetrags, der sowohl den Paribetrag als auch den „Mindestausgabebetrag" angibt. Entscheidender Unterschied ist vielmehr zudem, dass der „anteilige Betrag des Grundkapitals", der dem „unechten Nennwert" entspricht, gerade kein fester Betrag ist, sondern eine veränderliche Verhältniszahl, die sich aus dem jeweiligen Verhältnis von Grundkapitalziffer und Aktienzahl ergibt. Maßgeblich ist dabei nicht die in der Satzung gemäß § 23 Abs. 3 Nr. 4 AktG angegebene Aktienzahl sondern die Zahl der tatsächlich existierenden, d.h. wirksam ausgegebenen und übernommenen Aktien. Dies hat eine „automatische Angleichung" dieses „anteiligen Betrags des Grundkapitals" zur Folge, wenn Grundkapital oder Aktienzahl nicht in gleichem Verhältnis zueinander geändert werden.

Dieser letztgenannte Unterschied führt im Rahmen der Gründung im Falle einer nicht vollständigen wirksamen Übernahme der Aktien und Eintragung der Gesellschaft dazu, dass der „anteilige Betrag des Grundkapitals" der wirksam übernommenen Aktien automatisch entsprechend höher ist. Diesen höheren Betrag müssen die Gründer gemäß § 9 Abs. 1 AktG mindestens aufbringen. Rechtsdogmatisch gelangt man so zu einer im Aktienrecht nicht vorgesehenen Ausfallhaftung der Gründer. Dieses Ergebnis kann weder durch eine Ausnahme von § 9 Abs. 1 AktG, noch durch die Zulassung der Geltendmachung von Willensmängeln nach Eintragung oder eine extensive Anwendung von § 179 Abs. 1 BGB analog vermieden werden. Den Gründern bleibt lediglich die Möglichkeit, eine Kapitalherabsetzung bzw. gegebenenfalls sogar eine Liquidation zu beschließen, wozu sie aufgrund der gesellschaftlichen Treuepflicht auf Verlangen eines Aktionärs verpflichtet sind. Damit wird jedoch gleichzeitig die notwendige Kapitalausstattung vermindert bzw. sogar die Aktiengesellschaft vernichtet.

Werden umgekehrt mehr Aktien übernommen als zuvor angegeben, etwa infolge einer unrichtigen Angabe der Gesamtaktienzahl in Übernahmeerklärung und Satzung oder infolge gutgläubigen Erwerbs von nicht mit einem Mitgliedschaftsrecht verbundenen Aktien, so erhalten die Gründer für den gezahlten Ausgabebetrag automatisch Aktien mit einem geringeren „anteiligen Betrag des Grundkapitals" und damit eine geringere Beteiligung an der Aktiengesellschaft als angenommen. Die Gründer können allenfalls nachträglich eine Kapitalerhöhung aus Gesellschaftsmitteln beschließen, um diesen Betrag wieder anzuheben. Dies ist jedoch nur bei Vorhandensein ausreichender Kapitalrücklagen und Vorliegen der übrigen Voraussetzungen möglich und verhindert nicht die geringere quotale Beteiligung an der Gesellschaft.

Werden im Rahmen einer Kapitalerhöhung zu viele Aktien im Verhältnis zur Erhöhung der Grundkapitalziffer ausgegeben, so führt dies aufgrund der „automatischen Angleichung" der „unechten Nennwerte" ebenfalls zu einem Herabsinken der „anteiligen Beträge des Grundkapitals" sämtlicher Aktien. Dazu kann es entweder infolge eines gegen § 182 Abs. 1 S. 5 AktG verstoßenden Kapitalerhöhungsbeschlusses kommen, der nicht angefochten wurde, infolge einer Ausgabe zu vieler Aktien entgegen eines korrekten Beschlusses oder infolge eines gutgläubigen Erwerbs von Mitgliedschaften bei nichtigem oder angefochtenem Kapitalerhöhungsbeschluss. Den Aktionären, die nun Aktien mit einem entsprechend geringerem „unechten Nennwert" innehaben, bleibt - wie im Fall der Gründung - nur eine Kapitalerhöhung aus Gesellschaftsmitteln ohne Aktienausgabe, die aber - selbst wenn die Voraussetzungen dafür vorliegen - nicht sämtliche Nachteile ausgleichen kann.

Im Gegensatz zum Fall der Gründung führt das nachträgliche Absinken des „anteiligen Betrags des Grundkapitals" bei den Alt-Aktionären jedoch zu einem Schadensersatzanspruch aus § 823 Abs. 1 BGB wegen Eingriffs in die bestehende Mitgliedschaft, der auch gegen die Gesellschaft selbst gerichtet ist. Die Neu-Aktionäre haben aufgrund ihres Zeichnungsvertrags mit der Aktiengesellschaft auch einen Anspruch gegen die Gesellschaft auf Ersatz des Vertrauensschadens gemäß § 122 BGB analog, der sich aus dem Grundsatz der Vertrauenshaftung ergibt.

Werden verhältnismäßig zu wenige Aktien ausgegeben, weil der gegen § 182 Abs. 1 S. 5 AktG verstoßende Kapitalerhöhungsbeschluss nicht angefochten wurde, entgegen einem korrekten Beschluss zu wenige Aktien ausgegeben wurden oder einige Zeichnungen unter einem Zurechenbarkeitsmangel leiden, so steigt der „anteilige Betrag des Grundkapitals" aller Aktien automatisch. Dies hat im Rahmen der Kapitalerhöhung nicht nur eine dem Aktienrecht fremde Ausfallhaftung der Zeichner zur Folge, die gemäß § 9 Abs. 1 AktG eine entsprechend höhere Mindesteinlage zu zahlen haben. Sie führt auch zu einer mangelhaften Aufbringung des erhöhten

Grundkapitals. Eine entsprechende „Nachschusspflicht" der Alt-Aktionäre ist dem Aktienrecht fremd. Auch kann beim Interessenwiderstreit zwischen Gläubigern und Aktionären nicht von einem absoluten Vorrang der Gläubigerinteressen ausgegangen werden. Ein Vergleich mit den §§ 57, 62 AktG zeigt, dass der Gesetzgeber in bestimmten Situationen den Gläubigerschutz zum Schutze des gutgläubigen Aktionärs zurückstellt. Dies ist auch im vorliegenden Falle geboten, in dem der Alt-Aktionär eine Erhöhung seiner Beteiligung quasi „aufgedrängt" bekommt und davon womöglich gar nichts ahnt. Die Aktionäre können lediglich nachträglich eine entsprechende Kapitalherabsetzung beschließen, wozu sie auf Verlangen eines Aktionärs aufgrund der gesellschaftlichen Treuepflicht verpflichtet sind. Im übrigen stehen ihnen gegebenenfalls Schadensersatzansprüche gegen den Verantwortlichen zu. Die Zeichner können ihren Vertrauensschaden auch von der Aktiengesellschaft ersetzt verlangen. Der Aktiengesellschaft steht gegen die Verantwortlichen ebenfalls Schadensersatzansprüche hinsichtlich des Grundkapitalbetrags zu, der nicht aufgebracht wurde. Das ursprüngliche Verhältnis von Grundkapitalziffer und Aktienzahl kann auch im Wege einer Kapitalerhöhung aus Gesellschaftsmitteln ohne Aktienausgabe gemäß § 207 Abs. 2 S. 2 HS. 2 AktG wiederhergestellt werden, wozu die Aktionäre bei ausreichenden freien Reserven oder ausgewiesenen Gewinnen aus Gründen des Gläubigerschutzes und ihrer Treuepflicht gegenüber der Aktiengesellschaft verpflichtet sind.

Im Rahmen des bedingten Kapitals können diese Rechtsfolgen allerdings - mit Ausnahme im Fall eines gutgläubigen Erwerbs - nicht entstehen, da die Erhöhung des Grundkapitals hier ausnahmsweise mit Ausgabe einer jeden Aktie um deren „unechten Nennwert" erfolgt. § 200 AktG stellt eine Ausnahmevorschrift vom System der „automatischen Angleichung" dar.

Auch im Rahmen von Kapitalherabsetzungen können die geschilderten Probleme nicht auftreten, da es sich dabei gemäß § 222 AktG für Stückaktien um eine reine Buchungsmaßnahme handelt bzw. im Fall der Einziehung mit § 238 AktG eine § 200 AktG entsprechende Ausnahmevorschrift existiert.

Ein entgegen § 182 Abs. 1 S. 5 AktG bzw. § 192 Abs. 3 S. 3 AktG gefasster Kapitalerhöhungsbeschluss ist bei Festsetzung einer zu hohen Aktienzahl im Verhältnis zur Grundkapitalerhöhung lediglich anfechtbar. Wird dagegen im Rahmen des genehmigten Kapitals in der Satzung eine gegen

§§ 200 Abs. 3 S. 3, 182 Abs. 1 S. 5 AktG verstoßende Bestimmung anfänglich oder nachträglich aufgenommen, so ist diese nichtig.

Die für Stückaktien neu eingeführte Möglichkeit der Kapitalerhöhung aus Gesellschaftsmitteln ohne Aktienausgabe macht deutlich, dass die Kapitalerhöhung aus Gesellschaftsmitteln als reine Buchungsmaßnahme zu verstehen ist. Fehlt die Angabe über die Art der Erhöhung gemäß § 207 Abs. 2 S. 2, 2. HS. AktG, so ist der Kapitalerhöhungsbeschluss ebenfalls nur anfechtbar.

Das Fehlen der Angabe des Nennbetrags und gleichzeitig des Paribetrags führt bei der Stückaktie zu einem gewissen Transparenz- und Informationsdefizit, das nicht durch einen anderweitigen Schutz des Anlegers ausgeglichen werden kann. Vielmehr trifft den Erwerber im Falle von Stückaktien eine höhere Obliegenheit zur selbständigen Informationsgewinnung.

Im Falle von nicht mit einem Mitgliedschaftsrecht verbundenen Stückaktien ist - im Gegensatz zur Nennbetragsaktie- ein gutgläubiger Erwerb möglich, da hier keine zwingenden aktienrechtlichen Vorschriften entgegenstehen. Aufgrund der „automatischen Angleichung" des „anteiligen Betrags des Grundkapitals" der einzelnen Stückaktie entspricht die Summe dieser Beträge stets der Grundkapitalziffer; zu einem Auseinanderfallen, wie bei Nennbetragsaktien, kommt es im Falle der Ausgabe von Stückaktien nicht.

Eine entgegen der Bestimmung in der Satzung ausgegebene Nennbetrags- bzw. Stückaktienurkunde ist ungültig und verbrieft weder das aufgedruckte noch dauerhaft das der Satzung gemäße Recht.

Die bei der Umstellung auf Euro auch im Falle einer Gesellschaft mit Stückaktien entstehenden praktischen Probleme einer „krummen" Grundkapitalziffer können durch eine Kapitalerhöhung aus Gesellschaftsmitteln ohne Aktienausgabe beseitigt werden. Dies nimmt der Stückaktie aber den Vorteil, dass eine Umstellung auf Euro ohne Kapitalmaßnahmen erfolgen kann.

## II. Schlussbemerkung

Die Untersuchung hat gezeigt, dass die eingeführte unechte nennwertlose Stückaktie keinesfalls so unproblematisch ist wie sie bislang in Regierungsbegründung und Literatur dargestellt wurde. Sie birgt ungeahnte Gefahren für die Aktionäre. Nicht nur, dass diesen die Angabe des Nennbetrags fehlt, der eine wichtige Warn- und Orientierungsfunktion haben kann. Durch die Veränderlichkeit der „unechten Nennbeträge" können auf den Aktionär überraschende Zahlungspflichten in Form einer Ausfallhaftung zukommen. Andererseits kann seine Beteiligung sich auch nachträglich als wesentlich geringer herausstellen als angenommen. Ein ausreichender Schutz des Aktionärs ist nicht bzw. nur teilweise gegeben. Darüber hinaus können im Rahmen von Kapitalerhöhungen auch Gläubigerinteressen beeinträchtigt werden.

## Literaturverzeichnis


Assmann, Heinz-Dieter/ Schütze, Rolf A. — Handbuch des Kapitalanlagerechts, 2. Aufl., München 1997, 2. Ergänzungslieferung 2001.

Ballerstedt, Kurt — Kapital, Gewinn und Ausschüttung bei Kapitalgesellschaften. Eine gesellschaftsrechtliche Betrachtung, Tübingen 1949.

Bauer, Markus — Gläubigerschutz durch eine formelle Nennkapitalziffer - kapitalgesellschaftsrechtliche Notwendigkeit oder überholtes Konzept?: Eine rechtsvergleichende Untersuchung der Gläubigerschutzkonzepte des amerikanischen und deutschen Kapitalgesellschaftsrechts, Diss. Frankfurt 1995.

Baumbach/ Hueck — Aktiengesetz. Kommentar, 13. Aufl. 1968.

Dies. — GmbH-Gesetz. Kommentar, 17. Aufl., München 2000

Beckerhoff, Tom — Treuepflichten bei der Stimmrechtsausübung und Eigenhaftung des Stimmrechtsvertreters, Diss. Bonn 1996.

Bezzenberger, Tilman — Vorzugsaktien ohne Stimmrecht, Köln u.a. 1991, zugl. Diss. München 1990.

Blanke, Gernot — Private Aktiengesellschaft und Deregulierung des Aktienrechts, BB 1994, 1505 ff.

Boesebeck, Ernst — Die nennwertlosen Aktien, BB 1960, 71 ff.

Ders. — Eine Lanze für die nennwertlose Aktie, DB 1959, 309 ff.

Börner, Achim-Rüdiger — Verbindung von Kapitalerhöhung aus Gesellschaftsmitteln und Kapitalerhöhung

| | |
|---|---|
| | gegen Bareinlagen bei Aktiengesellschaften, DB 1988, 1254 ff. |
| Borries, Reimer V./ Repplinger-Hach, Renate | Auf dem Weg zur „Euro-Verordnung". Rechtsfragen der Einführung der europäischen Währung, NJW 1996, 3111 ff. |
| Breit, James | Ansprüche des Aktionärs gegen die Aktiengesellschaft aus dem Erwerb der Aktien, ZHR 76 [1915], 415 ff. |
| Brink, Ulrich | Rechtsbeziehungen und Rechtsübertragung im nationalen und internationalen Effektengiroverkehr, Berlin 1976. |
| Brodmann, Erich | Aktienrecht. Kommentar, Berlin, Leipzig 1928. |
| Canaris, Claus-Wilhelm | Recht der Wertpapiere, 12. Aufl., München 1996. |
| Ders. | Bankvertragsrecht, 1. Teil, 3. Aufl., Berlin, New York 1988, Sonderausgabe der Kommentierung des Bankvertragsrechts aus Handelsgesetzbuch, Großkommentar, 4. Aufl. |
| Ders. | Die Vertrauenshaftung im deutschen Privatrecht, München 1971. |
| Claussen, Peter | Die Aktie ohne Nennbetrag ist die richtigere, AG 1963, 237 ff. |
| Coing, Helmut/ Kronstein, Heinrich | Die nennwertlose Aktie als Rechtsproblem. Rechts vergleichende Untersuchung unter besonderer Berücksichtigung des amerikanischen Rechts, Frankfurt 1959. |
| Ehrenbergs Handbuch | Handbuch des gesamten Handelsrechts mit Einschluß des Wechsel-, Scheck-, See- und |

| | |
|---|---|
| | Binnenschiffahrtsrechts, des Versicherungsrechts sowie des Post- und Telegraphenrechts; Vierter Band, I: Abteilung, Leipzig 1917. |
| Eisenhardt, Ulrich | Gesellschaftsrecht, 10. Aufl., München 2002. |
| Ekkenga, Jens | Vorzüge und Nachteile der nennwertlosen Aktie, WM 1997, 1645 ff. |
| Esser, Josef/ Weyers, Hans-Leo | Schuldrecht, Band II. Besonderer Teil, 7. Aufl., Heidelberg 1991. |
| Fillmann, Andreas | Treuepflichten der Aktionäre, Diss. Mainz 1991. |
| Flume, Werner | Allgemeiner Teil des Bürgerlichen Rechts. Zweiter Band. Das Rechtsgeschäft, 3. Aufl., Berlin, Heidelberg, New York 1979. |
| Forstmoser, Peter/ Meier-Hoyoz, Arthur/ Nobel, Peter | Schweizerisches Aktienrecht, Bern 1996. |
| Fuchs, Andreas | Selbständige Optionsscheine als Finanzierungsinstrument der Aktiengesellschaft, AG 1995, 433 ff. |
| Funke, Rainer | Wert ohne Nennwert - Zum Entwurf einer gesetzlichen Regelung über die Zulassung nennwertloser Aktien, AG 1997, 385 ff. |
| Gaiser, Anja Sofia | Die Freistellung geringfügig beteiligter Gesellschafter von der Ausfallhaftung nach § 24 GmbHG im Rahmen einer Kapitalerhöhung, GmbHR 1999, 210 ff. |
| Geiger, Hermann | Das Stückaktiengesetz. Vorteile der nennwertlosen Aktie - nicht nur bei der Eu- |

| | |
|---|---|
| | ro-Einführung, Versicherungswirtschaft 1997, 1768 ff. |
| Geßler, Ernst | Die Kapitalerhöhung aus Gesellschaftsmitteln, BB 1960, 6 ff. |
| Ders. | Nichtigkeit von Hauptversammlungsbeschlüssen und Satzungsbestimmungen, ZGR 1980, 427 ff. |
| Geßler/ Hefermehl | Geßler, Ernst/ Hefermehl, Wolfgang/ Eckardt, Ulrich/ Kropff, Bruno, Aktiengesetz, Band I, München 1973, 1983 und 1984; Band IV, München 1989, 1993 und 1994. |
| Godin/ Wilhelmi | Aktiengesetz vom 6. September 1965. Kommentar, Band I und II, 4. Aufl., Berlin, New York 1971. |
| Goedecke, Gerald | Die Quotenaktie. Eine Untersuchung ihrer Eignung zum Kapitalbeschaffungsmittel Deutscher Aktiengesellschaften, Diss. Frankfurt 1934. |
| Großkommentar zum AktG | Großkommentar zum AktG, Hrsg.: Klaus J. Hopt u.a.; Band I/1, 3. Aufl. Berlin 1970, 1971, 1973; Band III, 3. Aufl., Berlin 1971, 1972, 1973; 2. Lieferung, 4. Aufl., Berlin 1992; 5. Lieferung, 4. Aufl., Berlin 1995; 7. Lieferung, 4. Aufl., Berlin 1997. |
| Grunewald, Barbara | Die Gesellschafterklage in der Personengesellschaft und der GmbH, Tübingen 1990. |
| Grussendorf, W. | Die Problematik der nennwertlosen Aktie, AG 1960, 257 ff. |
| Habersack, Mathias | Die Mitgliedschaft: Subjektives und „sonstiges“ Recht, Tübingen 1994. |

Hachenburg GmbHG. Großkommentar, Hrg.: Peter Ulmer, 8. Aufl., Berlin, New York 1992, Erster Band (§§ 1-34).

Hadding, Walter Ergibt die Vereinsmitgliedschaft „quasivertragliche“ Ansprüche, „erhöhte Treue- und Förderpflichten“ sowie ein „sonstiges Recht“ im Sinne des § 823 I BGB? Besprechung der Entscheidung BGHZ 110, 323, Festschrift für Alfred Kellermann, Hrsg.: Reinhard Goerdeler, Peter Hommelhoff u.a., Berlin, New York 1991, S. 91 ff.

Hausladen, K.H. Nennwertlose Aktien als Kapitalbeschaffungs- und Kapitalanlagemittel, Darmstadt 1964:

Heider, Karsten Einführung der nennwertlosen Aktie in Deutschland anläßlich der Umstellung des Gesellschaftsrechts auf den Euro, AG 1998, 1 ff.

Henn, Günter Handbuch des Aktienrechts, 7. Aufl., Heidelberg 2002.

Ders. Die Gleichbehandlung der Aktionäre in Theorie und Praxis, AG 1985, 240 ff.

Henseler, Marianne Die bedingte Kapitalerhöhung, Diss. Zürich 1982.

Hilger, Norbert Zur Haftung des falsus procurator, NJW 1986, 2237 ff.

Hirte, Heribert Kapitalgesellschaftsrecht, 2. Aufl., Köln 1999.

Huber, Ulrich Die Abfindung der neuen Aktionäre bei Nichtigkeit der Kapitalerhöhung, Festschrift für Carsten Peter Claussen, Hrsg.: Klaus

Peter Martens, Harm Peter Westermann, Wolfgang Zöllner, Köln, Berlin u.a. 1997.

Ders. — Entstehungsgeschichte und aktuelle Auslegungsprobleme des § 241 Nr. 3 AktG, Festschrift für Helmut Coing, Band II, Hrsg.: Norbert Horn, München 1982.

Hueck, Alfred — Anfechtbarkeit und Nichtigkeit von Generalversammlungsbeschlüssen bei Aktiengesellschaften, Mannheim 1924.

Hueck, Götz — Der Grundsatz der gleichmäßigen Behandlung im Privatrecht, Berlin, München 1958.

Hüffer, Uwe — Aktiengesetz. Kommentar, 5. Aufl., München 2002.

Ihrig, Hans-Christoph/ Streit, Georg — Handlungsbedarf und Möglichkeiten der Aktiengesellschaften anlässlich der Euro-Einführung zum 1.1.1999, NZG 1998, 201.

Jahnberg, Hans — Gegen die „Gratisaktie" – für die „Splißaktie". Ein „Streit" um Worte, DB 1958, 1266.

Jahr, Günther/ Stützel, Wolfgang — Aktien ohne Nennbetrag. Ein Beitrag zur Überwindung von Mißverständnissen im Aktienwesen, Frankfurt 1963.

Kalisch, Hans — Besprechung Solmssen: Probleme des Aktienrechts, unter besonderer Berücksichtigung ihrer Entwicklung in den Vereinigten Staaten von Amerika, JW 1927, 635.

Kölner Kommentar — Kölner Kommentar zum Aktiengesetz, Hrsg: Wolfgang Zöllner, Band 1, 2. Aufl., Köln 1988; Band 5/1, 2. Aufl., Köln 1995.

Koller, Ingo — Der gutgläubige Erwerb von Sammeldepotanteilen an Wertpapieren im Effektengiroverkehr (2. Teil), DB 1972, 1905 ff.

Kopp, Beate — Stückaktie und Euro-Umstellung. Handlungsbedarf für die Hauptversammlungssaison 1998?, BB 1998, 701 ff.

Kort, Michael — Aktien aus Kapitalerhöhungen, ZGR 1994, 291 ff.

Kowalski, Andre — Der Ersatz von Gesellschafts- und Gesellschafterschaden. Zum gesellschaftsrechtlichen Zweckbindungsgedanken im Schadensrecht, Köln 1990.

Kübler, Friedrich — Aktie, Unternehmensfinanzierung und Kapitalmarkt. Rechtsvergleichende Untersuchung der Möglichkeiten der Eigenkapitalbeschaffung in der Bundesrepublik und in den USA unter besonderer Berücksichtigung der mit der nennwertlosen Aktie verbundenen Vor- und Nachteile, Köln 1989.

Ders. — Kapitalmarktgerechte Aktien, WM 1990, 1853 ff.

Larenz, Karl/ Canaris, Claus-Wilhelm — Lehrbuch des Schuldrechts. Zweiter Band, Besonderer Teil, Zweiter Halbband, 13. Aufl., München 1994.

Larenz, Karl/ Wolf, Manfred — Allgemeiner Teil des Bürgerlichen Rechts, 8. Aufl., München 1997.

Lobedanz, Gerhard — Der Einfluß von Willensmängeln auf Gründungs- und Beitrittsgeschäfte, Berlin 1938.

Loos, Gerald — Sachgemäße Ausgestaltung der Bedingungen von Wandelschuldverschreibungen zum

| | |
|---|---|
| | Schutze der Wandelschuldverschreibungsgläubiger, DB 1960, 515 ff. |
| Lutter, Marcus | Kapital, Sicherung der Kapitalaufbringung und Kapitalerhaltung in den Aktien- und GmbH-Rechten der EWG. Eine Untersuchung zur Ausfüllung von Art. 54 Absatz 3 lit. g des Vertrages über die Errichtung einer Europäischen Wirtschaftsgemeinschaft, Karlsruhe 1964. |
| Ders. | Die Treuepflicht des Aktionärs. Bemerkungen zur Linotype-Entscheidung des BGH, ZHR 153 (1989), 446 ff. |
| Ders. | Theorie der Mitgliedschaft – Prolegomena zu einem Allgemeinen Teil des Korporationsrechts, AcP 180 (1980), 84 ff. |
| Lutter, Marcus/ Hommelhoff, | GmbH-Gesetz. Kommentar, 15. Aufl., Köln 2000. |
| Menold, Dieter/ Schröder, Matthias | Stückaktiengesetz in: Reform des Aktienrechts, der Rechnungslegung und Prüfung, Hrsg.: Dietrich Dörner, Dieter Menold, Norbert Pfitzer, Stuttgart 1999, S. 27 ff. |
| Menzi, Walter Rudolf | Die nennwertlose Aktie als Finanzierungsinstrument, Diss. Zürich 1967. |
| Merkt, Hanno | US-amerikanisches Gesellschaftsrecht, Heidelberg 1991. |
| Merten, Franz | Die nennwertlose Aktie. Zur Frage ihrer gesetzlichen Einführung und ihrer Verwendung in der Bundesrepublik Deutschland, in England und in der Schweiz, Diss. Basel 1962. |

| | |
|---|---|
| Mertens, Klaus-Peter | Der Ausschluß des Bezugsrechts: BGHZ 33, S. 175. Zum Interesse an wirtschaftlicher Selbständigkeit, Festschrift für Robert Fischer, Hrsg.: Marcus Lutter, Walter Stimpel u.a., Berlin, New York 1979, S. 437 ff. |
| Meyer-Cording, Ulrich/ Drygala, Tim | Wertpapierrecht, 3. Aufl., Berlin 1995. |
| Meyer-Landrut, Joachim/ Miller, Georg F./ Niehus, Rudolf | Gesetz betreffend die Gesellschaften mit beschränkter Haftung (GmbH) einschließlich Rechnungslegung zum Einzel- sowie zum Konzernabschluß. Kommentar, Berlin, New York 1987. |
| Münchener Handbuch des Gesellschaftsrechts | Band 4, Aktiengesellschaft, Hrsg.: Michael Hoffmann-Becking, 2. Aufl., München 1999. |
| Münchener Kommentar BGB | Münchener Kommentar zum Bürgerlichen Gesetzbuch, Bd.1 (§§ 1-240), 4. Aufl., München 2001, Bd. 5 (§§705-853), 3. Aufl., München 1997. |
| Münchener Kommentar AktG | Münchener Kommentar zum Aktiengesetz, Hrsg.: Bruno Kropff, Johannes Semler, 2. Aufl. des Geßler/ Hefermehl, Band 1 (§§ 1-53), München 2000, Band 7 (§§ 222-277), München 2001. |
| Neuburger, August | Die nennwertlose Aktie, BB 1961, 1356 ff. |
| Nitter, Paul | Die bergrechtliche Gesellschaft (Gewerkschaft, AG und GmbH) in ihren Verhältnissen zu den Mitgliedern unter Berücksichtigung des englischen und französischen Rechts, Diss. Berlin 1935. |
| Oppermann, Georg/ Degner, Harald | Recht der Wertpapiere, 6. Aufl., Frankfurt 1983. |

| | |
|---|---|
| Palandt | Bürgerliches Gesetzbuch. Kommentar, 61. Aufl., München 2002. |
| Planck, Martina | Kleine AG als Rechtsform-Alternative zur GmbH, GmbHR 1994, 501 ff. |
| Plattner, Peter Alois | Die nennwertlose Aktie de lege ferenda, Zürich 1964. |
| Popp, Paul | Die Aktie ohne Nennwert. Mit Berücksichtigung der nordamerikanischen und schweizerischen Verhältnisse, Diss. Zürich 1932. |
| Priester, Hans-Joachim | Die neuen Anteilsrechte bei Kapitalerhöhung aus Gesellschaftsmitteln - Regelungen und Probleme -, GmbHR 1980, 236 ff. |
| Ders. | Anteilsnennwert und Anteilsneubildung nach Einziehung von Geschäftsanteilen. Zum System der Mitgliedschaft in der GmbH, Festschrift für Alfred Kellermann, Berlin, New York 1991, S. 337 ff., Hrsg.: Reinhard Goerdeler, Peter Hommelhoff u.a. |
| Raiser, Thomas | Recht der Kapitalgesellschaften. Ein Handbuch für Praxis und Wissenschaft, 3. Aufl., München 2001. |
| Rauch, Karl | Kapitalerhöhung aus Gesellschaftsmitteln. Eine rechtsvergleichende Untersuchung, 1. Teil, Wien 1947. |
| RGRK | Das Bürgerliche Gesetzbuch mit besonderer Berücksichtigung der Rechtsprechung des Reichsgerichts und des Bundesgerichtshofs. Kommentar, Band I (§§ 1-240), 12. Aufl., Stuttgart, Berlin 1988; Band II, 4. Teil (§§ 631-811), 12. Aufl., Berlin, New York 1978. |
| Richardi, Reinhard | Wertpapierrecht, Heidelberg 1987. |

Ritter, Justus — Aktiengesetz, 2. Aufl., Berlin, München 1939.

Rosen, Rüdiger von — Chancengemeinschaft - Deutschland braucht die Aktie, Frankfurt 1997.

Rosenberg, Leo/ Schwab, Heinz — Zivilprozessrecht, 15. Aufl., München 1993.

Roth, Günter/ Altmeppen, Holger — Gesetz betreffend die Gesellschaften mit beschränkter Haftung (GmbHG), 3. Aufl., München 1997.

Rowedder, Heinz/ Rittner, Fritz — Gesetz betreffend die Gesellschaften mit beschränkter Haftung (GmbHG). Kommentar, 2. Aufl., München 1990.

Rusche, Werner — Die nennwertlose Aktie, Diss. Köln 1931.

Schefold, Dietrich — Die Europäischen Verordnungen über die Einführung des Euro, WM 1996, Sonderbeilage Nr.4.

Scheuerle, Wilhelm A. — Das Wesen des Wesens. Studien über das sogenannte Wesensargument im juristischen Begründen, AcP 163 [1964], 429 ff.

Schlegelberger — Aktiengesetz. Gesetz über Aktiengesellschaften und Kommanditgesellschaften auf Aktien vom 30. Januar 1937. Kommentar, 3. Aufl., Berlin 1939.

Schleyer, Rolf — Die unwirksame Kapitalerhöhung, AG 1957, 145 ff.

Schmidt, Karsten — Gesellschaftsrecht, 3. Aufl., Köln u.a. 1997.

Ders. — Die Vereinsmitgliedschaft als Grundlage von Schadensersatzansprüchen. – „Positive

Vertragsverletzung“ und „sonstiges Recht“ im Innenrecht des Vereins, JZ 1991, 157 ff.

Schneider, Uwe H. — Der Umrechnungskurs, das Umrechnungsverfahren und die Rundung bei Einführung des Euro, DB 1998, 1449 ff.

Ders. / Sünner, Eckart — Die Anpassung des Aktienrechts bei Einführung der Europäischen Währungsunion, DB 1996, 817 ff.

Scholz — Kommentar zum GmbH-Gesetz, I. Band (§§ 1-44), 9. Aufl., Köln 2000.

Schreiber, Heinrich/ Hofmannstal, Emil v. — Das Aktiennominale. Eine aktien- und steuerrechtliche Studie, Wien 1917.

Schröer, Henning — Vorschläge für Hauptversammlungsbeschlüsse zur Euro-Umstellung bei Nennbetragsaktien, ZIP 1998, 529 ff.

Ders. — Vorschläge für Hauptversammlungsbeschlüsse zur Umstellung auf Stückaktie und Euro, ZIP 1998, 306 ff.

Ders. — Zur Einführung der unechten nennwertlosen Aktie aus Anlass der Europäischen Währungsunion, ZIP 1997, 221 ff.

Schumann, Günter — Optionsanleihen. Rechtliche Grundlagen und aktuelle Probleme, Köln, München u.a. 1990, zugl. Diss. Bonn 1989.

Schupp, Roland — Von der Nennwertaktie zur Quotenaktie, AG 1958, 81 ff.

Schürmann, Thomas — Die Anpassung des Gesellschaftsrechts bei Einführung des Euro. - Zum Referentenentwurf eines gesellschaftsrechtlichen Umstellungsgesetzes - , DB 1997, 138 ff.

Segesser, Georg von — Die nennwertlose Aktie, Diss. Zürich 1973.

Seibert, Ulrich — Die Umstellung des Gesellschaftsrechts auf den Euro - Die Gesetzesentwürfe der Bundesregierung - , ZGR 1998, 1 ff.

Ders. — Gesellschaftsrecht und Euro. Die Umstellung von Nennkapital und Anteilen; Stückaktie, WM 1997, 1610 f.

Ders. — Der Ausschluß des Verbriefungsanspruchs des Aktionärs in Gesetzgebung und Praxis, DB 1999, 267 ff.

Siebel, Ulf — Für und wider die Quotenaktie, ZKW 1954, 92 ff.

Soergel — Bürgerliches Gesetzbuch mit Einführungsgesetz und Nebengesetzen. Kommentar, Band I (§§ 1-240), 13. Aufl., Stuttgart, Berlin u.a. 1999; Band IV/2 (§§ 823-853), 12. Aufl. Stuttgart, Berlin 1998.

Solmssen, Georg — Probleme des Aktienrechts unter besonderer Berücksichtigung ihrer Entwicklung in den Vereinigten Staaten von Amerika, Berlin, Leipzig 1926.

Staudinger — Kommentar zum Bürgerlichen Gesetzbuch mit Einführungsgesetz und Nebengesetzen, Band §§ 164-240, 13. Aufl., Berlin 1995; Band §§ 779-811, 13. Aufl., Berlin 1997; Band §§ 823-825, 13. Aufl., Berlin 1999.

Steffan, Bernhard/ Schmidt, Volker — Die Änderungen des Gesellschaftsrechts durch das Gesetz zur Einführung des Euro (EuroEG). - Unter Berücksichtigung des Entwurfs eines Gesetzes über die Zulassung von Stückaktien (Stückaktiengesetz - StückAG), DB 1998, 559 ff.

Stein, Friedrich/ Jonas, Martin Kommentar zur Zivilprozessordnung, Band §§ 253-299a, 21. Aufl., Tübingen 1997.

Streng, Norbert — Die Eignung nennwertloser Aktien für eine Einführung in Deutschland, Diss. Erlangen-Nürnberg 1967.

Stüdemann, Klaus — Die Globalaktie, Berlin 1960.

Than, Jürgen — Rechtliche und praktische Fragen der Kapitalerhöhung aus Gesellschaftsmitteln bei einer Aktiengesellschaft, WM Sonderheft Festgabe Theodor Heinsius, 1991, S. 54 ff.

Timm, Wolfram — Treuepflichten im Aktienrecht, WM 1991, 481 ff.

Ulmer, Eugen — Das Recht der Wertpapiere, Stuttgart, Berlin 1938.

Veelken, Manfred — Aufgaben und rechtliche Struktur der bergrechtlichen Gewerkschaft im System des Gesellschaftsrechts in Gegenwart und Zukunft, Diss. Münster, 1966.

Voges, Hans-Joachim — Zum Grundsatz der Gleichbehandlung im Aktienrecht, AG 1975, 197 ff.

Werner, Winfried — Ausgewählte Fragen zum Aktienrecht. Zum Erscheinen der 2. Auflage des Kölner Kommentars zum AktG, AG 1990, 1 ff.

Wiedemann, Herbert — Gesellschaftsrecht. Ein Lehrbuch des Unternehmens- und Verbandsrechts, Band I, Grundlagen, München 1980.

Wiedemann, Kai-Udo — Zur Haftungsverfassung der Vor-AG: Der Gleichlauf von Gründerhaftung und Handelnden-Regress, ZIP 1997, 2029 ff.

Wieland, Alfred — Die Rechte des Gesellschafters gegenüber der Handelsgesellschaft, welche ihn durch Betrug zum Beitritte veranlasst hat, in Konkurrenz mit den Ansprüchen der Gesellschaftsgläubiger, ZHR 64 [1909], 95 ff.

Wieland, Karl — Handelsrecht, Band II, München 1931.

Wolf, Harry — Aktie mit und Aktie ohne Nennwert. Vergleichende Untersuchung über die unterschiedliche Eignung der Aktie mit und der Aktie ohne Nennwert unter Berücksichtigung einer evtl. zu empfehlenden Einführung der Aktie ohne Nennwert in das deutsche Aktienrecht, Diss. München 1956.

Würdinger, Hans — Aktienrecht und das Recht der verbundenen Unternehmen. Eine systematische Darstellung, 2. Aufl., Heidelberg/ Karlsruhe 1981.

Zöllner, Wolfgang — Die Schranken mitgliedschaftlicher Stimmrechtsmacht bei den privatrechtlichen Personenverbänden, München 1963.

Ders. — Wertpapierrecht, 13. Aufl., München 1982.

Ders. — Folgen der Nichtigerklärung durchgeführter Kapitalerhöhungsbeschlüsse, AG 1993, 68 ff.

Ders. — Folgen der Nichtigerklärung durchgeführter Kapitalerhöhungsbeschlüsse, ZHR 158 (1994), 59 ff.

Marcus Goedsche

# Das Recht der Namensaktie und die Öffnung des Aktienrechts für moderne Kommunikationsmittel

Frankfurt am Main, Berlin, Bern, Bruxelles, New York, Oxford, Wien, 2002.
250 S.
Europäische Hochschulschriften: Reihe 2, Rechtswissenschaft. Bd. 3522
ISBN 3-631-50168-4 · br. € 45.50*

Die Teilnahme an der Hauptversammlung einer deutschen Aktiengesellschaft via Internet vom eigenen Schreibtisch aus – Utopie oder aktienrechtliche Wirklichkeit? Eine unmittelbare Teilnahme der Aktionäre an der Hauptversammlung per Internet sieht das deutsche Aktienrecht noch nicht vor. Der Gesetzgeber hat aber mit dem Anfang 2001 in Kraft getretenen Gesetz zur Namensaktie und Stimmrechtsausübung zahlreiche Möglichkeiten geschaffen, moderne Kommunikationsmittel wie Internet oder E-Mail auch bei der Vorbereitung und Durchführung der Hauptversammlung nutzen zu können. Dies betrifft Namens- und Inhaberaktien in unterschiedlicher Weise.

*Aus dem Inhalt*: Namensaktie · Aktienregister · Einberufung der Hauptversammlung · Direktmitteilungen an die Aktionäre · Stimmrechtsvollmachten · Proxy Voting · Übertragung der Hauptversammlung · Online-Hauptversammlung · Virtuelle Hauptversammlung · Registerpublizität · Kapitalmarktrechtliche Publizität

FSC
www.fsc.org
MIX
Papier | Fördert gute Waldnutzung
FSC® C083411

Kolibri 360 GmbH
Ferdinand-Jühlke-Straße 7
99095 Erfurt, Deutschland
produktsicherheit@kolibri360.de

Druck:
CPI Druckdienstleistungen GmbH
im Auftrag der
Kolibri 360 GmbH
Ferdinand-Jühlke-Str. 7
99095 Erfurt